JN064367

未来に伝える沖縄戦

⑧

もくじ

113 サイパン島チャランカノアの国民学校2年・8歳／玉城美子さん(80)

戦前《せんぜん》、日本《にほん》の支配下《しはいか》にあったマリアナ諸島《しょとう》のサイパン島《とう》で生《う》まれた玉城《たまき》（旧姓《きゅうせい》新垣《しんがき》）美子《よしこ》さん＝南城市《なんじょうし》玉城《たまぐすく》＝は、1944年《ねん》6月《がつ》に始《はじ》まったサイパンの戦《たたか》いに巻《ま》き込《こ》まれ、住《す》んでいたサイパン島南部《とうなんぶ》のチャランカノアを追《お》われます。米軍機《べいぐんき》の攻撃《こうげき》を避《さ》けながら、島《しま》の中央部《ちゅうおうぶ》にあるアギーガンの自然壕《しぜんごう》に隠《かく》れた後《のち》、米軍《べいぐん》に投降《とうこう》しました。玉城《たまき》さんはチャランカノアのススッペ収容所《しゅうようじょ》で過《す》ごします。その間《あいだ》に妹《いもうと》の秀子《ひでこ》さんをアメーバ赤痢《せきり》で亡《な》くしました。サイパンの国民学校《こくみんがっこう》の2年生《ねんせい》だった玉城《たまき》さんの戦争体験《せんそうたいけん》を南城《なんじょう》市《し》立《りつ》佐《さ》敷《しき》中《ちゅう》学校《がっこう》3年《ねん》の新里凜《しんざとりん》さん、嘉数広也《かかずひろや》さん、花木《はなき》ひよりさんが聞《き》きました。

サイパン空襲、壕生活

《玉城《たまき》さんはサイパンで1936年《ねん》に生《う》まれ、米軍《べいぐん》が島《しま》に上陸《じょうりく》するまでは両親《りょうしん》やきょうだいと暮《く》らしていました》

父《ちち》がチャランカノアで農場《のうじょう》を経営《けいえい》していて、豊《ゆた》かな生活《せいかつ》をしていました。日本軍《にほんぐん》は米軍《べいぐん》の上陸《じょうりく》に備《そな》えて、44年初頭《ねんしょとう》からサイパンに集結《しゅうけつ》し始《はじ》めました。国民学校《こくみんがっこう》の頃《ころ》には兵舎《へいしゃ》になっていた集会所《しゅうかいじょ》を訪《おとず》れて「兵隊《へいたい》さんよありがとう」や「かもめの水兵《すいへい》さん」などを歌《うた》ったり、遊戯《ゆうぎ》をしたりして兵隊《へいたい》を慰問《いもん》していました。

自宅《じたく》の裏《うら》に日本軍《にほんぐん》の無線基地《むせんきち》があり、父《ちち》は休日《きゅうじつ》に基地《きち》の兵隊《へいたい》を自宅《じたく》に呼《よ》んで、ごちそうしてあげました。日本軍《にほんぐん》は長期戦《ちょうきせん》に備《そな》えて、燃料《ねんりょう》や食料《しょくりょう》を地面《じめん》に埋《う》めたり、一般《いっぱん》の人《ひと》から野菜《やさい》を供出《きょうしゅつ》させたりしていました。地域《ちいき》では竹《たけ》やりの訓練《くんれん》や消火訓練《しょうかくんれん》などもしました。

《サイパン島《とう》への米軍《べいぐん》の攻撃《こうげき》は44年《ねん》6月《がつ》11日《にち》に始《はじ》まりました。玉城《たまき》さんが家族《かぞく》と住《す》んでいたチャランカノアも空襲《くうしゅう》を受《う》け、島《しま》の中央部《ちゅうおうぶ》のアギーガンで自然壕《しぜんごう》に隠《かく》れることになります》

初《はじ》めて米軍機《べいぐんき》の空襲《くうしゅう》があった日《ひ》、うちの庭《にわ》で遊《あそ》んでいた野原君《のはらくん》という少年《しょうねん》が、飛来《ひらい》した米軍機《べいぐんき》を見《み》て「おじちゃん、あの飛行機《ひこうき》に日《ひ》の丸《まる》じゃなくて星《ほし》のマークが付《つ》いている。戦争《せんそう》が来《き》た」と言《い》って自分《じぶん》の家《いえ》に逃《に》げ帰《かえ》って、私《わたし》たちも自《じ》分《ぶん》の家《いえ》に造《つく》った防空壕《ぼうくうごう》に隠《かく》れました。

空襲《くうしゅう》の後《あと》、無線基地《むせんきち》の隊長《たいちょう》が「基地《きち》が米軍《べいぐん》の標的《ひょうてき》になるので、隣近所《となりきんじょ》の人《ひと》と山《やま》に逃《に》げなさい」と知《し》らせてくれました。その日《ひ》の夜《よる》のうちに、近所《きんじょ》の人《ひと》たちと山《やま》に逃《に》げることに決《き》め、姉《あね》もかつお節《ぶし》を背負《せお》って、父《ちち》と母《はは》は妹《いもうと》たちをおんぶして洋服《ようふく》などは頭《あたま》などにものせて歩《ある》きました。

玉城美子さん(80)

「どんなことがあっても生きていたかった」とサイパンでの戦争体験を振り返る玉城美子さん＝南城市の佐敷中学校

父《ちち》は「米軍機《べいぐんき》の標的《ひょうてき》になるから昼《ひる》はどんなことがあっても動《うご》いてはいけない」と言《い》いました。昼《ひる》は森《もり》の中《なか》に隠《かく》れ、夜《よる》に歩《ある》いて移動《いどう》し、親戚《しんせき》の新垣《しんがき》さんがいる島中央部《しまちゅうおうぶ》のアギーガンに着《つ》きました。新垣《しんがき》さんは「ここも危《あぶ》ない」と言《い》ったので、100人《にん》くらい入《はい》る自然壕《しぜんごう》を探《さが》し、そこに隠《かく》れました。壕《ごう》の中《なか》に入《はい》って「やっと安住《あんじゅう》の地《ち》を見《み》つけた」という気分《きぶん》でした。

《ようやく見《み》つけた壕《ごう》の中《なか》でも、米軍《べいぐん》の攻撃《こうげき》におびえながら、身《み》を寄《よ》せ合《あ》うようにして隠《かく》れました》

壕《ごう》の中《なか》での生活《せいかつ》では、夜《よる》になったら父《ちち》は水筒《すいとう》や一升瓶《いっしょうびん》を持《も》って水《みず》をくみに、母《はは》はお釜《かま》と米《こめ》を持《も》って近《ちか》くの家《いえ》にお米《こめ》を炊《た》きに行《い》きました。両親《りょうしん》が帰《かえ》ってくるまでは「父《ちち》と母《はは》が弾《たま》に当《あ》たって死《し》ぬかもしれない」と思《おも》って、私《わたし》たちきょうだいはずっと泣《な》いていました。

サイパンに上陸《じょうりく》した米軍《べいぐん》がアギーガンの付近《ふきん》まで迫《せま》っていた頃《ころ》には、壕《ごう》の上《うえ》を米軍《べいぐん》の戦車《せんしゃ》が通《とお》って「ガタガタガタ」と、キャタピラーの音《おと》が洞窟《どうくつ》の中《なか》で響《ひび》くようになりました。それからは外《そと》にも出《で》られないので、かつお節《ぶし》の塊《かたまり》を食《た》べて、水《みず》も脱脂綿《だっしめん》を湿《しめ》らせたものを飲《の》んでいました。

私《わたし》は「内地《ないち》から連合艦隊《れんごうかんたい》が来《き》て助《たす》けてくれる」と信《しん》じていましたが、全然《ぜんぜん》来《き》ませんでした。みんな「神風《かみかぜ》が吹《ふ》くので日本《にほん》は負《ま》けない」と信《しん》じていて、誰《だれ》も日本《にほん》が負《ま》けるとは思《おも》っていませんでした。

「生きたい」おびえながら投降

《米軍《べいぐん》は壕《ごう》に隠《かく》れていた民間人《みんかんじん》に投降《とうこう》を呼《よ》び掛《か》けていました。玉城《たまき》さんたちも呼《よ》び掛《か》けに応《おう》じて、米軍《べいぐん》に投降《とうこう》しました》

壕《ごう》に隠《かく》れて一週間《いっしゅうかん》くらいした後《あと》、「出《で》てこい。水《みず》いっぱいある」と日本語《にほんご》で投降《とうこう》を呼《よ》び掛《か》ける声《こえ》が聞《き》こえてきました。私《わたし》たちは声《こえ》を出《だ》さずにじっとしていましたが、壕《ごう》に入《はい》ってきた日本兵《にほんへい》が「米軍《べいぐん》は一般人《いっぱんじん》を殺《ころ》さない」と言《い》ったので、米軍《べいぐん》に投降《とうこう》しました。怖《こわ》かったけれども「どんなことがあっても生《い》きたい」との思《おも》いでいっぱいでした。

壕《ごう》から出《で》た私《わたし》たちは4列《れつ》に並《なら》べられ、前《まえ》には戦車《せんしゃ》が止《と》まっていました。姉《あね》の八重子《やえこ》は「学校《がっこう》の先生《せんせい》が米軍《べいぐん》の捕虜《ほりょ》になったら、戦車《せんしゃ》でひき殺《ころ》され、耳《みみ》や鼻《はな》を切《き》られると言《い》っていた」とずっと泣《な》いていて、両親《りょうしん》が「みんな一緒《いっしょ》だから泣《な》かないで」と言《い》って励《はげ》ましていました。

米兵《べいへい》は私《わたし》たちをチャランカノアのススッペ収容所《しゅうようじょ》に連《れん》行《こう》しました。昼間《ひるま》なので日本軍《にほんぐん》の砲撃《ほうげき》も続《つづ》いていましたが「日本《にほん》の兵隊《へいたい》の弾《たま》に当《あ》たって死《し》ぬなら、こんな幸《しあわ》せはない」としゃがむ人《ひと》はいませんでした。収容所《しゅうようじょ》までの道中《どうちゅう》は、ウジ虫《むし》やギンバエがたかっている死体《したい》もたくさん目《め》にしました。

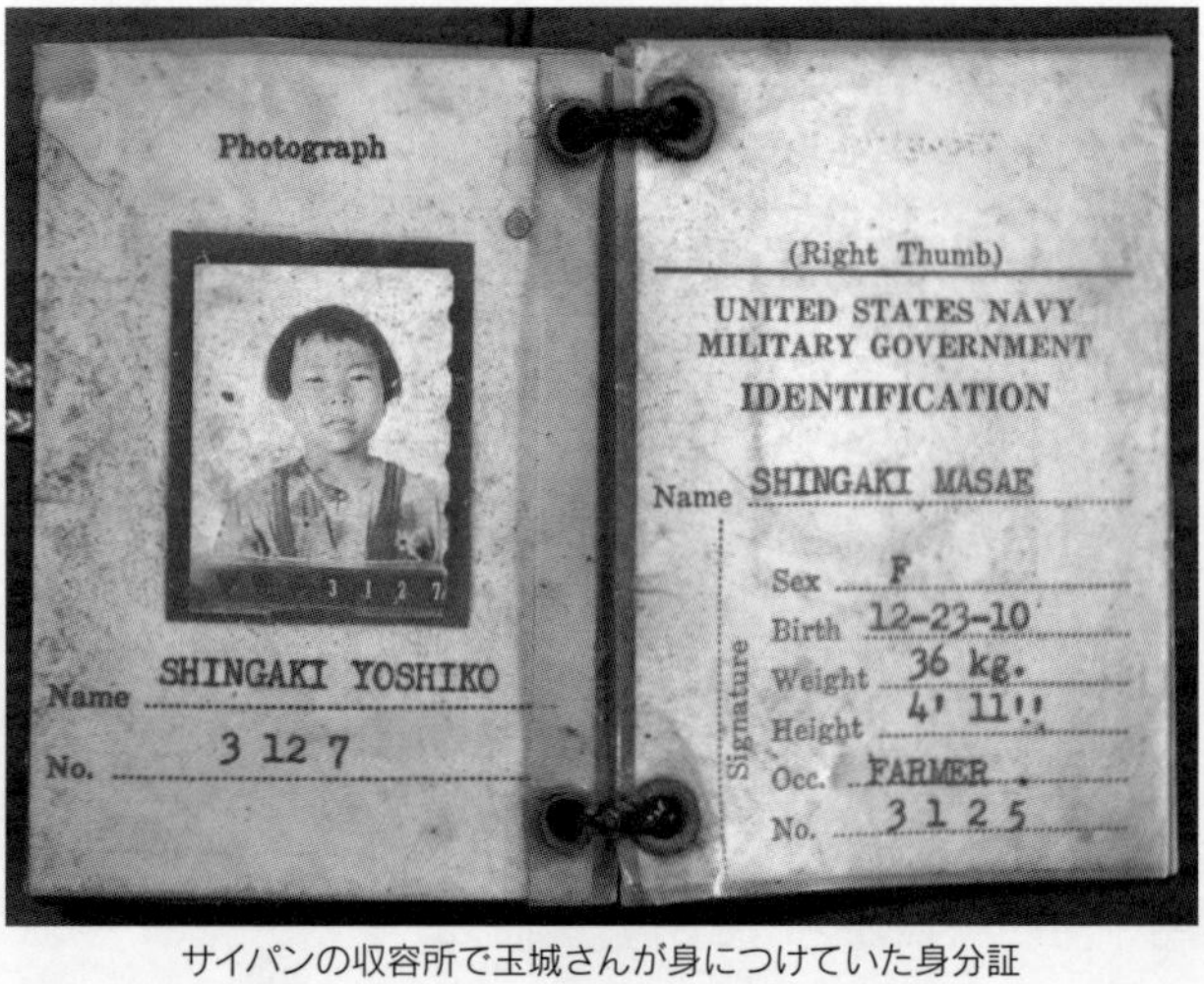

サイパンの収容所で玉城さんが身につけていた身分証

《玉城《たまき》さんたちは46年《ねん》まで約《やく》2年間《ねんかん》、収容所《しゅうようじょ》で過《す》ごします。収容所《しゅうようじょ》では担任《たんにん》の渡辺先生《わたなべせんせい》と再会《さいかい》しましたが、妹《いもうと》の秀子《ひでこ》さんを病気《びょうき》で失《うしな》います》

収容所《しゅうようじょ》に着《つ》くと2年生《ねんせい》の担任《たんにん》の渡辺先生《わたなべせんせい》がいて「みいちゃん生《い》きててよかったね」と言《い》ってハグしてくれました。しばらくしてから「よいこのあゆみ」をもらいました。命《いのち》だけで逃《に》げていた私《わたし》たちにとってはうれしくて、渡辺先生《わたなべせんせい》のように将来《しょうらい》は責任感《せきにんかん》のある教師《きょうし》になろうと決《き》めました。

収容所《しゅうようじょ》では毎日大勢《まいにちおおぜい》の人《ひと》が栄養失調《えいようしっちょう》などで亡《な》くなっていました。妹《いもうと》の秀子《ひでこ》も、アメーバ赤痢《せきり》に感染《かんせん》して血《ち》の混《ま》じった便《べん》を夜中《よなか》に何度《なんど》もして、弱《よわ》っていき、45年《ねん》2月《がつ》に亡《な》くなりました。なんとか米軍《べいぐん》に頼《たの》み込《こ》んで、秀子《ひでこ》を一人《ひとり》で埋葬《まいそう》してもらい、墓標《ぼひょう》も作《つ》ってもらいました。弾《たま》に当《あ》たらずとも、

戦争と玉城美子さんの歩み

（●は玉城さんの出来事）

1921年	南洋興発が創業
1922年	サイパン、テニアンなど旧ドイツ領だったマリアナ諸島の島々が日本の委任統治領となる
1936年	**●玉城美子さんがサイパンで生まれる**
1941年12月8日	太平洋戦争始まる
1944年2月	日本軍がマリアナ諸島の本格的な戦闘態勢を強化
2月17日	日本への引揚船・赤城丸がトラック諸島近海で撃沈される。500人が犠牲
2月23日	米軍がサイパン、テニアン両島を初空襲
3月6日	日本への引揚船・亜米利加丸が撃沈され、約500人行方不明
4月	住民たちが滑走路建設の勤労奉仕に駆り出される。学校や民家が兵舎になる
6月11日	米軍がサイパン・テニアン・ロタを本格的に空襲
6月中旬	**●サイパンの攻撃始まる。玉城さん家族が壕に避難**
6月15日	米軍がサイパン島に上陸
6月24日	大本営、サイパン放棄を決定
7月7日	日本軍が「バンザイ突撃」決行。サイパン島での日本軍の組織的戦闘終了
7月上旬	**●米軍に捕まり、収容所の生活始まる**
1945年2月	**●妹の秀子さんが収容所で亡くなる**
3月10日	東京大空襲
3月26日	米軍、慶良間諸島上陸
4月1日	米軍が沖縄本島上陸
6月22日	第32軍の牛島満司令官が自決。日本軍の組織的戦闘終わる（23日説もある）
8月15日	日本が無条件降伏
1946年3月	**●船で沖縄に戻る**
1976年	**●慰霊団でサイパン訪問。秀子さんの遺骨を拾う**

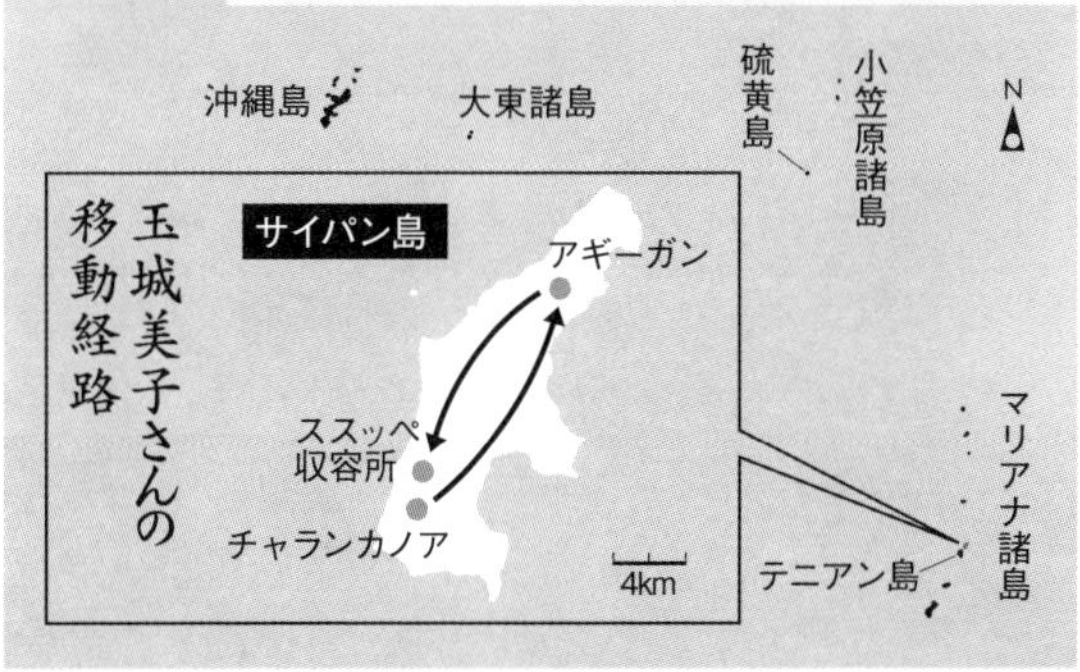

戦争《せんそう》の犠牲《ぎせい》になった秀子《ひでこ》の姿《すがた》を見《み》て、「戦争《せんそう》は二度《にど》としてはいけない」と強《つよ》く思《おも》いました。

1976年《ねん》に沖縄《おきなわ》から慰霊団《いれいだん》でサイパンに行《い》ったときに、妹《いもうと》の遺骨《いこつ》を拾《ひろ》って、連《つ》れて帰《かえ》って沖縄《おきなわ》の墓《はか》に入《い》れました。秀子《ひでこ》も沖縄《おきなわ》でようやく安心《あんしん》して眠《ねむ》ることができて、私《わたし》たちも心《こころ》に区切《くぎ》りを付《つ》けることができました。

《1946年《ねん》、一家《いっか》は沖縄《おきなわ》に戻《もど》ります》

終戦《しゅうせん》が近《ちか》づいたころ、毎晩《まいばん》午後《ごご》8時頃《じごろ》にすごい数《かず》のB29が飛行場《ひこうじょう》から飛《と》び立《た》っているのが見《み》えました。日本《にほん》を爆撃《ばくげき》に行《い》く飛行機《ひこうき》でした。収容所《しゅうようじょ》では日本人《にほんじん》捕虜《ほりょ》に沖縄戦《おきなわせん》の様子《ようす》をニュース映画《えいが》で見《み》せていて、米軍《べいぐん》に投降《とうこう》し、亀甲墓《かめこうばか》から出《で》てきた沖縄《おきなわ》の人《ひと》たちが映《うつ》し出《だ》されていました。母《はは》は「サイパンから沖縄《おきなわ》に逃《に》げていても、弾《たま》に当《あ》たって死《し》んだかもしれない」と言《い》っていました。

45年《ねん》8月《がつ》に日本《にほん》が降伏《こうふく》し、46年《ねん》の3月《がつ》に船《ふね》で沖縄《おきなわ》に戻《もど》されました。

中城村《なかぐすくそん》久場崎《くばさき》の収容所《しゅうようじょ》を経《へ》て父《ちち》の地元《じもと》の大里村《おおざとそん》（現南城市《げんなんじょうし》）目取真《めどるま》の収容所《しゅうようじょ》に移《うつ》りました。目取真《めどるま》の収容所《しゅうようじょ》に迎《むか》えに来《き》たのはおじい、おばあばかりでした。

私《わたし》はサイパンで弾《たま》の中《なか》を生《い》き抜《ぬ》いてきたのでどんなことも怖《こわ》くないです。正義《せいぎ》を訴《うった》えるのが大事《だいじ》です。辺野古《へのこ》に新基地《しんきち》を造《つく》ったら沖縄《おきなわ》に100年《ねん》基地《きち》があることになるので反対《はんたい》です。武力《ぶりょく》ではなく「話《はな》せば分《わ》かる」と信《しん》じて話《はな》し合《あ》いで解決《かいけつ》する姿勢《しせい》が大事《だいじ》だと思《おも》います。若《わか》い人《ひと》には国際的《こくさいてき》なことを勉強《べんきょう》して、外国《がいこく》の良《よ》い点《てん》を探《さが》してほしいと思《おも》います。

メモ　サイパン移民

1914年《ねん》にサイパンが日本《にほん》の支配下《しはいか》に入《はい》ると、日本《にほん》は国策会社《こくさくがいしゃ》「南洋興発《なんようこうはつ》」を設立《せつりつ》して、サトウキビの生産《せいさん》に力《ちから》を入《い》れ始《はじ》めました。昭和初期《しょうわしょき》の不況時《ふきょうじ》には、仕事《しごと》を求《もと》めた人々《ひとびと》の移民《いみん》が日本各地《にほんかくち》から急増《きゅうぞう》し、米《べい》軍上陸前《ぐんじょうりくまえ》には約《やく》2万人《まんにん》の日本《にほん》の民間人《みんかんじん》が住《す》んでいました。

米軍上陸前《べいぐんじょうりくまえ》、サイパンにいた日本人《にほんじん》の多《おお》くはサトウキビ生産《せいさん》に携《たずさ》わっていましたが、日米両軍《にちべいりょうぐん》の戦闘《せんとう》に巻《ま》き込《こ》まれ1万人《まんにん》前後《ぜんご》の人々《ひとびと》が犠牲《ぎせい》となったと言《い》われています。犠牲者《ぎせいしゃ》のうち、約《やく》6割《わり》が沖縄県出身者《おきなわけんしゅっしんしゃ》でした。（平塚柾緒《ひらつかまさお》「玉砕《ぎょくさい》の島々《しまじま》」など参考《さんこう》）

―聞いて学んだ―

犠牲増やした教育

新里凛（佐敷中3年）

想像《そうぞう》でしか知《し》らなかった戦争《せんそう》を具体的《ぐたいてき》に知《し》ることができました。「米《べい》兵《へい》に捕《つか》まるとひどいことをされるから、日本《にほん》のために死《し》んだほうがいい」と教育《きょういく》を受《う》けたため、それにより実際《じっさい》にたくさんの人々《ひとびと》が亡《な》くなったことは衝撃《しょうげき》でした。戦争《せんそう》は二度《にど》としてはいけないと改《あらた》めて感《かん》じ、この恐《おそ》ろしい出来事《できごと》を今度《こんど》は私《わたし》たちが次《つぎ》の世代《せだい》に伝《つた》えていこうと思《おも》いました。

胸えぐられた体験談

嘉数広也（佐敷中3年）

体験談《たいけんだん》はどれも生々《なまなま》しく、当時《とうじ》の状況《じょうきょう》を思《おも》い浮《う》かべるだけで胸《むね》がえぐられるようでした。こうしたむごいことが70年前《ねんまえ》には繰《く》り返《かえ》されていたとは知《し》らず、太平洋《たいへいよう》の島々《しまじま》での戦争《せんそう》のことも私《わたし》は全《まった》く知《し》らなかったんだと痛感《つうかん》しました。私《わたし》はこれからを生《い》きる人々《ひとびと》が戦争《せんそう》の愚《おろ》かさを受《う》け止《と》め、平和《へいわ》の大切《たいせつ》さを発信《はっしん》し続《つづ》けることが重要《じゅうよう》だと感《かん》じました。

一生続く苦悩、葛藤

花木ひより（佐敷中3年）

戦争《せんそう》から70年《ねん》以上《いじょう》経《た》った今《いま》でも、当時《とうじ》のことが鮮明《せんめい》に記憶《きおく》に残《のこ》り苦《く》悩《のう》や葛藤《かっとう》は一生《いっしょう》続《つづ》くのだなと強《つよ》く感《かん》じました。戦争《せんそう》はお互《たが》いを傷付《きずつ》け合《あ》うだけで、絶対《ぜったい》に良《よ》い方向《ほうこう》には変《か》わりませんし、悲惨《ひさん》な結果《けっか》しか待《ま》っていません。戦争《せんそう》がない世《よ》の中《なか》にするために、大人《おとな》だけでなく、子《こ》どもや年配《ねんぱい》の方《かた》なども一緒《いっしょ》に、みなで平和《へいわ》を呼《よ》び掛《か》けていきたい。

―記者も学んだ―

玉城《たまき》さんがサイパンで日米両軍《にちべいりょうぐん》の戦争《せんそう》に巻《ま》き込《こ》まれ、悲惨《ひさん》な体験《たいけん》を強《し》いられたのも不況《ふきょう》に苦《くる》しむ沖縄《おきなわ》の人々《ひとびと》が戦前《せんぜん》に日本《にほん》の国策《こくさく》に動員《どういん》され、サイパンに多《おお》く渡《わた》っていたという背景《はいけい》がありました。沖縄《おきなわ》の人々《ひとびと》が海外《かいがい》や県外《けんがい》で体験《たいけん》した戦争《せんそう》を通《とお》して、なぜその場所《ばしょ》に沖縄《おきなわ》の人々《ひとびと》がいて、なぜ戦争《せんそう》に巻《ま》き込《こ》まれたかを考《かんが》えることが過《あやま》ちを繰《く》り返《かえ》さないためにも大事《だいじ》だと感《かん》じます。

（塚崎昇平《つかざきしょうへい》、25歳《さい》）

具志堅貞子《ぐしけんさだこ》さんは那覇《なは》の上泉《かみいずみ》に生《う》まれ、4歳《さい》で与《よ》那原《なばる》に引《ひ》っ越《こ》します。沖縄戦《おきなわせん》が始《はじ》まって必死《ひっし》に逃《に》げ惑《まど》う中《なか》、妹《いもうと》とはぐれ、目《め》の前《まえ》で母親《ははおや》を亡《な》くしました。「涙《なみだ》が出《で》なかった。戦争《せんそう》は人《ひと》の感受性《かんじゅせい》を殺《ころ》す。あるのは憎《にく》しみだけだ」。与那原《よなばる》から南風原《はえばる》、糸満《いとまん》の摩文仁《まぶに》まで逃《に》げた後《のち》、米軍《べいぐん》に捕《つか》まり宜野湾《ぎのわん》の野嵩《のだけ》へ連《つ》れられます。当時《とうじ》14歳《さい》だった具志堅《ぐしけん》さんの戦争体験《せんそうたいけん》を、与那原町立与那原中学校《よなばるちゅうがっこう》3年《ねん》の小橋川杏莉《こばしがわあんり》さん(15)、平仲凜《ひらなかりん》さん(14)が聞《き》きました。

母　銃撃死亡も「涙出ず」

《具志堅《ぐしけん》さんは1930年《ねん》11月《がつ》、那覇市《なはし》で生《う》まれました。4歳《さい》で現在《げんざい》の与那原町中島区《よなばるちょうなかしまく》(当時大里村《おおざとそん》)に移《うつ》り住《す》みました》

私《わたし》が4歳《さい》の時《とき》、母親《ははおや》が与那原《よなばる》で雑貨店《ざっかてん》を開《ひら》くことが決《き》まったので、那覇《なは》から与那原《よなばる》へ移《うつ》り住《す》みました。父親《ちちおや》は仕事《しごと》のために大阪《おおさか》へ出《で》ていましたから、母《はは》と2歳下《さいした》の妹《いもうと》の3人《にん》暮《ぐ》らしでした。

与那原《よなばる》はとても都会《とかい》でした。海《うみ》にはたくさんの山原船《やんばるせん》、陸《りく》には軽便鉄道《けいびんてつどう》(沖縄県営鉄道《おきなわけんえいてつどう》)が走《はし》っていて、交通《こうつう》と商売《しょうばい》でとても栄《さか》えていました。

軽便鉄道《けいびんてつどう》に乗《の》るのは、当時《とうじ》の私《わたし》の一番《いちばん》の楽《たの》しみでした。親《しん》戚《せき》が那覇《なは》に住《す》んでいたので、親戚《しんせき》の家《いえ》に一泊《いっぱく》することもとてもうれしかったです。まだ平和《へいわ》な時《とき》の、幸《しあわ》せな記憶《きおく》です。

《戦争《せんそう》が近《ちか》づいていた、14歳《さい》―。与那原国民学校時代《よなばるこくみんがっこうじだい》の思《おも》い出《で》は、防空壕《ぼうくうごう》を掘《ほ》って、竹《たけ》やり攻撃《こうげき》の訓練《くんれん》をしたことです》

学校《がっこう》では、勉強《べんきょう》をしている時間《じかん》はありませんでした。私《わたし》たち生徒《せいと》は一日《いちにち》おきに、日本軍《にほんぐん》のための防空壕《ぼうくうごう》を掘《ほ》らなきゃいけなかったのです。

生徒《せいと》も教師《きょうし》も、戦争《せんそう》は日本《にほん》が勝《か》つんだと当《あ》たり前《まえ》に信《しん》じていました。今思《いまおも》えば、竹《たけ》やり攻撃《こうげき》の訓練《くんれん》なんて何《なん》の役《やく》に立《た》つのやら。弾《たま》は飛《と》んでくるんですよ。どうやって、誰《だれ》に竹《たけ》やりを刺《さ》すのか――。

《1945年《ねん》3月《がつ》23日《にち》、与那原国民学校卒業式当日《よなばるこくみんがっこうそつぎょうしきとうじつ》の朝《あさ》、空襲《くうしゅう》を告《つ》げるサイレンが鳴《な》りました》

午前《ごぜん》7時半《じはん》ごろだったと思《おも》います。急《きゅう》に空襲警報《くうしゅうけいほう》が鳴《な》りました。その日《ひ》は与那原国民学校《よなばるこくみんがっこう》の卒業式《そつぎょうしき》の日《ひ》でしたが、すぐにリュックサックを背負《せお》い、母《はは》と妹《いもうと》と一緒《いっしょ》に大見武《おおみたけ》にある防空壕《ぼうくうごう》を目指《めざ》して走《はし》りました。地獄《じごく》の始《はじ》まりです。

4月中旬《がつちゅうじゅん》にはいよいよ与那原《よなばる》も焼《や》け野原《のはら》になりました。中城湾《なかぐすくわん》に米兵《べいへい》が来《き》ているのが見《み》えたので、ここも危《あぶ》ないと分《わ》かりました。

そのころの出来事《できごと》です。大見武《おおみたけ》の防空壕《ぼうくうごう》の前《まえ》に、15人《にん》ぐらいの日本兵《にほんへい》が並《なら》んでいました。日《ひ》の丸《まる》が付《つ》いたはちまきをしていて、頬《ほほ》は真《ま》っ赤《か》。色白《いろじろ》で、二十歳《はたち》そこらの年《とし》でした。彼《かれ》らは1本《ぽん》ずつ、上官《じょうかん》にもらったたばこをじっくり味《あじ》わっていました。町《まち》は焼《や》けているのに、何《なに》をしているんだろうって。すごく不思議《ふしぎ》だったんです。

後《あと》で聞《き》いたら、彼《かれ》らはその後《ご》、各自一人《かくじひとり》乗《の》りの船《ふね》に乗《の》って、爆弾《ばくだん》を担《かつ》いで軍艦《ぐんかん》に体当《たいあ》たりをしたそうです。

国《くに》のためといって、あんなに若《わか》い命《いのち》をどうして簡単《かんたん》に捨《す》てられるのか。たばこを吸《す》っていた彼《かれ》らの姿《すがた》はずっと忘《わす》れられない。

《4月下旬《がつげじゅん》、12歳《さい》の妹《いもうと》とはぐれてしまい、母《はは》と捜《さが》しながら逃《に》げ惑《まど》いました》

南風原《はえばる》の大名《おおな》辺《あた》りだったと思《おも》います。母《はは》が「防空壕《ぼうくうごう》に忘《わす》

具志堅貞子さん(86)

戦争は聞かないと分からないが、体験しないと分からないこともあると語る具志堅貞子さん＝与那原町の軽便与那原駅舎

れ物《もの》をしたから取《と》りに戻《もど》る。あなたたちはここで待《ま》っていなさい」と言《い》って、私《わたし》と妹《いもうと》はずっと待《ま》っていました。しかし誰《だれ》かに付《つ》いていったのか、妹《いもうと》がいなくなってしまったのです。母《はは》が戻《もど》ってきて一緒《いっしょ》に捜《さが》したのですが見《み》つからず、仕方《しかた》なく母《はは》と私《わたし》は歩《ある》き出《だ》しました。戦闘《せんとう》は次第《しだい》に激《はげ》しくなっていて、昼間《ひるま》はもう歩《ある》けなくなっていました。

《数日《すうじつ》かけて、なんとか南風原《はえばる》の陸軍病院《りくぐんびょういん》にたどり着《つ》きました。5月《がつ》になっていました》

南風原《はえばる》には、私《わたし》たちの入《はい》れる防空壕《ぼうくうごう》はありませんでした。木《き》の下《した》や石垣《いしがき》にくっついて眠《ねむ》り、それ以外《いがい》はとにかく歩《ある》き続《つづ》けていました。どこを目指《めざ》すというわけでもなく、誰《だれ》かに付《つ》いていきました。

東風平《こちんだ》で知人《ちじん》に会《あ》いました。「大里《おおざと》に防空壕《ぼうくうごう》があるから一緒《いっしょ》に行《い》こう」と言《い》ってくれたのです。少《すこ》し安心《あんしん》しましたね。大里《おおざと》では陸軍部隊《りくぐんぶたい》の炊事《すいじ》を手伝《てつだ》うことになりました。

食《た》べ物《もの》をもらえたし、壕《ごう》にも入《はい》ることもできました。でも長《なが》くは続《つづ》かず、「近《ちか》くまで米兵《べいへい》が来《き》ている」と聞《き》いて、またいつ攻撃《こうげき》されるかも分《わ》からない道《みち》を歩《ある》きました。この後《あと》からは、炊《た》いた物《もの》は口《くち》にできませんでした。「どうやったら腹《はら》いっぱいに食《た》べられるのか」と考《かんが》え、誰《だれ》かに分《わ》け与《あた》えることはもう考《かんが》えられませんでした。愛情《あいじょう》がなくなったようです。

大里《おおざと》から出《で》る時《とき》は炊事《すいじ》を手伝《てつだ》ってあげた陸軍兵《りくぐんへい》の男性《だんせい》と一緒《いっしょ》に逃《に》げました。大分出身《おおいたしゅっしん》でイマミヤさんと呼《よ》んでいました。摩文仁《まぶに》まで逃《に》げました。

1945年6月27日に撮影された航空写真。左上に与那原の補給地区が見える（沖縄県公文書館所蔵）

《6月《がつ》15日《にち》の摩文仁《まぶに》。目《め》の前《まえ》で、母《はは》が流《なが》れ弾《だま》に当《あ》たって亡《な》くなりました》

6月10日《がつとおか》ごろだったと思《おも》います。摩文仁《まぶに》辺《あた》りに入《はい》りました。戦況《せんきょう》はかなり激《はげ》しくなっていました。

15日昼《にちひる》、私《わたし》の目《め》の前《まえ》で、母《はは》の大腿骨《だいたいこつ》に流《なが》れ弾《だま》が当《あ》たりました。明《あか》るい時間《じかん》だったので、はっきり見《み》えました。即死《そくし》ではありません。2時間《じかん》くらいは苦《くる》しそうに生《い》きていました。その後《ご》、亡《な》くなりました。

戦争《せんそう》は感受性《かんじゅせい》を殺《ころ》します。親《おや》が死《し》んだのに、私《わたし》は涙《なみだ》も出《で》なかった。今《いま》でこそ命《いのち》の尊《とうと》さを感《かん》じるけど、あの時《とき》はそうじゃありません。「今日《きょう》も私《わたし》は一日《いちにち》無事《ぶじ》だった」とか、自分《じぶん》のことを考《かんが》えました。戦争《せんそう》に愛《あい》はない。憎《にく》しみだけです。

《イマミヤさんと糸満市《いとまんし》兼城《かねぐすく》（当時《とうじ》兼城村《かねぐすくそん》）の防空壕《ぼうくうごう》に入《はい》りました。数日後《すうじつご》、具志堅《ぐしけん》さんは米軍《べいぐん》に捕《つか》まります》

沖縄本島における沖縄戦と具志堅貞子さんの歩み

（●は具志堅さんに関連する出来事）

1930年11月	●那覇の上泉で具志堅貞子さん生まれる。4歳の時、与那原へ移る
1944年8月	●与那原国民学校が日本軍の野戦病院へ接収される。学童はお寺やムラヤーなどで勉強した
9月15日	特攻艇の壕掘りやレール造りのため、与那原、佐敷の住民が駆り出される
10月10日	与那原空襲
1945年3月23日	●米軍による爆撃で、与那原国民学校の卒業式中止
3月26日	与那原、空襲によって炎上
4月1日	米軍上陸。与那原港などに日本軍が駐屯していたため攻撃の的になる
4月19日	与那原、ナパーム弾の攻撃で焼失
4月下旬	●当時13歳の妹とはぐれる
5月11日	米軍、運玉森の北斜面を占領する
5月21日	与那原壊滅する。米軍、運玉森をほぼ占領
5月23日	米軍、午前には雨乞森を占領
6月15日	●糸満市摩文仁で母親が流れ弾に当たり、約2時間後に死亡
6月	大見武に米軍部隊が駐屯。後に大見武難民収容所となり、与那原、南風原の人びとが収容される
6月22日	第32軍牛島満司令官、摩文仁で自決（23日の説もある）
6月30日	米軍、沖縄南部における掃討作戦を終了する
7月2日	米軍、沖縄作戦終了を宣言
9月7日	南西諸島の日本軍、嘉手納基地で降伏文書に調印
12月8日	与那原、南風原の人びとが大見武の米軍部隊跡地に移動許可がおり、代表家族が先発隊として村再興に着手した

沖縄県公文書館所蔵

沖縄県公文書館所蔵

「与那原町教育委員会」発行の「与那原の沖縄戦」参考

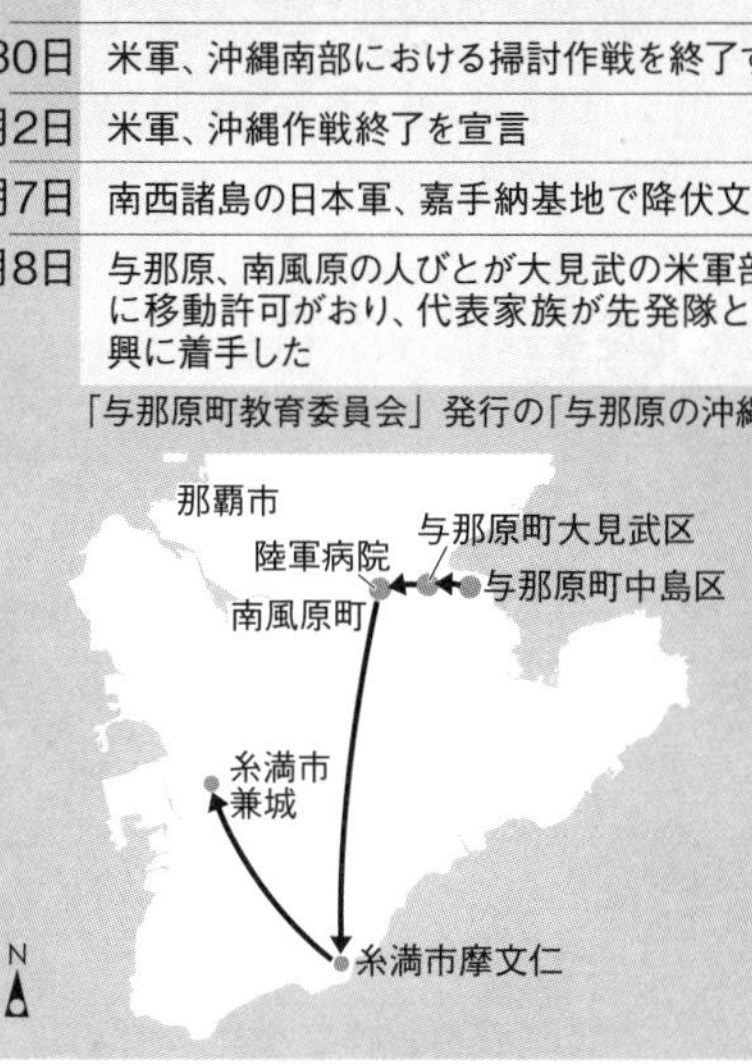

具志堅貞子さんの移動経路

イマミヤさんと一緒《いっしょ》に隠《かく》れていた防空壕《ぼうくうごう》には、けがをした防衛隊員《ぼうえいたいいん》3人《にん》と民間人《みんかんじん》が数人《すうにん》いました。そこに米兵《べいへい》が現《あらわ》れて「殺《ころ》さないから出《で》てきなさい」と片言《かたこと》で言《い》いました。イマミヤさんは私《わたし》に「君《きみ》は民間人《みんかんじん》だから大丈夫《だいじょうぶ》だ」と言《い》って出《で》て行《い》くように促《うなが》しましたが、彼《かれ》は「日本《にほん》の恥《はじ》だから」と出《で》て行《い》きませんでした。私《わたし》が出《で》たすぐ後《あと》に、壕《ごう》は火炎放射器《かえんほうしゃき》でやられました。

《収容所《しゅうようじょ》での生活《せいかつ》が始《はじ》まりました。トラックに乗《の》せられて、宜野湾村《ぎのわんそん》(当時《とうじ》)の野嵩《のだけ》まで連《つ》れて行《い》かれました。日中《にっちゅう》は現在《げんざい》の沖縄市《おきなわし》で兵舎造《へいしゃづく》りに従事《じゅうじ》しました》

軍《ぐん》の仕事《しごと》をすればご飯《はん》を食《た》べることができたので、私《わたし》は米兵《べいへい》の兵舎造《へいしゃづく》りに従事《じゅうじ》しました。捕虜《ほりょ》に取《と》られて約《やく》2カ月《げつ》後《ご》には、いとこ夫婦《ふうふ》と再会《さいかい》することができました。彼《かれ》らに連《つ》れられて1年《ねん》ほど、首里《しゅり》で過《す》ごしました。でもやっぱり、育《そだ》った町《まち》が恋《こい》しいものです。いとこ夫婦《ふうふ》も一緒《いっしょ》に与那原《よなばる》へ行《い》ったのです。生《い》き残《のこ》った人《ひと》びとは大見武《おおみたけ》に集《あつ》まって暮《く》らしていました。

大見武《おおみたけ》で、私《わたし》は妹《いもうと》が石川《いしかわ》の病院《びょういん》にいることを知《し》りました。すぐに彼女《かのじょ》がいる場所《ばしょ》へ向《む》かい、その後《ご》はいとこ夫婦《ふうふ》と共《とも》に与那原《よなばる》で生活《せいかつ》を立《た》て直《なお》しました。

米兵に追われる夢、今も

《具志堅《ぐしけん》さんは、今《いま》でも恐怖心《きょうふしん》は消《き》えないと話《はな》します》

戦争《せんそう》が終《お》わって72年《ねん》がたちますが、恐怖心《きょうふしん》は消《き》えません。私《わたし》は最近《さいきん》まで、米兵《べいへい》に追《お》い回《まわ》される夢《ゆめ》を見《み》ていました。

メモ　運玉森の激戦

米軍《べいぐん》に「コニカル・ヒル」(円《えん》すい形《がた》の丘《おか》という意味《いみ》)と呼《よ》ばれた運玉森《うんたまむい》は、沖縄戦当時《おきなわせんとうじ》、日米両軍《にちべいりょうぐん》の激戦地《げきせんち》となりました。

米軍《べいぐん》は1945年《ねん》5月《がつ》13日《にち》、運玉森《うんたまむい》の攻撃《こうげき》を開始《かいし》。日本軍《にほんぐん》の陣地《じんち》や部隊《ぶたい》の壊滅《かいめつ》を狙《ねら》って、中城湾《なかぐすくわん》から徹底的《てっていてき》に艦砲射撃《かんぽうしゃげき》をしました。この攻撃《こうげき》によって与那原《よなばる》は焼《や》き尽《つ》くされてしまいます。打《う》ち込《こ》んだ爆弾《ばくだん》の値段《ねだん》が百万《ひゃくまん》ドルに相当《そうとう》するという意味《いみ》から、米軍《べいぐん》は運玉森《うんたまむい》を「百万《ひゃくまん》ドルの山《やま》」と呼《よ》んだと言《い》います。(与那原町教育委員会発行《よなばるちょうきょういくいいんかいはっこう》の「与那原《よなばる》の沖縄戦《おきなわせん》」参考《さんこう》)

孫《まご》が言《い》うには、私《わたし》は眠《ねむ》りながら「助《たす》けて」と大声《おおごえ》を出《だ》していたそうです。自分《じぶん》の体験《たいけん》を話《はな》すのも、最近《さいきん》まで断《ことわ》っていました。無残《むざん》さが目《め》の前《まえ》にちらついてつらいんです。妹《いもうと》は今《いま》でも、戦争《せんそう》の話《はなし》をしません。

—聞いて学んだ—

人の心を壊す戦争

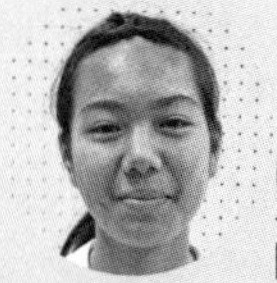

小橋川杏莉さん（与那原中3年）

戦争中《せんそうちゅう》は命《いのち》の尊《とうと》さより「今日一日無事《きょういちにちぶじ》だった」という、まずは自分《じぶん》が助《たす》かりたいという気持《きも》ちが大《おお》きかったことが印象《いんしょう》的《てき》でした。

今《いま》は命《いのち》の大切《たいせつ》さを感《かん》じて生《い》きていますが、人《ひと》の心《こころ》が壊《こわ》れていく戦争《せんそう》をなくすためには、平和《へいわ》について考《かんが》える機会《きかい》を増《ふ》やすべきだと思《おも》います。慰霊《いれい》の日《ひ》がある6月《がつ》には平和学習《へいわがくしゅう》や集会《しゅうかい》が多《おお》く開《ひら》かれるけど、それ以外《いがい》の月《つき》は少《すく》ない。平和《へいわ》に対《たい》する意識《いしき》を高《たか》めるため、年中《ねんじゅう》戦争《せんそう》の話《はなし》を聞《き》く必要《ひつよう》があると思《おも》います。

命あることは幸せ

平仲凜さん（与那原中3年）

大切《たいせつ》な人《ひと》が亡《な》くなったのに、感情《かんじょう》までをもまひさせる戦争《せんそう》がとても恐《おそ》ろしいと思《おも》いました。

今《いま》、命《いのち》があること、不自由《ふじゆう》なく暮《く》らしていることが幸《しあわ》せなことなんだと、改《あらた》めて分《わ》からなければならないと感《かん》じました。

具志堅《ぐしけん》さんに実際《じっさい》に会《あ》って、話《はなし》を聞《き》かないと伝《つた》わらない悲《かな》しさがあり、言葉《ことば》に詰《つ》まってしまう場面《ばめん》もありました。

学校《がっこう》では平和集会《へいわしゅうかい》や放送《ほうそう》、読書《どくしょ》を通《つう》じて平和《へいわ》を考《かんが》える機会《きかい》がありますが、それだけに頼《たよ》らず、なるべくたくさんの体験者《たいけんしゃ》の話《はなし》を聞《き》いて、感《かん》じたことを伝《つた》えていきたいです。

—記者も学んだ—

「(体験《たいけん》を話《はな》すのは)身《み》を切《き》る思《おも》いがする」と話《はな》していた具志堅貞子《ぐしけんさだこ》さん。途中《とちゅう》、言葉《ことば》を失《うしな》い、遠《とお》くを見《み》つめるような場面《ばめん》が度々《たびたび》あった。「これ以上《いじょう》は聞《き》かない方《ほう》がいいのか」。戸惑《とまど》ったのだが、具志堅《ぐしけん》さんは取材終了後《しゅざいしゅうりょうご》に「想像《そうぞう》できる？」と何度《なんど》も聞《き》き手《て》の中学生《ちゅうがくせい》に問《と》い掛《か》け、補足《ほそく》していた。戦争《せんそう》を知《し》らない世代《せだい》に戦争《せんそう》を伝《つた》えようと、心《こころ》を痛《いた》めながら話《はな》し掛《か》けている。私《わたし》たち聞《き》き手《て》の覚悟《かくご》は果《は》たして十分《じゅうぶん》なのか。自問《じもん》した。（嘉数陽《かかずよう》、31歳《さい》）

黒島春《くろしまはる》さん(88)＝石垣市《いしがきし》＝は八重山高等女学校《やえやまこうとうじょがっこう》の1期生《きせい》で、戦時中《せんじちゅう》は従軍看護婦《じゅうぐんかんごふ》として石垣島《いしがきじま》の野戦《やせん》病院《びょういん》で勤務《きんむ》し、兵士《へいし》の死《し》を目《ま》の当《あ》たりにしました。青春《せいしゅん》を戦争《せんそう》に奪《うば》われた当時《とうじ》16歳《さい》の黒島《くろしま》さんの戦争体《せんそうたい》験《けん》を、県立八重山高校《けんりつやえやまこうこう》2年《ねん》の西里奈津希《にしざとなつき》さん(16)と仲本泰洋《なかもとやすひろ》さん(17)が聞《き》きました。

看護術学び、野戦病院へ

《太平洋戦争《たいへいようせんそう》の勃発《ぼっぱつ》で静《しず》かな石垣島《いしがきじま》にも戦争《せんそう》の足音《あしおと》が近《ちか》づいてきます》

女学校《じょがっこう》に入《はい》ったころから「欲《ほ》しがりません勝《か》つまでは」という言葉《ことば》を石垣《いしがき》でも聞《き》くようになりました。婦人部《ふじんぶ》が割《わ》れた鍋《なべ》とか家々《いえいえ》にある鉄製《てっせい》の物《もの》を集《あつ》めていきました。消火訓《しょうかくん》練《れん》や竹《たけ》やり訓練《くんれん》も始《はじ》まりました。消火訓練《しょうかくんれん》は水《みず》が入《はい》ったバケツを隣組《となりぐみ》の人《ひと》で回《まわ》す訓練《くんれん》で、今考《いまかんが》えると、火《ひ》を消《け》すには到底間《とうていま》に合《あ》わない。ばからしいことをやったんです。

近所《きんじょ》の人《ひと》が集《あつ》まってお茶《ちゃ》を飲《の》んで話《はなし》をしていると、あるおばさんが「いざとなると誰《だれ》が火《ひ》なんか消《け》すか。竹《たけ》やりで人《ひと》が殺《ころ》せるのか。自分《じぶん》の子《こ》を連《つ》れて逃《に》げるだけで精《せい》いっぱいだ」と言《い》いました。

あの時《とき》は「ものが分《わ》からないおばさんだね」と思《おも》っていましたが、今《いま》では命《いのち》や真実《しんじつ》の尊《とうと》さをはっきり言《い》える偉《えら》いおばさんだったと思《おも》います。

《1943年《ねん》、黒島《くろしま》さんは女学校《じょがっこう》2年《ねん》になります。2学《がっ》期《き》ごろからは、旧石垣空港《きゅういしがきくうこう》の場所《ばしょ》にあった海軍南飛《かいぐんみなみひ》行場《こうじょう》の建設作業《けんせつさぎょう》に駆《か》り出《だ》されます》

週《しゅう》に2、3日《にち》は飛行場造《ひこうじょうづく》りの作業《さぎょう》があったと思《おも》います。クバ笠《がさ》をかぶって、くわで掘《ほ》っていました。その時《とき》ぐらいから英語《えいご》の教科《きょうか》は、敵国《てきこく》の言葉《ことば》だからとなくなりました。だから英語《えいご》は1年生《ねんせい》で習《なら》った「ペンシル」とか「ガール」くらいしか私《わたし》は分《わ》かりません。

そのころから日本兵《にほんへい》や朝鮮《ちょうせん》の人《ひと》の姿《すがた》もよく見掛《みか》けるように

なりました。朝鮮《ちょうせん》の人《ひと》も飛行場建設作業《ひこうじょうけんせつさぎょう》をしていました。

《44年《ねん》10月《がつ》12日《にち》、米軍機《べいぐんき》の姿《すがた》を初《はじ》めて見《み》ました。空襲《くうしゅう》が始《はじ》まったのです》

午前《ごぜん》8時《じ》30分《ぷん》すぎ、朝礼《ちょうれい》で校長《こうちょう》が訓示《くんじ》をしていた時《とき》です。4機編隊《きへんたい》の飛行機《ひこうき》が飛《と》んできました。日本軍《にほんぐん》は3機《き》、米軍《べいぐん》は4機編隊《きへんたい》と聞《き》いていました。「あれっ」とみんな驚《おどろ》き、低空飛行《ていくうひこう》の飛行機《ひこうき》の羽《はね》を見《み》ると星印《ほしじるし》が描《えが》かれていました。一生懸命《いっしょうけんめい》逃《に》げましたが、私《わたし》がいた所《ところ》には爆弾《ばくだん》は落《お》とされませんでした。偵察機《ていさつき》だったのでしょう。この日《ひ》から空襲《くうしゅう》が始《はじ》まります。

黒島春さん（88）
自身や友人らの青春を奪った戦争体験を語る黒島春さん＝八重山高校

役場《やくば》が空襲警報《くうしゅうけいほう》のサイレンを鳴《な》らすと、みんな防空壕《ぼうくうごう》に逃《に》げ込《こ》みました。私《わたし》はおばあさんと2人《ふたり》で住《す》んでいたのですが、2人《ふたり》だけでは怖《こわ》いので、ずきんと非常袋《ひじょうぶくろ》を持《も》って丈夫《じょうぶ》な隣《となり》の家《いえ》の壕《ごう》に入《はい》りました。学校《がっこう》のテスト中《ちゅう》でもサイレンが鳴《な》ると防空壕《ぼうくうごう》に逃《に》げました。「お母《かあ》さん助《たす》けて、神《かみ》様助《さまたす》けて」と小《ちい》さな声《こえ》で祈《いの》りました。

《米軍《べいぐん》の空襲《くうしゅう》が激《はげ》しくなった45年《ねん》2月《がつ》〜3月《がつ》に看護術《かんごじゅつ》を学《まな》びます。従軍看護婦《じゅうぐんかんごふ》として4月《がつ》には、野戦病院《やせんびょういん》に配属《はいぞく》されることになりました》

陸軍病院《りくぐんびょういん》から軍医《ぐんい》が看護術《かんごじゅつ》を教《おし》えにきました。看護術《かんごじゅつ》といっても包帯《ほうたい》やギプスの当《あ》て方《かた》、患者《かんじゃ》を担架《たんか》で運《はこ》ぶ方法《ほうほう》という本当《ほんとう》に簡単《かんたん》なものでした。開南《かいなん》の野戦病院《やせんびょういん》への移動《いどう》を命《めい》じられ、昼《ひる》は飛行機《ひこうき》から見《み》えるので、私《わたし》たちは夜《よる》に歩《ある》いて移動《いどう》しました。私《わたし》は薬室《やくしつ》への配属《はいぞく》となりました。

野戦病院《やせんびょういん》に運《はこ》び込《こ》まれた患者《かんじゃ》は、機銃《きじゅう》でやられた人《ひと》よりもマラリアで熱《ねつ》を出《だ》した人《ひと》の方《ほう》が多《おお》かったです。マラリアには三日熱《みっかねつ》、四日熱《よっかねつ》、熱帯熱《ねったいねつ》と三《みっ》つの種類《しゅるい》がありました。三日熱《みっかねつ》は3日《みっか》に一度《いちど》、四日熱《よっかねつ》は4日《よっか》に一度《いちど》高熱《こうねつ》が出《で》る。熱帯熱《ねったいねつ》は毎日高熱《まいにちこうねつ》が出《で》ました。石垣島《いしがきじま》の患者《かんじゃ》はほとんど熱帯熱《ねったいねつ》だったようです。

私《わたし》も三日熱《みっかねつ》にかかったので分《わ》かるのですが、熱《ねつ》が出《で》る前《まえ》は背中《せなか》がとても冷《つめ》たくなります。布団《ふとん》をあるだけかぶせても、顎《あご》ががくがく震《ふる》えて、上《うえ》から2、3人《にん》で押《お》さえないと止《と》まりませんでした。それから熱《ねつ》が出《で》たのです。おそろしい病気《びょうき》でした。

黒島（旧姓国吉）春さんが、陸軍大尉から受け取った「看護術教育修了証書」の原本。2カ月足らずの修習期間だった

《兵士《へいし》の死《し》を目《ま》の当《あ》たりにします》

2人一組《ふたりひとくみ》での伝染病室《でんせんびょうしつ》の夜間当番《やかんとうばん》の時《とき》でした。日記《にっき》を書《か》いていると、「あんまー、水《みず》ぐわー飲《ぬ》ませー（お母《かあ》さん、水《みず》を飲《の》ませて）」という声《こえ》が聞《き》こえてきます。「あっ、沖縄《おきなわ》の人《ひと》だ」と。当時《とうじ》、沖縄《おきなわ》の人《ひと》は相当《そうとう》ばかにされていました。本当《ほんとう》に悲痛《ひつう》な声《こえ》で、死《し》にそうな声《こえ》でした。勝手《かって》に水《みず》や薬《くすり》を飲《の》ませてはいけないと言《い》われていたので、当番《とうばん》のもう一人《ひとり》を起《お》こして「どうする、どうする？　水飲《みずの》ますか」と迷《まよ》っていました。そのうちに、とうとう亡《な》くなってしまいました。

《野戦病院《やせんびょういん》の勤務《きんむ》で楽《たの》しみにしていた10日《とおか》に一度《いちど》の外出《がいしゅつ》も許《ゆる》されなくなります。それでもおばあさんのことが心配《しんぱい》になり、外出《がいしゅつ》を先生《せんせい》にお願《ねが》いします》

野戦病院《やせんびょういん》では朝《あさ》と夕方《ゆうがた》の6時半《じはん》に点呼《てんこ》がありました。一人《ひとり》でも欠《か》けたら大変《たいへん》です。先生《せんせい》には朝《あさ》6時半《じはん》に戻《もど》ることを約束《やくそく》して、夕方《ゆうがた》の点呼《てんこ》が終《お》わってから家《いえ》に向《む》かいますが、家《いえ》におばあさんはいません。

道行《みちゆ》く人《ひと》に尋《たず》ねて、ようやく避難先《ひなんさき》の山《やま》で見《み》つけることができました。すぐに大《おお》きな声《こえ》で「ンミー《おばあさん》」と呼《よ》ぶと、涙《なみだ》があふれ出《で》ました。味付《あじつ》けも何《なに》もなかったと思《おも》うのですが、おばあさんが炊《た》いたその時《とき》のジューシーがとてもおいしかった。戻《もど》ろうとする私《わたし》をおばあさんは、泣《な》きそうな声《こえ》で「行《い》くな」と何度《なんど》もお願《ねが》いします。

だけど先生《せんせい》と約束《やくそく》していたので「すぐ帰《かえ》ってくるから」と振《ふ》り切《き》りました。戻《もど》って来《き》た私《わたし》を見《み》た先生《せんせい》は「ありがとう。よく帰《かえ》ってきてくれたね」とおっしゃいました。もし私《わたし》が戻《もど》らなかったら、先生《せんせい》が大変《たいへん》な処罰《しょばつ》を受《う》けたでしょう。

マラリアで同級生失う

《8月1日《がつついたち》、同級生《どうきゅうせい》の一人《ひとり》がマラリアで亡《な》くなります。「死《し》」を間近《まぢか》に感《かん》じながら、終戦《しゅうせん》を迎《むか》えます》

戦争《せんそう》がさらにひどくなったので、野戦病院《やせんびょういん》の一部《いちぶ》が於茂《おも》登岳《とだけ》に移動《いどう》することになりました。そのころ、同級生《どうきゅうせい》がマ

石垣島における沖縄戦と黒島春さんの歩み

（●は黒島さんに関連する出来事）

1929年1月	●石垣町（現石垣市）字石垣で黒島（旧姓国吉）春さん生まれる
1942年4月	●八重山高等女学校に入学
1944年10月12日	石垣島に初めての空襲 ●八重山高等女学校の校庭で初めて米軍機飛来に遭遇する  沖縄県公文書館所蔵
1945年2〜3月	●看護術教育を受け、従軍看護婦となり、4月に野戦病院に配置される
4月15日	石垣島にパラシュートで不時着し日本軍の捕虜となった米軍の3飛行士が、斬首などで処刑される（石垣島事件）
6月1日	八重山旅団が住民らの軍指定地避難を命じる。指定地はマラリアを媒介するハマダラ蚊の生息地だった。退去先でマラリアが爆発的に流行（八重山で3,647人が死亡）
6月10日	八重山旅団が、全部隊に「甲号戦備」（上陸攻撃の可能性があるとして、いつでも戦闘を開始する体制を整える）を命じる
6月22日	第32軍牛島満司令官が摩文仁で自決（23日の説もある）
7月3日	台湾への疎開船が尖閣列島付近で爆撃を受けて1隻は沈没、1隻は魚釣島に漂着し多くの犠牲者が出る（尖閣列島遭難事件）
7月23日	甲号戦備解除。一般住民が町に戻り始める
8月1日	●女学校の同級生がマラリアで亡くなる
8月18日	石垣島で終戦の詔書が発表される ●終戦後も現在の石垣中学校で、翌年1月ごろまで看護業務に従事。学校の授業も徐々に行われる
1946年1月ごろ	本土から派遣された将兵の引き揚げが完了する

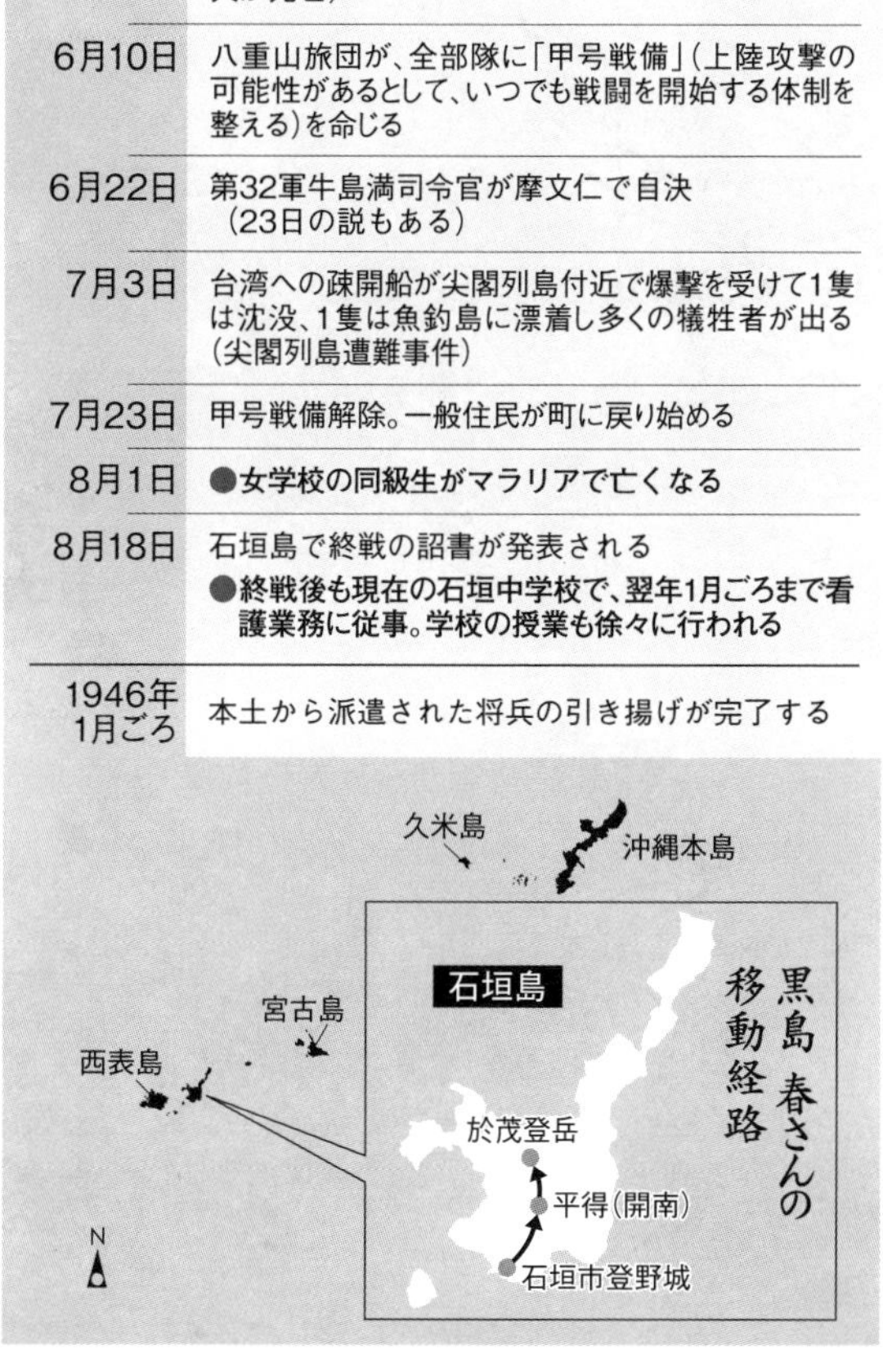

ラリアで亡《な》くなりました。お父《とう》さんが迎《むか》えに来《き》たのですが、この子《こ》が好《す》きだった「乙女挺身隊《おとめていしんたい》」という歌《うた》を、みんな泣《な》きながら歌《うた》って見送《みおく》りました。

勤務《きんむ》で宿舎《しゅくしゃ》を出《で》る時《とき》は「元気《げんき》でね」、戻《もど》って来《く》る時《とき》は「無事《ぶじ》だったね」と必《かなら》ず言《い》い合《あ》いました。それが私《わたし》たちのあいさつでした。どこに行《い》くにも「今死《いまし》ぬんじゃないか。死《し》ぬならころっと死《し》にたい」といつも思《おも》っていました。

宿舎《しゅくしゃ》に戻《もど》ってきた友達《ともだち》が「本当《ほんとう》だとは思《おも》わないけれども」と前置《まえお》きして、学徒通信兵《がくとつうしんへい》から「戦争《せんそう》に負《ま》けたと聞《き》いた」と言《い》います。「神国《しんこく》なのに負《ま》けるってあるか」「聞《き》き間違《まちが》いだ」とみんな、この友達《ともだち》を攻撃《こうげき》しました。日本《にほん》が負《ま》けるということは頭《あたま》になかったのです。

兵舎《へいしゃ》で聞《き》こうと思《おも》いましたが、誰《だれ》も聞《き》く勇気《ゆうき》はありませんでした。けれども将校《しょうこう》はいつも差《さ》していた日本刀《にほんとう》を地面《じめん》に集《あつ》めていて、兵舎《へいしゃ》には「家《いえ》に帰《かえ》れる」と喜《よろこ》ぶ人《ひと》や、泣《な》いている人《ひと》がいました。翌朝《よくあさ》、終戦《しゅうせん》を聞《き》かされました。

《戦争体験《せんそうたいけん》を振《ふ》り返《かえ》り、「戦争《せんそう》はもう絶対《ぜったい》にあってはならない」と訴《うった》えます》

メモ　八重山高等女学校《やえやまこうとうじょがっこう》

八重山《やえやま》の女子中等教育機関《じょしちゅうとうきょういくきかん》として、1942年《ねん》に設立《せつりつ》されました。当初《とうしょ》、各《かく》町村組合立《ちょうそんくみあいりつ》として開校《かいこう》しましたが、43年《ねん》に文部省認可《もんぶしょうにんか》となりました。同年《どうねん》から飛行場作業《ひこうじょうさぎょう》などにかり出《だ》されるようになり、44年《ねん》からは連日作業《れんじつさぎょう》に追《お》われました。4年生《ねんせい》は45年《ねん》2月5日《がついつか》～3月《がつ》30日《にち》、看護術教育《かんごじゅつきょういく》を受《う》け、4月《がつ》から准看護婦《じゅんかんごふ》として石垣島《いしがきじま》の野戦病院《やせんびょういん》、陸軍病院《りくぐんびょういん》、海軍病院《かいぐんびょういん》の3カ所《しょ》に分《ぶん》散《さん》して配置《はいち》されました。3年生《ねんせい》も5月《がつ》に看護術《かんごじゅつ》を受《う》け、各病院《かくびょういん》に配置《はいち》されました。約《やく》60人《にん》の生徒《せいと》が戦争《せんそう》に動員《どういん》され、1人《ひとり》が命《いのち》を落《お》としました。

水《みず》を求《もと》めて亡《な》くなった兵士《へいし》は家《いえ》の大黒柱《だいこくばしら》だったかもしれません。家族《かぞく》への知《し》らせは「名誉《めいよ》の戦死《せんし》」というだけのものだったかもしれません。私《わたし》たちも戦争《せんそう》がなければ学生生活《がくせいせいかつ》を楽《たの》しみ、もっと勉強《べんきょう》できたのにと思《おも》います。

何《なに》もかもお国《くに》のためと教《おし》えられ、日本《にほん》は神国《しんこく》なので絶対《ぜったい》に負《ま》けないと思《おも》わされていました。そのために苦《くる》しんで、犠牲《ぎせい》を払《はら》ったことを、二度《にど》と後輩《こうはい》たちにさせてはならないと強《つよ》く思《おも》うのです。

―聞いて学んだ―

戦争の恐ろしさ実感

西里奈津希さん（八重山高2年）

黒島春《くろしまはる》さんの体験談《たいけんだん》の中《なか》で一番心《いちばんこころ》に響《ひび》いたのは、水《みず》を求《もと》めていた兵《へい》士《し》の話《はなし》です。水《みず》をあげるか、あげないかを迷《まよ》っているうちに亡《な》くなってしまったと聞《き》いて、本当《ほんとう》に誰《だれ》が「死《し》」を迎《むか》えてもおかしくない状況《じょうきょう》だったんだなと思《おも》いました。

実際《じっさい》に戦争《せんそう》を体験《たいけん》した人《ひと》だからこそ、当時《とうじ》の様子《ようす》や戦争《せんそう》の恐《おそ》ろしさがとても生々《なまなま》しくて、もう二度《にど》と戦争《せんそう》を起《お》こしてはならないと、あらためて感《かん》じました。

逆らえない状況に驚き

仲本　泰洋さん（八重山高2年）

石垣島《いしがきじま》は本島《ほんとう》とは違《ちが》い、空爆《くうばく》や艦砲射撃《かんぽうしゃげき》が多《おお》く、また、日本軍《にほんぐん》の命令《めいれい》により山岳地帯《さんがくちたい》に避難《ひなん》させられ、その時《とき》にかかったマラリアによって多《おお》くの命《いのち》が奪《うば》われたことが、とても悲《かな》しく思《おも》いました。

学校《がっこう》や公共施設《こうきょうしせつ》などが軍《ぐん》に占拠《せんきょ》された上《うえ》に、学生《がくせい》などは労働《ろうどう》を強《し》いられて、「国《くに》のため」にと言《い》われ続《つづ》けて逆《さか》らうことのできない中《なか》で勉強《べんきょう》していたと思《おも》うと、今《いま》では考《かんが》えられないと思《おも》いました。

―記者も学んだ―

「今考《いまかんが》えると、こんなばからしいことをやっていたんですよ」。黒島春《くろしまはる》さんは、戦時中《せんじちゅう》に自《みずか》らも含《ふく》めて多《おお》くの住民《じゅうみん》がまじめに取《と》り組《く》んだ行動《こうどう》に対《たい》し、後悔《こうかい》の念《ねん》をにじませながら、そう何度《なんど》も口《くち》にした。

国《くに》が命《めい》じることに反抗《はんこう》するとまではいかずとも、ただ疑問《ぎもん》を抱《いだ》くことすらできなくなった当時《とうじ》の雰囲気《ふんいき》が伝《つた》わる。情報統制《じょうほうとうせい》に加《くわ》え、ほとんどの人《ひと》が「空気《くうき》」を読《よ》んだことが大《おお》きいのだろう。

「忖度《そんたく》」との言葉《ことば》がはやる現在《げんざい》。情報《じょうほう》を伝《つた》える立場《たちば》にいる者《もの》として、空気《くうき》を読《よ》まず、消《しょう》火《か》訓練《くんれん》や竹《たけ》やり訓練《くんれん》を無意味《むいみ》だと半《なか》ば切《き》り捨《す》てた、名前《なまえ》も知《し》らないおばさんの言葉《ことば》が響《ひび》く。

（大嶺雅俊《おおみねまさとし》、30歳《さい》）

喜舎場国民学校2年・8歳／安里誠晃さん(80)

安里誠晃《あさとのぶとも》さんは1936年《ねん》、世界遺産《せかいいさん》・中城《なかぐすく》城跡《じょうあと》に近《ちか》い北中城村大城《きたなかぐすくそんおおぐすく》に生《う》まれました。沖縄戦《おきなわせん》が始《はじ》まった時《とき》は喜舎場国民学校《きしゃばこくみんがっこう》の2年生《ねんせい》でした。当時《とうじ》、旧制開南中学校《きゅうせいかいなんちゅうがっこう》に通《かよ》っていた兄《あに》を戦争《せんそう》で亡《な》くし、弟《おとうと》や親戚《しんせき》も避難先《ひなんさき》のやんばるで、マラリアのために亡《な》くなりました。安里《あさと》さんの話《はなし》を県立北中城高校《けんりつきたなかぐすくこうこう》2年《ねん》の玉那覇《たまなは》りおんさん、1年生《ねんせい》の新垣優香《あらかきゆか》さんが聞《き》きました。

米軍機墜落、逃げた日本兵

《安里《あさと》さんは沖縄戦当時《おきなわせんとうじ》は国民学校《こくみんがっこう》に通《かよ》う児童《じどう》でした。沖縄《おきなわ》に悲惨《ひさん》な地上戦《ちじょうせん》が迫《せま》っているとは知《し》るよしもありませんでした》

私《わたし》は1943年《ねん》に喜舎場国民学校《きしゃばこくみんがっこう》に入学《にゅうがく》しました。私《わたし》は戦場《せんじょう》には行《い》きませんでしたが、それでも1年生《ねんせい》の後半《こうはん》からは竹《たけ》やりの訓練《くんれん》がありました。

2年生《ねんせい》の時《とき》です。那覇《なは》から夜通《よどお》しで歩《ある》いてきた日本兵《にほんへい》が大城《おおぐすく》に到着《とうちゃく》しました。日本兵《にほんへい》は疲《つか》れた様子《ようす》で、部落内《ぶらくない》の道《みち》や公民館《こうみんかん》などで休《やす》んでいました。

夜明《よあ》けと同時《どうじ》に、部落《ぶらく》の向上会会長《こうじょうかいかいちょう》をしていた父《ちち》の元《もと》に将校《しょうこう》が訪《たず》ねてきて「沖縄《おきなわ》を守《まも》りに来《き》たので民家《みんか》を貸《か》してほしい」と要望《ようぼう》しました。父《ちち》は区長《くちょう》と連絡《れんらく》を取《と》って手分《てわ》けをして民家《みんか》を手配《てはい》しました。

《防空壕《ぼうくうごう》を造《つく》りました。住民生活《じゅうみんせいかつ》が不自由《ふじゆう》になっていきました》

大城《おおぐすく》に来《き》た日本軍《にほんぐん》は戦争《せんそう》に備《そな》え、木《き》でできた模型《もけい》の戦車《せんしゃ》を作《つく》っていました。米軍《べいぐん》が攻《せ》めてきた時《とき》にはこの模型戦車《もけいせんしゃ》に的《まと》になってもらい、こちらの被害《ひがい》は出《だ》さないまま米軍《べいぐん》の弾《たま》を減《へ》らそうと考《かんが》えたようです。私《わたし》たちもこの模型戦車《もけいせんしゃ》を押《お》すのを手伝《てつだ》い、日本兵《にほんへい》から乾《かん》パンをもらいました。

いつでも逃《に》げられるよう防空壕《ぼうくうごう》がどの家《いえ》にも造《つく》られていました。うちも当初《とうしょ》は屋敷《やしき》の裏《うら》にありましたが、後《あと》に正面《しょうめん》のガジュマルの木《き》の下《した》に移《うつ》しました。ガジュマルの固《かた》い根《ね》が張《は》っていて、振動《しんどう》にも耐《た》えられると考《かんが》えたのでしょう。

夜《よる》は外《そと》に光《ひかり》が漏《も》れないよう、ランプに布《ぬの》のかさを付《つ》けていました。掛《か》けていないと地域《ちいき》の人《ひと》でつくる警防団《けいぼうだん》が入《はい》ってきて「消《け》しなさい」と言《い》ってきます。自分《じぶん》の命《いのち》は自分《じぶん》で守《まも》らなければいけませんでした。


《44年《ねん》10月《がつ》10日《とおか》、米軍《べいぐん》が大規模《だいきぼ》な空襲《くうしゅう》を行《おこな》いました。「10《じゅう》・10《じゅう》空襲《くうしゅう》」です》

安里誠晃さん(80)
沖縄戦で体験し「戦前の教育は間違っている」と教育の重要性を述べる安里誠晃さん＝北中城村

あの日《ひ》は澄《す》み切《き》った青空《あおぞら》で、高台《たかだい》にある私《わたし》の家《いえ》からも那《な》覇《は》の上空《じょうくう》が見渡《みわた》せました。私《わたし》は日本軍《にほんぐん》の将校《しょうこう》と空襲《くうしゅう》の様子《ようす》を見《み》ていました。その時《とき》、那覇《なは》からわが家《や》の上空《じょうくう》に向《む》かって米軍機《べいぐんき》が飛《と》んでいきました。爆撃《ばくげき》を受《う》け煙《けむり》を上《あ》げる街並《まちな》みが見《み》えても現実《げんじつ》とは思《おも》えませんでした。将校《しょうこう》はとても怖《こわ》かったと思《おも》います。

兵隊《へいたい》が大城《おおぐすく》に入《はい》ってきたころから、父《ちち》は住民《じゅうみん》たちに早《はや》くやんばるへと避難《ひなん》するよう呼《よ》び掛《か》けていました。でも、住《じゅう》民《みん》たちは「戦争《せんそう》で死《し》ぬなら自分《じぶん》の墓《はか》で死《し》ぬ」といって避難《ひなん》はなかなか進《すす》みませんでした。当時《とうじ》の墓《はか》は頑丈《がんじょう》で、先祖《せんぞ》が守《まも》ってくれるという思《おも》いもあったのでしょう。

それでも向上会長《こうじょうかいちょう》として地域《ちいき》の人《ひと》を守《まも》らないといけないと考《かんが》えた父《ちち》は、自分《じぶん》の家族《かぞく》が先《さき》に行《い》けば、周囲《しゅうい》もついてくるのではないかと考《かんが》え、避難《ひなん》を決《き》めました。


《現在《げんざい》の名護市瀬嵩《なごしせだけ》に移動《いどう》します。米軍《べいぐん》が上陸《じょうりく》する直《ちょく》前《ぜん》のことでした》

父《ちち》は、フィリピンに渡《わた》って事業《じぎょう》をしていたことがありました。子《こ》どもの教育《きょういく》をするなら日本《にほん》がいいことと、世界情《せかいじょう》勢《せい》の雲行《くもゆ》きにあやしさを感《かん》じたこともあり日本《にほん》に戻《もど》ってきましたが、その際《さい》、大城《おおぐすく》の家《いえ》の他《ほか》に、やんばるでも父《ちち》の兄《あに》、その友人《ゆうじん》と共《とも》に土地《とち》を購入《こうにゅう》していたのです。フィリピンで暮《く》らした経験《けいけん》から、緊急時《きんきゅうじ》の準備《じゅんび》をしていたのだと思《おも》います。

避難《ひなん》するため公民館前《こうみんかんまえ》に集《あつ》まると、ほかにも何家族《なんかぞく》か集《あつ》まっていました。私《わたし》たちは日本軍《にほんぐん》のトラックで久志村《くしそん》(現名《げんな》護市《ごし》)瀬嵩《せだけ》の久志国民学校《くしこくみんがっこう》に向《む》かいました。米軍《べいぐん》が沖縄本《おきなわほん》島《とう》に上陸《じょうりく》する(45年《ねん》4月《がつ》1日《ついたち》)3日《みっか》ほど前《まえ》のことです。避難《ひなん》が遅《おく》れたら私《わたし》たちはどうなったか分《わ》かりません。

《安里《あさと》さんたちが北部《ほくぶ》に避難《ひなん》するころ、旧制開南中《きゅうせいかいなんちゅう》学校《がっこう》に通《かよ》っていた兄《あに》が日本軍《にほんぐん》に動員《どういん》されました》

兄《あに》は毎朝《まいあさ》、北中城《きたなかぐすく》から那覇《なは》まで自転車《じてんしゃ》で通《かよ》っていました。戦前《せんぜん》の中学校《ちゅうがっこう》は入《はい》るのがとても難《むずか》しく、学生服《がくせいふく》に身《み》を包《つつ》んだ兄《あに》は私《わたし》の自慢《じまん》でした。

父《ちち》は私《わたし》たちをやんばるに残《のこ》し、食糧運搬《しょくりょううんぱん》のため大城《おおぐすく》に戻《もど》りました。家《いえ》には軍隊《ぐんたい》に召集《しょうしゅう》された兄《あに》が戻《もど》っていました。家族《かぞく》に会《あ》いに来《き》たのだと思《おも》います。

教育《きょういく》の力《ちから》は恐《おそ》ろしいものです。「日本《にほん》が勝《か》つ」と信《しん》じていた兄《あに》は、食糧《しょくりょう》を瀬嵩《せだけ》に運搬《うんぱん》した後《あと》、日本軍《にほんぐん》の弾運《たまはこ》びをするよう父《ちち》に話《はな》したそうです。しかし、それはできませんでした。米軍《べいぐん》が沖縄《おきなわ》へ上陸《じょうりく》し、北部《ほくぶ》と南部《なんぶ》を行《い》き来《き》することができなくなったからです。

焼夷弾とロケット弾を搭載した米軍機が久志岳頂上の日本軍要塞攻撃のために出発＝1945年6月15日(沖縄県公文書館所蔵)

兄《あに》とはそれが最後《さいご》の別《わか》れとなってしまいました。

《山中《さんちゅう》での避難生活《ひなんせいかつ》が長《なが》く続《つづ》きました。そこで米兵《べいへい》と遭遇《そうぐう》しました》

数日《すうじつ》は久志国民学校《くしこくみんがっこう》にいましたが、いつまでも瀬嵩《せだけ》にとどまるわけにもいかず、山《やま》に避難《ひなん》することになりました。

米軍《べいぐん》が銃《じゅう》を撃《う》ったり、火炎放射《かえんほうしゃ》をするようになると、さらに山奥《やまおく》まで避難《ひなん》するということが続《つづ》きました。

ある日《ひ》、燃料《ねんりょう》が切《き》れたのか米軍《べいぐん》の偵察機《ていさつき》が山中《さんちゅう》に墜落《ついらく》したことがありました。しばらくすると血《ち》をだらだら流《なが》した米兵《べいへい》が下《お》りてきました。それを見《み》た私《わたし》は日本兵《にほんへい》に「アメリカーがチャーギンドー（アメリカ軍《ぐん》が来《き》たよ）」と呼《よ》び掛《か》けました。すると日本兵《にほんへい》は、鉄砲《てっぽう》を持《も》って逃《に》げていってしまいました。

血《ち》だらけの米兵《べいへい》は、川沿《かわぞ》いにつないでいた馬《うま》を見《み》つけると、乗《の》って逃《に》げてしまいました。しばらくすると日本軍《にほんぐん》が戻《もど》ってきて「米兵《べいへい》はどこに行《い》ったか」と聞《き》き、追《お》い掛《か》けていきました。住民《じゅうみん》は「軍人《ぐんじん》が住民《じゅうみん》を守《まも》らず真《ま》っ先《さき》に逃《に》げて」と笑《わら》っていました。

沖縄本島における沖縄戦と安里誠晃さんの歩み

（●は安里さんに関連する出来事）

1936年11月11日	●安里誠晃さん北中城に生まれる
1943年4月	●安里さん、喜舎場国民学校に入学
1944年3月22日	第32軍創設
8月20日	●喜舎場国民学校が第62師団第64旅団本部となる 大城に日本軍が到着
8月22日	疎開学童を乗せた対馬丸が撃沈される
8月29日ごろ	喜舎場国民学校の児童ら、熊本へ疎開（安里さんたちは参加せず）
10月	10・10空襲
1945年3月26日	米軍、慶良間諸島に上陸
3月末	●安里さんら、久志村瀬嵩に疎開 安里さんの父、兄と最後の別れ
4月1日	米軍、沖縄本島に上陸
4月2日	読谷山のチビチリガマで強制集団死 米軍、島袋、喜舎場の北側に侵攻
6月22日	第32軍牛島満司令官が摩文仁で自決（23日の説もある）
8月15日	米軍、沖縄諮詢会設立を表明。20日に正式発足
1946年	●安里さん大城に戻る
5月20日	中城村から分村し北中城村誕生

1945年 3月

1945年 4月1日

写真：沖縄県公文書館所蔵

兄は戦死、弟2人もマラリアで

《食糧《しょくりょう》としていたソテツも食《た》べ尽《つ》くし、家族《かぞく》は山《やま》を下《お》りて米軍《べいぐん》の収容所《しゅうようじょ》に入《はい》ります。今度《こんど》はマラリアが襲《おそ》ってきました》

しばらくすると食糧《しょくりょう》が切《き》れかけました。畑《はたけ》にはイモはおろか、つるや葉《は》もなくなってしまいました。そこで、ソテツを食《た》べ始《はじ》めました。始《はじ》めは根《ね》の小《ち》さいものを食《た》べていましたが、食《た》べ尽《つ》くすと今度《こんど》は大《おお》きな幹《みき》を切《き》ってきました。山道《やまみち》を数《すう》キロ越《こ》えてソテツを探《さが》しに行《い》きましたが、それもできなくなり、とうとうみんなで手《て》を上《あ》げて瀬嵩《せだけ》の収容所《しゅうようじょ》に投降《とうこう》しました。

収容所《しゅうようじょ》ではマラリアで弟《おとうと》2人《ふたり》と親戚《しんせき》の計《けい》4人《にん》が亡《な》くなりました。マラリアは大変《たいへん》な病気《びょうき》で、寒《さむ》さで体《からだ》が大《おお》きく震《ふる》え、大人《おとな》2人《ふたり》が乗《の》っかっても振《ふ》るい落《お》とされるほどでした。私《わたし》もマラリアにかかり、大変《たいへん》な思《おも》いをしました。

《自慢《じまん》だった兄《あに》は戦死《せんし》していました。遺骨《いこつ》も戻《もど》っていません》

メモ　私立開南中学校《しりつかいなんちゅうがっこう》

戦前《せんぜん》の沖縄《おきなわ》で正規《せいき》の5年制中学校《ねんせいちゅうがっこう》として認可《にんか》された、唯一《ゆいいつ》の旧制私立中学校《きゅうせいしりつちゅうがっこう》。1936年《ねん》、真和志村与儀樋川原《まわしそんよぎひがわばる》（現那覇市樋川《げんなはしひがわ》）に開校《かいこう》します。沖縄戦《おきなわせん》で消滅《しょうめつ》しましたが、現在《げんざい》も「開南《かいなん》」という通称地名《つうしょうちめい》に当時《とうじ》の名残《なごり》を残《のこ》しています。沖縄戦《おきなわせん》が始《はじ》まると、生徒《せいと》たちは、2年生《ねんせい》は通信隊要員《つうしんたいよういん》として第《だい》24師団司令部《しだんしれいぶ》に編入《へんにゅう》され、4、5年生《ねんせい》は鉄血勤皇隊開南隊《てっけつきんのうたいかいなんたい》を編成《へんせい》して第《だい》62師団独立歩兵《しだんどくりつほへい》第《だい》23大隊《だいたい》に配属《はいぞく》されました。動員数《どういんすう》、犠牲者数《ぎせいしゃすう》は不明《ふめい》ですが、生徒《せいと》182人《にん》と教師《きょうし》4人《にん》の計《けい》186人《にん》が亡《な》くなったとされています。

収容所《しゅうようじょ》を転々《てんてん》として、大城《おおぐすく》に戻《もど》った時《とき》には4年生《ねんせい》になっていたと思《おも》います。落《お》ち着《つ》いてから、軍隊《ぐんたい》に召集《しょうしゅう》された兄《あに》が戦死《せんし》したことを知《し》りました。兄《あに》は南部《なんぶ》に行《い》ったと聞《き》いていますが、遺骨《いこつ》はありません。捜《さが》したのですが見《み》つけることができず、石《いし》を拾《ひろ》ってきてお墓《はか》に入《い》れています。

アメリカ軍《ぐん》は当時《とうじ》、仕事《しごと》が終《お》わるとギターを弾《ひ》いたりバスケットボールをしたりして遊《あそ》んでいました。缶詰《かんづめ》の食《た》べ物《もの》もいっぱいありました。こんなぜいたくな国《くに》と戦争《せんそう》すること自体《じたい》、ばかげた話《はなし》です。日本《にほん》の偉《えら》い人《ひと》たちには先見《せんけん》の明《めい》がなかったんですね。

教育《きょういく》の力《ちから》も恐《おそ》ろしいものがあります。なにかまずいなと思《おも》ったら、しっかり物《もの》を言《い》う力《ちから》を付《つ》けてほしいです。

—聞いて学んだ—

「情報」の大切さ実感

新垣優香さん（北中城高1年）

戦争中《せんそうちゅう》は、子《こ》どもたちに敵《てき》の倒《たお》し方《かた》を教《おし》えたり、間違《まちが》った教育《きょういく》をしていたりなど、平和《へいわ》な今《いま》では考《かんが》えられないことがたくさんあり、驚《おどろ》きました。

歴史《れきし》の教科書《きょうかしょ》や学校《がっこう》では習《なら》わない実際《じっさい》の体験談《たいけんだん》は話《はなし》の重《おも》みが違《ちが》いました。話《はなし》を聞《き》いて、私《わたし》は考《かんが》えや行動《こうどう》を決《き》めていく「教育《きょういく》」が常《つね》に正《ただ》しいか否《いな》かを判断《はんだん》しながら、一《ひと》つの情報《じょうほう》や嘘《うそ》の情報《じょうほう》に踊《おど》らされず、自分《じぶん》の考《かんが》えや、実際《じっさい》に自分《じぶん》の目《め》で確《たし》かめていくことが大切《たいせつ》だということが分《わ》かりました。

体験者の悲しみ伝える

玉那覇りおんさん（北中城高2年）

これまでも戦争《せんそう》の話《はなし》を聞《き》いていた私《わたし》も、安里《あさと》さんのお話《はなし》に衝撃《しょうげき》を受《う》けました。身近《みぢか》な人《ひと》が亡《な》くなっていく悲《かな》しさや苦《くる》しい生活《せいかつ》は安里《あさと》さんのお話《はなし》を聞《き》くまで分《わ》からないことばかりでした。

一番印象《いちばんいんしょう》に残《のこ》ったのは、安里《あさと》さんのお兄《にい》さんのお話《はなし》でした。召集《しょうしゅう》され亡《な》くなったお兄《にい》さんのことを考《かんが》えると、とても胸《むね》が痛《いた》みました。私《わたし》もこんな戦争《せんそう》を起《お》こさないよう、体験者《たいけんしゃ》の悲《かな》しみやつらさを、これからの世代《せだい》に語《かた》り継《つ》いでいきたいと思《おも》いました。

—記者も学んだ—

安里誠晃《あさとのぶとも》さんは当時《とうじ》中学生《ちゅうがくせい》だったお兄《にい》さんを軍隊《ぐんたい》にとられ、亡《な》くしました。「日本《にほん》は勝《か》つ」と信《しん》じ、家族《かぞく》を守《まも》るべく戦場《せんじょう》に向《む》かった若《わか》い命《いのち》は、どこで失《うしな》われたのかも分《わ》かりません。戦後《せんご》70年余《ねんあま》りたっても家族《かぞく》の元《もと》へ戻《もど》れない命《いのち》を思《おも》うと、胸《むね》が締《し》め付《つ》けられます。

安里《あさと》さんは平和《へいわ》な社会《しゃかい》を守《まも》るため、一人一人《ひとりひとり》の意識《いしき》の大切《たいせつ》さを強調《きょうちょう》します。問題《もんだい》があることに、雰囲気《ふんいき》に流《なが》されず「これはおかしい」と言《い》えることが、過《あやま》ちを繰《く》り返《かえ》さないことにつながります。（知念征尚《ちねんゆきなお》、30歳《さい》）

117 松山国民学校2年・7歳／大城宏捷さん（80）

大城宏捷《おおしろひろとし》さんは那覇《なは》の久茂地《くもじ》で生《う》まれ、1944年《ねん》10月10日《がつとおか》の「10・10空襲《くうしゅう》」の時《とき》は、松山国民学校《まつやまこくみんがっこう》の2年生《ねんせい》でした。空襲《くうしゅう》の日《ひ》、兄《あに》の政祐《せいすけ》さんと那覇港《なはこう》から乗《じょう》船《せん》し、九州《きゅうしゅう》へと疎開《そかい》する予定《よてい》でしたが、米軍《べいぐん》は那覇《なは》をはじめとする県内《けんない》の主要《しゅよう》な港《みなと》を攻撃《こうげき》しました。生《う》まれ育《そだ》った町並《まちな》みは一面《いちめん》焼《や》け果《は》て、火《ひ》と煙《けむり》は翌日夜《よくじつよる》まで那覇《なは》の空《そら》を赤《あか》く染《そ》めたといいます。45年《ねん》4月《がつ》の沖縄本《おきなわほん》島《とう》への米軍上陸《べいぐんじょうりく》後《ご》、宜野座村《ぎのざそん》で米軍《べいぐん》に捕《と》らわれました。その後《ご》、那覇《なは》に戻《もど》った大城《おおしろ》さんは、死体《したい》が至《いた》る所《ところ》にあったことを覚《おぼ》えています。大城《おおしろ》さんの体験《たいけん》を那覇市《なはし》立松城中学校《りつまつしろちゅうがっこう》3年《ねん》の金城那由子《きんじょうなゆこ》さん（15）、大城明《おおしろあ》香里《かり》さん（15）が聞《き》きました。

10・10空襲、級友も死傷

《大城《おおしろ》さんは1937年《ねん》1月2日《がつふつか》、那覇市《なはし》で生《う》まれました。松山国民学校《まつやまこくみんがっこう》2年生《ねんせい》だった44年《ねん》10月10日《がつとおか》、兄《あに》と船《ふね》に乗《の》って九州《きゅうしゅう》に向《む》かう予定《よてい》でした》

兄《あに》が学童疎開《がくどうそかい》の対象《たいしょう》で、私《わたし》も一緒《いっしょ》について行《い》くことになりました。10・10空襲《くうしゅう》の前日《ぜんじつ》に船《ふね》に荷物《にもつ》を積《つ》み込《こ》んで、あとは乗《の》って向《む》かうだけでした。当時《とうじ》、同《おな》じように学童《がくどう》を乗《の》せて本土《ほんど》に向《む》かっていた対馬丸《つしままる》が沈没《ちんぼつ》したことは両親《りょうしん》も全《まった》く知《し》りませんでした。

10月10日《がつとおか》の早朝《そうちょう》、消防団《しょうぼうだん》をしていた父《ちち》が家《いえ》を出《で》て隣近《となりきん》所《じょ》を巡回《じゅんかい》していたら、飛行機《ひこうき》が飛《と》び始《はじ》めました。6時半《じはん》ごろから、飛行機《ひこうき》が飛《と》んだと父《ちち》は言《い》っていましたが、空襲《くうしゅう》で那覇港《なはこう》が最初《さいしょ》にやられたのでしょう。

異変《いへん》に気付《きづ》いた父《ちち》は「これは演習《えんしゅう》ではなくて、実弾射撃《じつだんしゃげき》だ」と思《おも》い、すぐに家《いえ》に戻《もど》ってきました。そして私《わたし》と兄《あに》に「もう今日《きょう》は危《あぶ》ない。船《ふね》に行《い》くな」と言《い》っていました。港《みなと》が狙《ねら》われていることを分《わ》かっているようでした。

その足《あし》で家族全員《かぞくぜんいん》でテルカワバル（牧志村照川原《まきしむらてるかわばる》）と呼《よ》ばれる、今《いま》のジュンク堂書店《どうしょてん》の裏側《うらがわ》のあたりにある丘《おか》に掘《ほ》った防空壕《ぼうくうごう》へと逃《に》げました。当時《とうじ》、那覇《なは》では防空壕《ぼうくうごう》を掘《ほ》る場所《ばしょ》がなく、公的《こうてき》には家《いえ》の床下《ゆかした》に穴《あな》を掘《ほ》って、そこに逃《に》げるよう指令《しれい》が出《で》ていました。

でも両親《りょうしん》は「それでは危《あぶ》ない、火事《かじ》になったら全滅《ぜんめつ》だ」ということで、照川原《てるかわばる》に穴《あな》を掘《ほ》り、10・10空襲《くうしゅう》のころにはできあがっていました。そこに親戚《しんせき》3家族《かぞく》で逃《に》げていました。

《10日《とおか》午前《ごぜん》7時《じ》、沖縄本島《おきなわほんとう》に空襲警報《くうしゅうけいほう》が発令《はつれい》されます》

音《おと》は少《すこ》し離《はな》れていましたが、防空壕《ぼうくうごう》の中《なか》からでも飛行機《ひこうき》の激《はげ》しい音《おと》、機銃掃射《きじゅうそうしゃ》の「パラパラパラパラ」という音《おと》が聞《き》こえました。午後《ごご》から焼夷弾《しょういだん》（発火性《はっかせい》の爆弾《ばくだん》）が打《う》ち込《こ》まれ、民家《みんか》が燃《も》え始《はじ》めていました。5回《かい》の集中的《しゅうちゅうてき》な攻撃《こうげき》がありました。米軍《べいぐん》は計画的《けいかくてき》に攻撃《こうげき》していたようです。那覇市《なはし》は焼《や》け野原《のはら》になるしかすべがなかったのだと思《おも》います。小学校《しょうがっこう》の仲間《なかま》も何人《なんにん》か死傷《ししょう》しています。

丘《おか》の上《うえ》からは市内《しない》の全域《ぜんいき》が見《み》えましたが、ほとんどが焼《や》け焦《こ》げて、家《いえ》もなくなっていました。残《のこ》っていたのは家《いえ》の近《ちか》くにあった「電気会社《でんきがいしゃ》」と呼《よ》んでいた発電所《はつでんしょ》と教会《きょうかい》の建物《たてもの》で、コンクリートだったために残骸《ざんがい》だけ残《のこ》っていました。夜《よる》になっても、炎《ほのお》で真《ま》っ赤《か》に空《そら》が染《そ》まりました。2日《ふつか》ぐらい燃《も》えていたと思《おも》います。

その後《ご》は、牧志《まきし》の母方《ははかた》の実家《じっか》に身《み》を寄《よ》せました。当時《とうじ》、日本軍《にほんぐん》の徴用《ちょうよう》で連《つ》れてこられた朝鮮《ちょうせん》の人《ひと》たちもいました。当時《とうじ》の日本軍《にほんぐん》は朝鮮人《ちょうせんじん》の軍夫《ぐんぷ》の人《ひと》にあまり食事《しょくじ》を与《あた》えていませんでした。母方《ははかた》の実家《じっか》は農家《のうか》だったので、イモがたくさんありましたが、それを朝鮮《ちょうせん》の方《かた》がもらって食《た》べると（日本軍《にほんぐん》に）殴《なぐ》られているのを見《み》たことがあります。

銃向けられ、家族捕らわれる

《米軍《べいぐん》の上陸《じょうりく》が近《ちか》づくにつれ、本島北部《ほんとうほくぶ》への避難《ひなん》を迫《せま》

大城宏捷さん(80)

自身が体験した10・10空襲を語る大城宏捷さん＝那覇市繁多川の自宅

られました》

米軍《べいぐん》が沖縄本島《おきなわほんとう》に上陸《じょうりく》する前《まえ》の1945年《ねん》2月《がつ》ごろ、北《ほく》部《ぶ》への避難《ひなん》が始《はじ》まりました。私《わたし》たちは、いとこの家族《かぞく》を含《ふく》めた14人《にん》で、金武村《きんそん》(当時《とうじ》)伊芸《いげい》が避難場所《ひなんばしょ》に指定《してい》されました。父《ちち》は「沖縄《おきなわ》は狭《せま》い。どこに行《い》っても時間《じかん》の問題《もんだい》だから慌《あわ》てるな」と言《い》い、ゆっくりゆっくり行動《こうどう》していました。

しかし、そこも危《あぶ》ないということになって、3月下旬《がつげじゅん》ごろ、さらに北《きた》へと移動《いどう》することになりました。一緒《いっしょ》に逃《に》げた祖母《そぼ》が病弱《びょうじゃく》だったので、リヤカーに乗《の》せて移動《いどう》した記憶《きおく》があります。リヤカーを引《ひ》っ張《ぱ》りながら夜道《よみち》をたどっていきましたが、すでに艦砲射撃《かんぽうしゃげき》が始《はじ》まっていました。祖母《そぼ》は石川《いしかわ》の収容所《しゅうようじょ》でマラリアのため亡《な》くなりました。

海《うみ》にはたくさんの艦船《かんせん》が見《み》えて、海《うみ》が船《ふね》で囲《かこ》まれていたように思《おも》います。「ヒューッ、ボン」と艦砲射撃《かんぽうしゃげき》がひっきりなしで山《やま》の斜面《しゃめん》に打《う》ち込《こ》まれていました。直接《ちょくせつ》受《う》けたわけではないが、あちらこちらに飛《と》んでいて、焼夷弾《しょういだん》も光《ひか》りました。その中《なか》を夜《よる》、こそこそと移動《いどう》したわけです。

《米軍《べいぐん》が本島《ほんとう》に上陸《じょうりく》した直後《ちょくご》、大城《おおしろ》さんの家族《かぞく》は米軍《べいぐん》

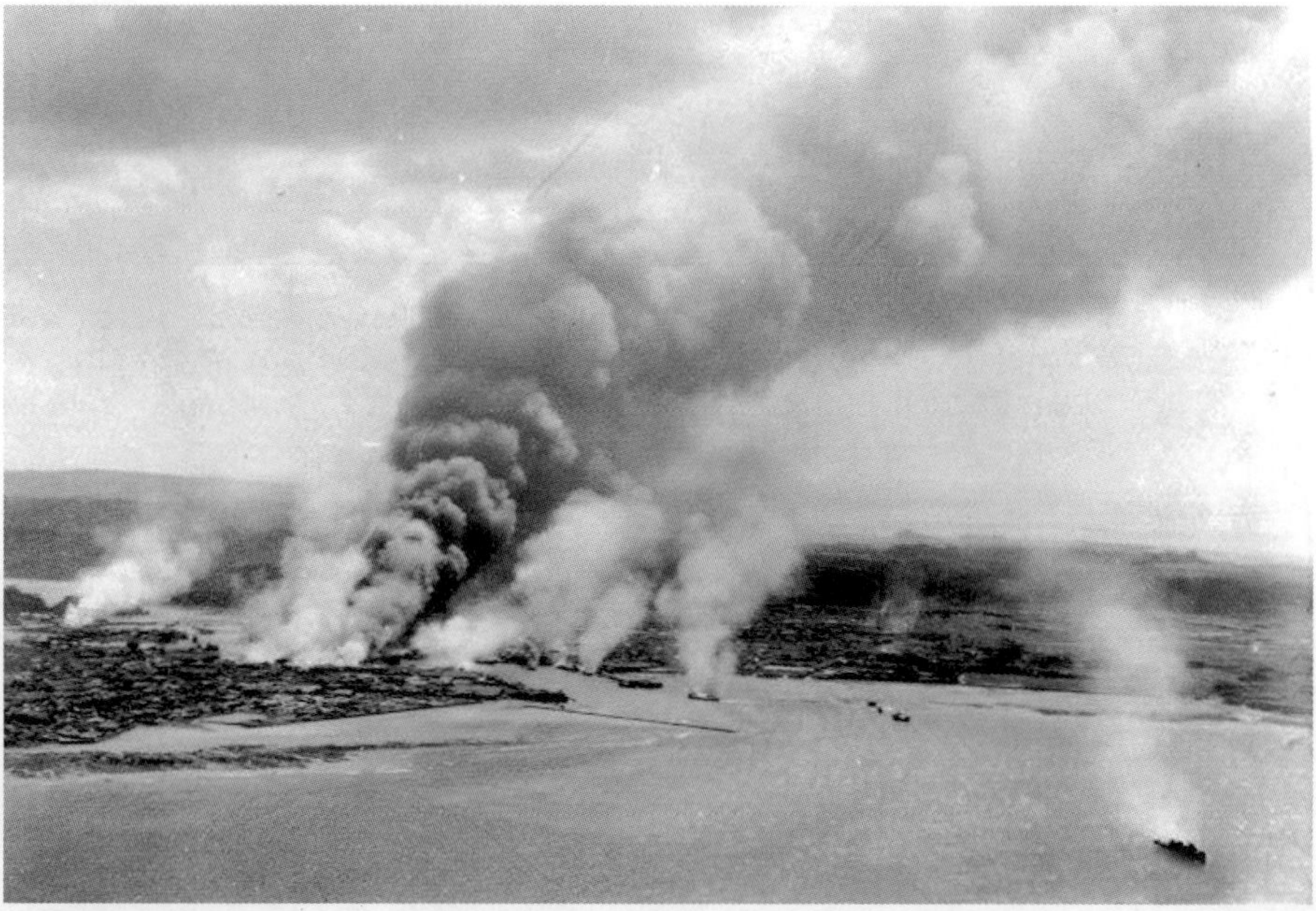

10・10空襲で米軍から攻撃を受けた那覇市市街地の様子。港湾施設などが集中的に攻撃を受けた＝1944年10月10日(沖縄県公文書館所蔵)

に捕《と》らわれます》

金武《きん》を通《とお》って、宜野座《ぎのざ》に入《はい》ったときに、私《わたし》たち家族《かぞく》は米《べい》軍《ぐん》に捕《つか》まりました。私《わたし》は当時《とうじ》、小学生《しょうがくせい》で軍国少年《ぐんこくしょうねん》でした。日本軍《にほんぐん》は強《つよ》いんだ、正《ただ》しいんだ、神《かみ》の国《くに》なんだと信《しん》じていました。神風《かみかぜ》が吹《ふ》かないかなといつも思《おも》い、捕《つか》まった時《とき》もサトウキビを軍刀《ぐんとう》の代《か》わりに腰《こし》に差《さ》しているほどでした。

宜野座村《ぎのざそん》を移動中《いどうちゅう》、隠《かく》れていると、軍隊《ぐんたい》がすぐ近《ちか》くまで来《き》ていることが分《わ》かりました。当時《とうじ》は米軍《べいぐん》とは思《おも》ってもいませんでした。そうこうしているうちにすぐに捕《つか》まり、カービン銃《じゅう》を向《む》けられました。

一緒《いっしょ》に行動《こうどう》していた親族《しんぞく》14人全員《にんぜんいん》が道《みち》に並《なら》べられて、銃《じゅう》を向《む》けられました。その時《とき》に、父《ちち》は軍隊《ぐんたい》の経験《けいけん》があったからかもしれませんが「絶対《ぜったい》、逃《に》げたり、動《うご》いたりするな」と

沖縄本島における沖縄戦と大城宏捷さんの歩み

（●は大城さんの出来事）

1937年1月	**●那覇の久茂地で大城宏捷さん生まれる**
1942年4月18日	日本本土が初めて米軍から空襲を受ける
1943年4月	**●大城さん松山国民学校に入学**
1944年6月	米軍が日本本土で2年ぶりに空襲を開始。以後、全国各地で空襲を始める
8月22日	沖縄から長崎へ向かっていた学童疎開船「対馬丸」が鹿児島県の悪石島付近で米潜水艦の魚雷攻撃を受け沈没。学童783人を含む1484人が犠牲者となる
10月10日	「10・10空襲」によって延べ約1400機の米軍機が奄美、沖縄本島、先島を攻撃する
1945年2月	県当局が那覇市住民の北部疎開を計画。**●大城さん一家はいとこ家族を含めて14人で金武村伊芸に避難**
3月下旬	**●北部へと移動をはじめる**
4月1日	米軍が沖縄本島に上陸
4月3日	**●宜野座村で捕虜となり、収容所に入れられる**
6月22日	第32軍牛島満司令官、摩文仁で自決（23日の説もある）
11月	那覇市復興に向けて陶器製造産業先遣隊103人、設営と瓦製造目的で136人が壺屋区に入る
暮れ	**●大城さん一家が石川へと移動。祖母がマラリアで死亡する** 
1946年2月	**●石川で大火。収容所のテント小屋が焼ける**
4月	**●家族で那覇市壺屋に移転**

写真：沖縄県公文書館所蔵

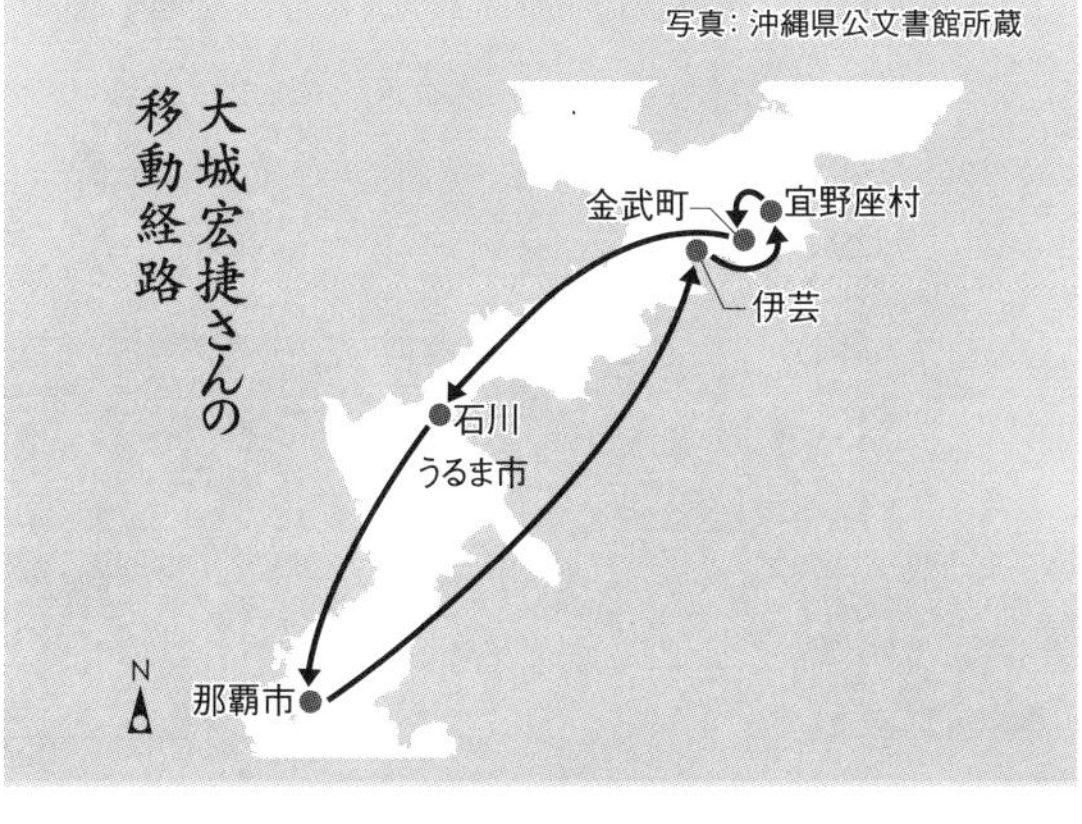

言《い》いました。そのまま、じっとしていたら、捕虜《ほりょ》となり、金武《きん》の収容所《しゅうようじょ》に連行《れんこう》されました。父《ちち》は軍人《ぐんじん》だと疑《うたが》われて、家族《かぞく》とは別《べつ》で米軍《べいぐん》に連行《れんこう》されましたが、1週間《しゅうかん》ほどして合流《ごうりゅう》することができました。そのときに父《ちち》が戻《もど》ってこなかったらどうなったのだろうかと思《おも》うと今《いま》でもぞっとします。

《1945年《ねん》暮《く》れ、大城《おおしろ》さんの一家《いっか》は金武《きん》の収容所《しゅうようじょ》から石川《いしかわ》（現《げん》うるま市《し》）の収容所《しゅうようじょ》に移動《いどう》します》

寒《さむ》い頃《ころ》だったと思《おも》いますが、石川《いしかわ》で大火事《おおかじ》がありました。ほとんどがテント小屋《ごや》だったので、収容所《しゅうようじょ》は全部《ぜんぶ》燃《も》えました。その当時《とうじ》、父《ちち》は陶芸家《とうげいか》の島常賀《しまじょうが》さんらと壺屋《つぼや》を開《かい》発《はっ》するため、那覇《なは》に詰《つ》めており、残《のこ》りの家族《かぞく》も全員《ぜんいん》で那覇《なは》に戻《もど》ることになりました。

そこからが、大変《たいへん》だったと思《おも》います。配給《はいきゅう》ではとても生活《せいかつ》することができなくて、母《はは》はげたをつくって、糸満《いとまん》まで通《かよ》って売《う》り、そのお金《かね》で魚《さかな》を買《か》って持《も》ち帰《かえ》り、魚《さかな》を那覇《なは》で売《う》って生活《せいかつ》をしていました。当時《とうじ》、イモを掘《ほ》るために南部《なんぶ》に行《い》ったら、カズラが生《お》い茂《しげ》っているところは必《かなら》ずと言《い》っていいほど人《ひと》の骨《ほね》が埋《う》まっていました。今《いま》のてんぶす館《かん》（那覇市《なはし》）の近《ちか》くもうっそうと木《き》が生《お》い茂《しげ》っていて、骸骨《がいこつ》がいくつもありました。そういう中《なか》で、小学校期《しょうがっこうき》を過《す》ごしました。

《戦後《せんご》、大城《おおしろ》さんは高校教諭《こうこうきょうゆ》となり、自身《じしん》の戦争体験《せんそうたいけん》を生徒《せいと》たちに話《はな》して、平和《へいわ》の尊《とうと》さを伝《つた》えてきました》

10・10空襲《くうしゅう》の前《まえ》に起《お》きた対馬丸沈没《つしまるちんぼつ》も軍事機密《ぐんじきみつ》として知《し》らされていませんでした。10・10空襲《くうしゅう》の日《ひ》に疎開《そかい》のため船《ふね》

メモ　陶器製造産業先遣隊

那覇市《なはし》の市街地《しがいち》がほとんど米軍《べいぐん》の物資集積所《ぶっししゅうせきじょ》となり、部隊《ぶたい》が駐屯《ちゅうとん》していたため、立《た》ち入《い》り禁止区域《きんしくいき》となりました。ほかの町村《ちょうそん》では徐々《じょじょ》に帰郷《ききょう》が進《すす》みましたが、那覇《なは》は遅《おく》れました。こうした中《なか》で、1945年《ねん》11月《がつ》、陶器製造産業先遣隊《とうきせいぞうさんぎょうせんけんたい》として103人《にん》、設営《せつえい》と瓦製造《かわらせいぞう》の目的《もくてき》で136人《にん》が産業復興《さんぎょうふっこう》の名目《めいもく》で壺屋《つぼや》一帯《いったい》に入《はい》り、那覇《なは》の復興《ふっこう》が始《はじ》まりました。49年《ねん》に米軍《べいぐん》政長官《せいちょうかん》シーツ少将《しょうしょう》は那覇《なは》を沖縄《おきなわ》の首都《しゅと》とすると発表《はっぴょう》。その後《ご》旧那覇市街地《きゅうなはしがいち》が解放《かいほう》されるようになり、那覇《なは》は再《ふたた》び繁栄《はんえい》していくこととなりました。

に乗《の》っていたらどうなっていたのか分《わ》かりません。生《い》き残《のこ》っている者《もの》としては戦争《せんそう》を絶対《ぜったい》にしてはいけないという気持《きも》ちでいっぱいです。そのためにも、何《なに》が何《なに》でも今《いま》の憲法《けんぽう》を守《まも》ってほしいと思《おも》います。

―聞いて学んだ―

戦争の被害、身近に

金城那由子さん（松城中3年）

実際《じっさい》に戦争《せんそう》を体験《たいけん》した人《ひと》の話《はなし》を、時間《じかん》をかけて聞《き》くのは初《はじ》めてだった。戦闘機《せんとうき》からの爆撃《ばくげき》によって被害《ひがい》をうけている様子《ようす》などが戦時中《せんじちゅう》は身近《みぢか》にあったことに驚《おどろ》いた。北部《ほくぶ》に避難《ひなん》しているときの様子《ようす》では、暗《くら》い中《なか》を逃《に》げていることの恐《きょう》怖心《ふしん》を聞《き》けたことで、戦争《せんそう》によって大変《たいへん》な思《おも》いをしたことがよく分《わ》かった。戦争《せんそう》をしない社会《しゃかい》をつくるためには、戦争体験《せんそうたいけん》をした人《ひと》の話《はなし》を私《わたし》たちの世代《せだい》が伝《つた》えていけるようにしないといけないと思《おも》った。

「伝え方」考えたい

大城明香里さん（松城中3年）

祖母《そぼ》から戦争《せんそう》の話《はなし》を聞《き》いたことはあったが、これまで深《ふか》く考《かんが》えていなかった。学校《がっこう》でも対馬丸《つしままる》が撃沈《げきちん》されたことについての話《はなし》は聞《き》いていたが、地上《ちじょう》で起《お》こったことや、大城《おおしろ》さんが家族《かぞく》で逃《に》げた話《はなし》はとても怖《こわ》いと思《おも》った。大城《おおしろ》さんが「戦《せん》争《そう》につながることはやってはいけない」と強《つよ》く言《い》っていたことが印象《いんしょう》に残《のこ》っている。戦争《せんそう》のことを伝《つた》えられるのは体験者《たいけんしゃ》しかいないと思《おも》う。将《しょう》来《らい》は小学校《しょうがっこう》の先生《せんせい》になりたいと思《おも》っているので、体験者《たいけんしゃ》の話《はなし》を今《いま》のうちに聞《き》いてどう伝《つた》えていけるのか考《かんが》えたい。

―記者も学んだ―

大城宏捷《おおしろひろとし》さんは10・10空襲《くうしゅう》の日《ひ》に疎開《そかい》の船《ふね》に乗《の》らず避難《ひなん》した。北部《ほくぶ》でも米軍《べいぐん》にカービン銃《じゅう》を突《つ》きつけられたが、父親《ちちおや》の機転《きてん》によって九死《きゅうし》に一生《いっしょう》を得《え》た。「今《いま》の命《いのち》はなかったかもしれない」と繰《く》り返《かえ》す大城《おおしろ》さんの一言一言《ひとことひとこと》には、生《い》き残《のこ》った者《もの》として平和《へいわ》を継《つ》いでいく決意《けつい》がにじんだ。取材《しゅざい》の終盤《しゅうばん》、大城《おおしろ》さんが復興最中《ふっこうさいちゅう》の那覇《なは》の町並《まちな》みを描《えが》いた絵《え》を見《み》せてくれた。焼《や》き尽《つ》くされた古里《ふるさと》を描《えが》いたときに感《かん》じた悔《くや》しさや戦争《せんそう》のむごたらしさを将来《しょうらい》に届《とど》けようとする思《おも》いが伝《つた》わり、胸《むね》を打《う》たれた。

（池田哲平《いけだてっぺい》、31歳《さい》）

フィリピン ミンダナオ島ダバオ・13歳／新垣須磨子さん（86）

新垣須磨子《あらかきすまこ》さん＝沖縄市《おきなわし》＝はフィリピンのミンダナオ島《とう》で戦争《せんそう》を体験《たいけん》しました。マニラ麻《あさ》の栽培《さいばい》やクリーニング店《てん》の経営《けいえい》をして暮《く》らしていた新垣《あらかき》さん一家《いっか》の平和《へいわ》な生活《せいかつ》は日本軍《にほんぐん》がハワイを攻撃《こうげき》した真珠湾攻撃《しんじゅわんこうげき》で一変《いっぺん》します。大混乱《だいこんらん》の中《なか》、両親《りょうしん》と弟《おとうと》が亡《な》くなりました。太平洋戦争《たいへいようせんそう》の末期《まっき》、米軍《べいぐん》がミンダナオ島《とう》に上陸《じょうりく》し、新垣《あらかき》さんはジャングルを逃《に》げ惑《まど》いました。米軍《べいぐん》の激《はげ》しい攻撃《こうげき》と食糧不足《しょくりょうぶそく》に苦《くる》しんだ新垣《あらかき》さんの体験《たいけん》を、県立北谷高校《けんりつちゃたんこうこう》3年《ねん》の新《しん》里航平《ざとこうへい》さん（17）と比嘉夏香《ひがなつか》さん（18）が聞《き》きました。

ミンダナオ島逃げ惑う

《新垣《あらかき》さんは1931年《ねん》4月《がつ》29日《にち》、アメリカに統治《とうち》されていたフィリピンのミンダナオ島《とう》バゴ耕地《こうち》で生《う》まれました。5人《にん》きょうだいの長女《ちょうじょ》だった新垣《あらかき》さんは開《かい》戦後《せんご》の混乱《こんらん》のなか、両親《りょうしん》と弟《おとうと》を失《うしな》います》

両親《りょうしん》は「子《こ》どもたちに良《よ》い教育《きょういく》を受《う》けさせたい」という思《おも》いでバゴ耕地《こうち》からカリナン、ダバオに移《うつ》り住《す》みながら各《かく》地《ち》の国民学校《こくみんがっこう》に通《かよ》いました。

41年《ねん》12月8日《がつようか》に日本軍《にほんぐん》による真珠湾攻撃《しんじゅわんこうげき》がありました。そのころから大人《おとな》たちが「そろそろ戦争《せんそう》になるみたい」と話《はな》すようになったんですよ。その数日後《すうじつご》、フィリピン兵《へい》が日本《にほん》人《じん》を現地《げんち》の中国人学校《ちゅうごくじんがっこう》に収容《しゅうよう》し、ずっと監視《かんし》していました。

私《わたし》は両親《りょうしん》と末《すえ》っ子《こ》の弟《おとうと》とは別々《べつべつ》でした。収容《しゅうよう》されて12日後《にちご》に、学校《がっこう》の周《まわ》りにはガソリンが入《はい》った一斗缶《いっとかん》が置《お》かれました。「そろそろ火《ひ》が付《つ》けられて、日本人《にほんじん》が殺《ころ》される」という話《はなし》が出始《ではじ》めた時《とき》、フィリピンに上陸《じょうりく》した日本軍《にほんぐん》によって学校《がっこう》から解放《かいほう》されました。

でも、その後《ご》に別《べつ》の場所《ばしょ》で両親《りょうしん》と弟《おとうと》が日本人《にほんじん》に恨《うら》みを持《も》ったフィリピン人《じん》によって殺《ころ》されたと人《ひと》から聞《き》きました。

私《わたし》とほかの弟《おとうと》は、母《はは》の弟《おとうと》に当《あ》たるおじさんに引《ひ》き取《と》られ、トリルという町《まち》にあるダリアオン国民学校《こくみんがっこう》に通《かよ》いながら生活《せいかつ》していました。

おじさんは軍属《ぐんぞく》として陣地造《じんちづく》りのためにかり出《だ》されて

いました。私《わたし》たちも飛行場造《ひこうじょうづく》りのため、勉強《べんきょう》もしないで砕《さい》石《せき》を並《なら》べる作業員《さぎょういん》として働《はたら》いていました。

《戦争《せんそう》が始《はじ》まった当初《とうしょ》は優勢《ゆうせい》だった日本軍《にほんぐん》は、42年《ねん》の後半《こうはん》から劣勢《れっせい》に追《お》い込《こ》まれます。44年《ねん》10月《がつ》、フィリピン・レイテ島《とう》の沖《おき》で日米両軍《にちべいりょうぐん》が戦《たたか》います（レイテ沖海《おきかい》戦《せん》）。この戦《たたか》いで日本軍《にほんぐん》は大打撃《だいだげき》を受《う》けました。物資《ぶっし》も届《とど》かなくなりました》

新垣須磨子さん（86）

「戦争というものは人を人でなくす。親を親でなくさせる。人間性を失う」と語る新垣須磨子さん＝沖縄市山里

軍属《ぐんぞく》としてかり出《だ》されたおじさんと一緒《いっしょ》に暮《く》らすことができなくなったので、他《ほか》の親戚《しんせき》に私《わたし》たちきょうだいは別々《べつべつ》に引《ひ》き取《と》られました。私《わたし》はカテガンに移《うつ》り住《す》みました。

44年《ねん》10月《がつ》ごろ、フィリピンに食糧《しょくりょう》や武器《ぶき》を運《はこ》んできた日《に》本《ほん》の船《ふね》が米軍《べいぐん》によって次々《つぎつぎ》と海《うみ》に沈《しず》められました。海上《かいじょう》での戦《たたか》いが、住《す》んでいた家《いえ》の2階《かい》から見《み》えました。沖合《おきあい》で数日《すうじつ》にわたって船《ふね》が燃《も》えているのが見《み》えました。この頃《ころ》から、物《ぶっ》資《し》が届《とど》かなくなり、日本軍《にほんぐん》はまともな武器《ぶき》や食糧《しょくりょう》を持《も》っていませんでした。

メモ　フィリピンへの移民

日本《にほん》からフィリピンへの移民《いみん》は1904年《ねん》、道路工事《どうろこうじ》の労働者《ろうどうしゃ》として渡航《とこう》したのが最初《さいしょ》です。この時《とき》、金武町《きんちょう》出身《しゅっしん》の大城孝蔵《おおしろこうぞう》さんが沖縄県《おきなわけん》移民《いみん》の監督《かんとく》でした。以後《いご》、毎年《まいとし》の移住《いじゅう》が続《つづ》き、県出身者《けんしゅっしんしゃ》は日系人《にっけいじん》の中《なか》でも全国一《ぜんこくいち》でした。大城《おおしろ》さんらはミンダナオ島《とう》ダバオ州《しゅう》に移《うつ》り住《す》み、マニラ麻《あさ》を栽培《さいばい》しました。当時《とうじ》、船舶《せんぱく》用《よう》のロープとして需要《じゅよう》が多《おお》かったマニラ麻《あさ》に目《め》を付《つ》けた日本人《にほんじん》の経営《けいえい》する農園《のうえん》が大《おお》きな利益《りえき》を得《え》ていました。そこに働《はたら》き口《ぐち》を求《もと》めて沖縄《おきなわ》から多《おお》くの人《ひと》が移《い》民《みん》としてミンダナオ島《とう》にやってきました。

《45年《ねん》3月《がつ》、ミンダナオ島《とう》に米軍《べいぐん》が上陸《じょうりく》し、日本軍《にほんぐん》と戦《たたか》います。新垣《あらかき》さんはジャングルに避難《ひなん》します》

ミンダナオ島《とう》に米軍《べいぐん》が上陸《じょうりく》すると、私《わたし》は親戚《しんせき》とタモガンの熱帯雨林《ねったいうりん》の中《なか》に逃《に》げました。日本《にほん》にはあんなジャングルはありません。湿気《しっけ》が高《たか》く、じめじめしていて、密集《みっしゅう》した木《き》で日光《にっこう》が届《とど》かないんです。その中《なか》を約《やく》4カ月《げつ》にわたって逃《に》げました。

日本兵《にほんへい》も武器《ぶき》がないので戦《たたか》える状態《じょうたい》じゃなかったんですよ。

住民《じゅうみん》と一緒《いっしょ》になってジャングルの中《なか》を逃《に》げたもんですから、米軍《べいぐん》が無差別《むさべつ》に攻撃《こうげき》を始《はじ》めたんです。

《米軍《べいぐん》は昼《ひる》に爆撃《ばくげき》、夜《よる》に機銃《きじゅう》掃射《そうしゃ》。毎日《まいにち》のようにジャングルの中《なか》に爆弾《ばくだん》や銃弾《じゅうだん》が打《う》ち込《こ》まれました》

「神《かみ》の国《くに》」「世界一強《せかいいちつよ》い軍隊《ぐんたい》」と言《い》っていた日本軍《にほんぐん》がジャングルの中《なか》に逃《に》げ込《こ》んだもんですから、米軍機《べいぐんき》による無差別攻撃《むさべつこうげき》が始《はじ》まりました。不幸《ふこう》にも多《おお》くの人《ひと》が犠牲《ぎせい》になりました。

一度《いちど》、私《わたし》の目《め》の前《まえ》の距離《きょり》に爆弾《ばくだん》が落《お》とされました。不思議《ふしぎ》なもので、爆弾《ばくだん》の近《ちか》くにいた私《わたし》は無傷《むきず》でしたが、負傷《ふしょう》した周《しゅう》囲《い》の人《ひと》が発《はっ》する「助《たす》けてくれ」という言葉《ことば》がそこら中《じゅう》に聞《き》こえました。破片《はへん》でおなかが裂《さ》けた日本兵《にほんへい》が「俺《おれ》のはらわた。俺《おれ》のはらわた」とつぶやきながら、おなかから飛《と》び出《で》た内《ない》臓《ぞう》をかき集《あつ》める様子《ようす》も見《み》ましたよ。そこら中《じゅう》に爆弾《ばくだん》でちぎれた足《あし》や手《て》がありましたよ。

《ジャングルの避難生活《ひなんせいかつ》が長引《ながび》き、食糧《しょくりょう》が尽《つ》きてしまいました。多《おお》くの人《ひと》が栄養失調《えいようしっちょう》になっていました》

ジャングルの避難生活《ひなんせいかつ》が続《つづ》いて、持《も》っている食糧《しょくりょう》もなくなってしまいました。多《おお》くの人《ひと》はヤモリの卵《たまご》やオタマジャクシを生《なま》で食《た》べていたんです。そうなると下痢《げり》になり、へたばるんですよ。

今《いま》だったら心配《しんぱい》ないですが、ジャングルの中《なか》には医者《いしゃ》もいなければ点滴《てんてき》もありません。動《うご》けないけど、意識《いしき》がある人《ひと》は多《おお》く見《み》ましたよ。その中《なか》に、1人《ひとり》の日本兵《にほんへい》がいました。その日本兵《にほんへい》は栄養失調《えいようしっちょう》で動《うご》けず、木《き》にもたれたまま座《すわ》っていましたが、意識《いしき》はあるんです。

日本兵《にほんへい》は食《た》べることができる草《くさ》を私《わたし》に教《おし》えてくれました。日《ひ》がたつにつれ、日本兵《にほんへい》の口元《くちもと》や鼻下《びか》、目元《めもと》にウジ虫《むし》が湧《わ》いていました。日本兵《にほんへい》が「お嬢《じょう》ちゃん、ウジ虫《むし》を払《はら》ってくれないか」と言《い》ってきました。怖《こわ》かったけど、お世話《せわ》になっていたので、顔《かお》のウジ虫《むし》を払《はら》いました。日本兵《にほんへい》からの「ありがとう」という言葉《ことば》を聞《き》いて、その場《ば》を立《た》ち去《さ》りました。とても怖《こわ》かったですよ。

攻撃、飢え、弱者犠牲に

《米軍《べいぐん》の激《はげ》しい攻撃《こうげき》と飢《う》えは人《ひと》の心《こころ》を変《か》えてしまいました。ジャングルの中《なか》で子《こ》どもたちが見捨《みす》てられ、置《お》き去《ざ》りにされたのです》

過酷《かこく》な状況《じょうきょう》になればなるほど、弱《よわ》い者《もの》から犠牲《ぎせい》になるんです。子《こ》どもは小《ちい》さいし、体力《たいりょく》もないから、（過酷《かこく》な避難生《ひなんせい》活《かつ》に子《こ》どもの体《からだ》が）もたないんですよ。そうすると人《ひと》は子《こ》

フィリピンにおける戦争と新垣須磨子さんの歩み

（●は新垣さんに関連する出来事）

1923年3月16日	**●新垣須磨子さんの父親が長崎港から出港しフィリピンへ移民として渡る**
1931年4月29日	**●フィリピンのミンダナオ島ダバオ州バゴ耕地で新垣須磨子さんが生まれる**
1934年	**●バゴ耕地からカリナンに引っ越す。父親がフィリピン人や中国人を雇いクリーニング店を営む**
1938年	**●カリナンからダバオ市に移り住み、ダバオ国民学校に通う**
1941年12月8日	真珠湾攻撃を機に日本軍が東南アジアを攻める。フィリピンにいる米軍が日本軍の攻撃を受けたことで、フィリピンは日米の戦場となる
1942年5月	フィリピンで米軍が降伏。米国極東軍司令官のダグラス・マッカーサーがフィリピンから脱出
1944年10月	フィリピンに米軍が再上陸。レイテ沖海戦が勃発
1945年4月1日	日本軍がミンダナオ島全域に避難命令を出す
8月15日終戦	**●新垣さんらは終戦を知らず、ジャングルの中を逃げ回る。20日以降、米軍に捕らわれる**
11月中旬	**●新垣さんは日本に引き揚げる。米軍の貨物船で鹿児島に到着。大分を経て、沖縄へ帰る**

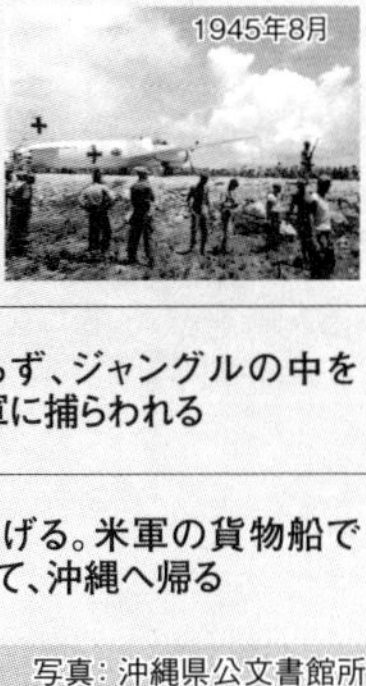

写真：沖縄県公文書館所蔵

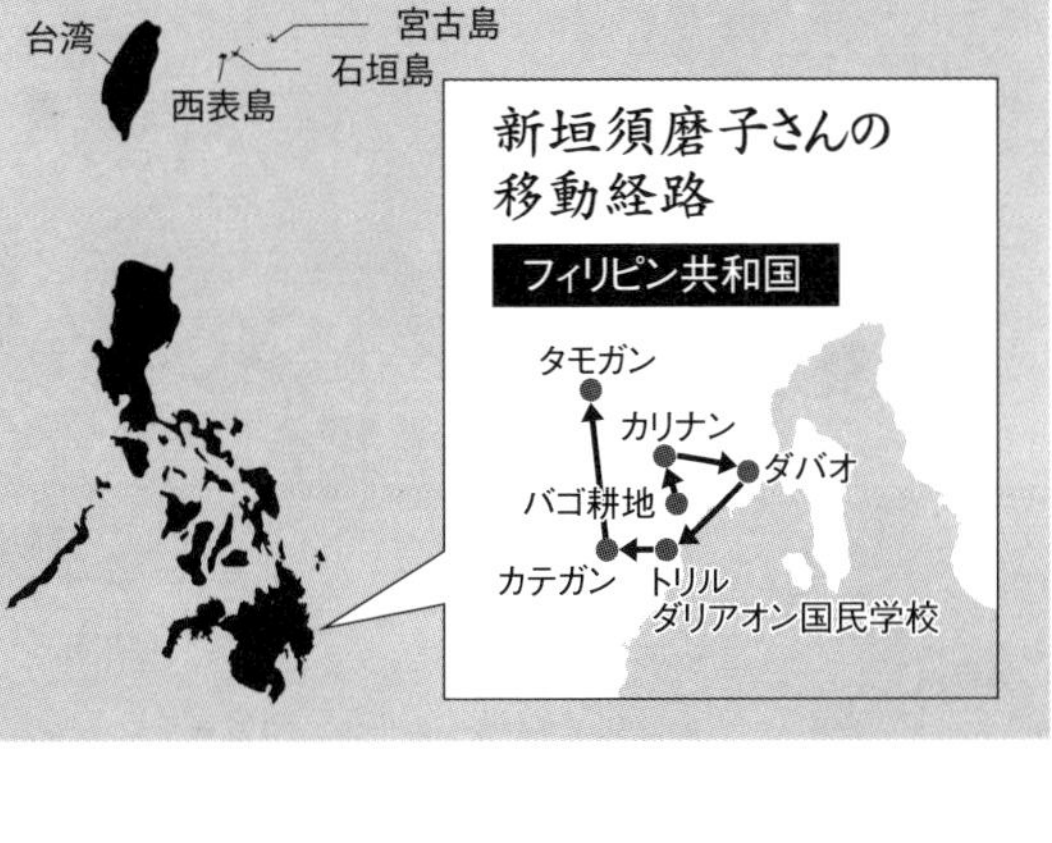

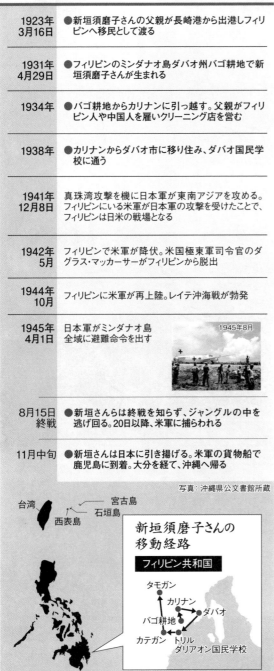

どもを捨《す》てていくんです。子《こ》どもを捨《す》てて、自分《じぶん》だけ生《い》きようとするんですよ。獣《けもの》以下《いか》ですよ。獣《けもの》は命《いのち》を懸《か》けて、自分《じぶん》の子《こ》どもを守《まも》りますよ。親《おや》に捨《す》てられた子《こ》どもをいっぱい見《み》ました。だけど私《わたし》ではどうすることもできないです。それだけの体力《たいりょく》もないし荷物《にもつ》も背負《せお》っていたし。恐《おそ》ろしいですよ。戦争《せんそう》になると、人《ひと》は人《ひと》でなくなるんですよ。

《8月《がつ》15日《にち》に終戦《しゅうせん》を迎《むか》えました。米軍《べいぐん》による攻撃《こうげき》は終《お》わりました。新垣《あらかき》さんは米軍《べいぐん》に捕《と》らわれます》

終戦《しゅうせん》を迎《むか》えても、ジャングルの中《なか》にいたので分《わ》からなかったですよ。終戦《しゅうせん》から数日《すうじつ》たって、偶然遭遇《ぐうぜんそうぐう》した日本人《にほんじん》から戦争《せんそう》が終《お》わったことを聞《き》かされ、米軍《べいぐん》の捕虜《ほりょ》になりました。日本《にほん》の敗戦《はいせん》を知《し》っても何《なに》も悲《かな》しくなかったですよ。命《いのち》が奪《うば》われずに済《す》んで良《よ》かった、ただそれだけですよ。

《新垣《あらかき》さんは11月《がつ》に米軍《べいぐん》の貨物船《かもつせん》で帰国《きこく》しました》

フィリピンから10日以上《とおかいじょう》かけて米軍《べいぐん》の貨物船《かもつせん》に乗《の》って、鹿児島県《かごしまけん》に向《む》かいました。船内《せんない》は悪臭《あくしゅう》や蒸《む》し暑《あつ》さで劣悪《れつあく》な環境《かんきょう》でした。せっかくフィリピンから生《い》き残《のこ》ったのに、船内《せんない》で死《し》ぬ人《ひと》もいました。一日《いちにち》で何十人《なんじゅうにん》も死《し》んだので、米兵《べいへい》が船《ふね》の上《うえ》から死体《したい》を海《うみ》に投《な》げていました。無事《ぶじ》に鹿児島《かごしま》について、1年間《ねんかん》ほど大分県《おおいたけん》で暮《く》らし、沖縄《おきなわ》に帰《かえ》ることができました。フィリピンで離《はな》ればなれになったきょうだいとも沖縄《おきなわ》で再会《さいかい》しました。

若《わか》い人《ひと》は「戦争《せんそう》を起《お》こさない」という自覚《じかく》を持《も》って、戦争《せんそう》

「ダリアオン収容所・戦没者供養の塔」で手を合わせる新垣須磨子さん（中央）ら＝1994年8月、フィリピン・ミンダナオ島ダバオ州（新垣須磨子さん提供）

をやらない方法《ほうほう》を考《かんが》えてほしい。今《いま》は政府《せいふ》が戦争《せんそう》ができる国《くに》にしようとしています。それは止《と》めるしかないですよ。若《わか》者《もの》が団結《だんけつ》していつまでも平和《へいわ》な世《よ》の中《なか》になるように、そうであるように頑張《がんば》ってほしいと思《おも》います。

—聞いて学んだ—

翻弄された移民

新里航平さん(北谷高3年)

戦前《せんぜん》から移民《いみん》としてフィリピンなどに渡《わた》った県民《けんみん》が戦《せん》争《そう》に翻弄《ほんろう》されてきたことが分《わ》かった。仲良《なかよ》くなれるはずの他国《たこく》と戦争《せんそう》で殺《ころ》し合《あ》っているのが現状《げんじょう》だ。沖縄戦《おきなわせん》だけでなく、世界中《せかいじゅう》で起《お》きているどの戦争《せんそう》にも悲惨《ひさん》さや残酷《ざんこく》さが伴《ともな》う。そのことを理解《りかい》しないと世《よ》の中《なか》は良《よ》くならないと感《かん》じた。今回《こんかい》、新垣《あらかき》さんから聞《き》いた話《はなし》を自分《じぶん》の中《なか》でちゃんと整理《せいり》しながら、次世代《じせだい》に語《かた》り継《つ》いでいかないといけない。戦争《せんそう》に目《め》を向《む》けて考《かんが》えていかないと、また恐《おそ》ろしい戦争《せんそう》が繰《く》り返《かえ》される。

人が人でなくなる

比嘉夏香さん(北谷高3年)

これまで沖縄戦《おきなわせん》を主《おも》に学《まな》んできたので、フィリピンで戦《せん》争《そう》を体験《たいけん》した人《ひと》の話《はなし》を聞《き》くのは初《はじ》めてだった。戦争《せんそう》に負《ま》ける悲《かな》しみより、大切《たいせつ》な人《ひと》を失《うしな》ったときの苦《くる》しみが大《おお》きいことが分《わ》かった。「人《ひと》が人《ひと》でなくなる」という言葉《ことば》がとても強《つよ》く残《のこ》っている。平和《へいわ》な時《とき》に生《なま》でヤモリの卵《たまご》を食《た》べたり、親《おや》が子《こ》どもを見捨《みす》てたりすることはあり得《え》ないが、戦時中《せんじちゅう》にはそれが当《あ》たり前《まえ》になってしまう。戦争《せんそう》を二度《にど》と起《お》こさないために、戦争《せんそう》について学《まな》ぶことの大切《たいせつ》さを改《あらた》めて感《かん》じた。

—記者も学んだ—

フィリピンのジャングルでの避難生活《ひなんせいかつ》を経験《けいけん》した新垣須磨子《あらかきすまこ》さん。あまりにも残酷《ざんこく》な戦争《せんそう》の記憶《きおく》に、これまで戦争体験《せんそうたいけん》を話《はな》さなかった。「この年《とし》になって、私《わたし》はいつどうなってもおかしくないから。自分《じぶん》の戦争体験《せんそうたいけん》を若者《わかもの》に伝《つた》えようと思《おも》った」と戦争体験《せんそうたいけん》を語《かた》るようになった理由《りゆう》を話《はな》した。時折《ときおり》、目《め》に涙《なみだ》を浮《う》かべながら語《かた》り続《つづ》ける新垣《あらかき》さんの姿《すがた》に、新垣《あらかき》さんの平和《へいわ》を希求《ききゅう》する気持《きも》ちと覚悟《かくご》を感《かん》じ、心《こころ》を打《う》たれた。若者《わかもの》の一人《ひとり》として、新垣《あらかき》さんの覚悟《かくご》を引《ひ》き継《つ》いでいきたい。(友寄開《ともよせかい》、27歳《さい》)

沖縄市《おきなわし》園田《そんだ》に住《す》む屋良静子《やらしずこ》さんは戦時中《せんじちゅう》、羽地村《はねじそん》(現名護市《げんなごし》)源河《げんか》で約《やく》1年《ねん》にわたり避難生活《ひなんせいかつ》を送《おく》りました。避難中《ひなんちゅう》にイモなどの食糧《しょくりょう》を探《さが》しに行《い》ったとき、殺《ころ》されたり、栄養失調《えいようしっちょう》で亡《な》くなったりした人《ひと》たちの遺体《いたい》を目《め》にしたことは今《いま》も忘《わす》れられません。県立《けんりつ》北《ちゃ》谷《たん》高校《こうこう》3年《ねん》の新垣宙太《あらかきちゅうた》さん(18)と池間《いけま》ブランドン慎《しん》さん(18)が、屋良《やら》さんの戦争体験《せんそうたいけん》を聞《き》きました。

過酷極めた避難生活

《屋良《やら》さんは1922年《ねん》、越来村《ごえくそん》(現沖縄市《げんおきなわし》)御殿敷《うどうんしち》に生《う》まれました。戦後米軍《せんごべいぐん》に土地《とち》を接収《せっしゅう》され、現在《げんざい》は米軍知花弾薬庫《べいぐんちばなだんやくこ》の中《なか》にあります》

出身《しゅっしん》は御殿敷《うどうんしち》ですが、母方《ははかた》の実家《じっか》が越来村《ごえくそん》の森根《もりね》だったので、幼《おさな》い頃《ころ》は両方《りょうほう》を行《い》き来《き》する生活《せいかつ》でした。男《おとこ》8人《にん》、女《おんな》4人《にん》の12人《にん》きょうだいの一番上《いちばんうえ》として生《う》まれ、家《いえ》の農業《のうぎょう》を手伝《てつだ》ったり、弟《おとうと》や妹《いもうと》の面倒《めんどう》を見《み》たりしていました。

《屋良《やら》さんは36年《ねん》に宇久田尋常小学校《うくだじんじょうしょうがっこう》を卒業後《そつぎょうご》、神奈川県《かながわけん》にいた叔父《おじ》を頼《たよ》って川崎市《かわさきし》に移住《いじゅう》し、軍需《ぐんじゅ》工場《こうじょう》や食料品工場《しょくりょうひんこうじょう》で3年半勤務《ねんはんきんむ》しました。40年《ねん》に帰《き》郷《きょう》した後《のち》は、越来青年学校《ごえくせいねんがっこう》に通《かよ》い始《はじ》めます》

当時《とうじ》、青年学校《せいねんがっこう》では戦時中《せんじちゅう》ということで、女《おんな》も男《おとこ》も「伏《ふ》せえ、突《つ》っ込《こ》めえ」という訓練《くんれん》をさせられ、勉強《べんきょう》をさせなかった。この校長《こうちょう》は女《おんな》にまで訓練《くんれん》させて、何《なに》を考《かんが》えているのかと思《おも》いました。そのため私《わたし》は、北谷村《ちゃたんそん》(現北谷町《げんちゃたんちょう》)にあった牧《まき》原訓練所《ばるくんれんじょ》の農事部《のうじぶ》で3カ月間《げっかん》、農業指導員《のうぎょうしどういん》になるための勉強《べんきょう》をしながら、実際《じっさい》の指導員《しどういん》としても働《はたら》いていました。

指導員《しどういん》として集落《しゅうらく》を回《まわ》っていたころでした。戦争《せんそう》が本格《ほんかく》化《か》し、私《わたし》にも日本軍《にほんぐん》の徴用令状《ちょうようれいじょう》が届《とど》きました。私《わたし》は鍬《くわ》を使《つか》って土《つち》を運《はこ》ぶなど軍《ぐん》の飛行場造《ひこうじょうづく》りの作業《さぎょう》をしていました。当《とう》時《じ》は紙切《かみき》れ1枚《まい》で兵隊《へいたい》にも呼《よ》び出《だ》される時代《じだい》でした。

その後《ご》は同《おな》じ徴用《ちょうよう》の作業場《さぎょうば》で知《し》り合《あ》ったおじさんの紹《しょう》介《かい》で、嘉手納《かでな》(当時《とうじ》は北谷村嘉手納《ちゃたんそんかでな》)の県営鉄道《けんえいてつどう》の駅近《えきちか》くにあった大山医院《おおやまいいん》という病院《びょういん》で会計《かいけい》の仕事《しごと》をしていました。

《44年《ねん》10月《がつ》10日《とおか》、米軍《べいぐん》による大規模《だいきぼ》な空襲《くうしゅう》が沖縄《おきなわ》を襲《おそ》います。いわゆる「10・10空襲《くうしゅう》」です》

医院《いいん》に住《す》み込《こ》みで働《はたら》き始《はじ》めて3日目《みっかめ》くらいだったと思《おも》います。朝《あさ》の6時半《じはん》ごろから大空襲《だいくうしゅう》が始《はじ》まり、ばんばんと爆弾《ばくだん》が落《お》とされました。ものすごい大空襲《だいくうしゅう》で「戦《いくさ》が始《はじ》まったんだ」と実感《じっかん》しました。

そうこうしているうちに、御殿敷《うどぅんしち》から大山医院《おおやまいいん》に馬車《ばしゃ》で来《き》た父《ちち》から避難《ひなん》すると伝《つた》えられました。11～12月《がつ》ごろ、越来村《ごえくそん》の避難先《ひなんさき》に割《わ》り当《あ》てられていた羽地村《はねじそん》の源河山《げんかやま》に家族《かぞく》や医院《いいん》の先生《せんせい》と着《き》の身着《みき》のまま、簡単《かんたん》に持《も》てる薬《くすり》や食糧《しょくりょう》を手《て》に、はだしで避難《ひなん》しました。

米軍《べいぐん》に見《み》つかるといけないので、昼《ひる》は金武《きん》や宜野座《ぎのざ》の山中《さんちゅう》で木《き》の下《した》に固《かた》まって隠《かく》れ、夜《よる》は夜通《よどお》し歩《ある》きました。宜野座《ぎのざ》あたりで、日本軍《にほんぐん》が米軍《べいぐん》の車《くるま》を通《とお》さないように石川《いしかわ》の橋《はし》をたたき割《わ》ったといううわさ話《ばなし》を聞《き》きました。戦《いくさ》に勝《か》つための作戦《さくせん》だったのかもしれないけど、避難民《ひなんみん》のことを考《かんが》えてほしかったね。

2～3日《にち》かけてようやく源河《げんか》に着《つ》きました。用意《ようい》された小屋《こや》はとても狭《せま》く、みんな座《すわ》って夜《よる》を明《あ》かしました。

屋良静子さん(95)

避難先のやんばるから故郷へ帰ると焼け野原になっていたと語る屋良静子さん＝沖縄市園田の自宅

《梅雨《つゆ》の長雨《ながあめ》や夏《なつ》の猛暑《もうしょ》にさらされ続《つづ》ける避難生活《ひなんせいかつ》は過酷《かこく》を極《きわ》め、すぐに食糧《しょくりょう》も尽《つ》きてしまいます》

避難生活《ひなんせいかつ》は、もう本当《ほんとう》に苦《くる》しかったです。食糧《しょくりょう》が尽《つ》きると、今帰仁村《なきじんそん》の湧川《わくがわ》あたりまで父《ちち》とイモを盗《ぬす》みに行《い》くんです。しかしあの時《とき》はみんな「戦果《せんか》を挙《あ》げに行《い》こう」と言《い》っていました。私《わたし》は若《わか》かったので、移動中《いどうちゅう》にアメリカー(米兵《べいへい》)に見《み》つかっても年寄《としよ》りだと思《おも》われるように鍋《なべ》のすすを顔《かお》に付《つ》けたり、着物《きもの》を崩《くず》したり、髪《かみ》の毛《け》をボサボサにしたりして、偽装《ぎそう》して行《い》きました。

ある日《ひ》、食糧《しょくりょう》を探《さが》しに行《い》った時《とき》のことです。名護《なご》あたりの学生《がくせい》だと思《おも》うが、殺《ころ》されて地面《じめん》に並《なら》べられていました。竹《たけ》で腹《はら》を刺《さ》されて殺《ころ》されている女《おんな》の子《こ》もいた。他《ほか》にも、子《こ》どもにおっぱいをあげながら、栄養失調《えいようしっちょう》でそのまま赤《あか》ちゃんと死《し》んでしまっているお母《かあ》さんもいました。歩《ある》いてその人《ひと》たちの前《まえ》を通《とお》る時《とき》は、いつも「自分《じぶん》の親元《おやもと》を探《さが》して行《い》きなさい」と願《ねが》い、手《て》を合《あ》わせていました。

当時《とうじ》は食《た》べられるものといったらイモくらいだったので、いつもイモの汁《しる》をすすっていました。私《わたし》はきょうだいの一番上《いちばんうえ》だったから、ヤーサ（空腹《くうふく》）してもなるべく我慢《がまん》して弟《おとうと》や妹《いもうと》にあげて、生《い》きさせてあげたいわけ。本当《ほんとう》によく生《い》き延《の》びたと思《おも》います。私《わたし》たちが取《と》ったイモを育《そだ》てていた今《な》帰《き》仁《じん》、やんばるの人《ひと》たちに対《たい》しては、今《いま》も感謝《かんしゃ》の気持《きも》ちを忘《わす》れることはありません。

弟2人戦死、遺骨もなく

米軍の滑走路ができる前に、なるべく多くのイモを畑で回収し、帰りの列をつくる人たち=1945年5月（沖縄県公文書館所蔵）

沖縄本島における沖縄戦と屋良静子さんの歩み

（●は屋良さんの出来事）

1922年6月	●越来村（現沖縄市）御殿敷で屋良静子さん生まれる
1936年3月	●宇久田尋常小学校卒業
9月	●神奈川県川崎市へ移住し、工場勤務を始める
1940年3月	●越来村に帰郷し、越来青年学校に通う
1941年12月8日	太平洋戦争始まる
1944年3月22日	第32軍が南西諸島に創設
10月10日	「10・10空襲」によって延べ約1400機の米軍機が奄美、沖縄本島、先島を空襲する 
11月～12月頃	●屋良さん家族が羽地村（現名護市）の源河山に避難する
1945年3月26日	米軍が慶良間諸島上陸
4月1日	米軍が沖縄本島上陸
6月22日	第32軍牛島満司令官が摩文仁で自決（23日の説もある）
8月15日	日本が無条件降伏
9月7日	越来村森根で日米両軍による降伏調印式が開かれる 
年末	●越来村の嘉間良に戻る

写真：沖縄県公文書館所蔵

屋良静子さんの移動経路

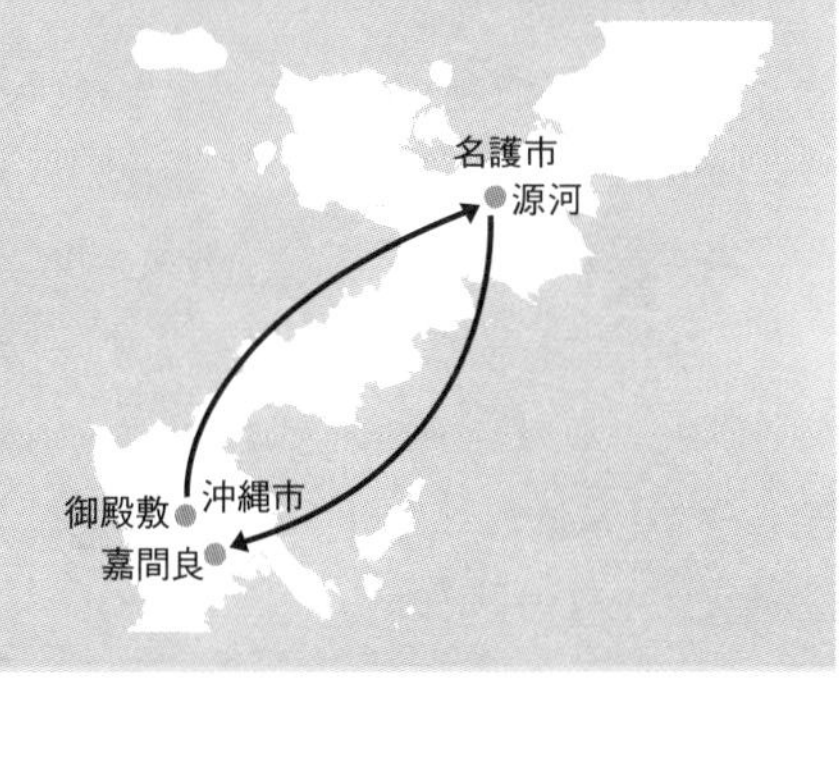

《源河《げんか》での避難生活《ひなんせいかつ》は約《やく》1年《ねん》にもおよび、45年《ねん》の9月《がつ》か10月《がつ》ごろまで続《つづ》きました。その後《ご》、越来村《ごえくそん》に戻《もど》りましたが、故郷《こきょう》は基地《きち》の中《なか》でした》

終戦後《しゅうせんご》、越来村出身《ごえくそんしゅっしん》の人《ひと》はカマハラ（嘉間良《かまら》）の収容所《しゅうようじょ》に行《い》かされました。越来村《ごえくそん》に戻《もど》ってきて、真《ま》っ先《さき》に思《おも》ったのは「生《う》まれ故郷《こきょう》はどこだったかね」ということ。でも御殿敷《うどぅんしち》に行《い》こうとしたら、もう米軍《べいぐん》の土地《とち》になっていて、全《まった》く入《はい》れなくなっていた。母方《ははかた》の実家《じっか》で、私《わたし》の夫《おっと》の故郷《こきょう》でもある森根《もりね》も基地《きち》の中《なか》にあり、本当《ほんとう》に悔《くや》しい。近《ちか》くにある白川《しらかわ》の道《みち》を通《とお》ると故郷《こきょう》の山《やま》が見《み》えるから、今《いま》も小《ちい》さい時《とき》に遊《あそ》んだ思《おも》い出《で》がよみがえります。

私《わたし》は今《いま》、森根郷友会《もりねきょうゆうかい》の顧問《こもん》をしています。毎年《まいとし》1回《かい》、旧《きゅう》暦《れき》の9月《がつ》9日《ここのか》に会員《かいいん》みんなでバス2台《だい》くらい出《だ》して嘉手納《かでな》基地内《きちない》に入《はい》り、昔《むかし》からあるビジュル（拝所《はいしょ》）で手《て》を合《あ》わせている。降伏調印式《こうふくちょういんしき》があった場所《ばしょ》も必《かなら》ず行《い》く。住宅《じゅうたく》が多《おお》く造《つく》られていますが、場所《ばしょ》によっては昔《むかし》の景色《けしき》を思《おも》い出《だ》す所《ところ》もあります。

《日本軍《にほんぐん》に召集《しょうしゅう》された弟《おとうと》2人《ふたり》は戦死《せんし》しました。遺骨《いこつ》も戻《もど》ってきていません》

きょうだいの長男《ちょうなん》は海軍《かいぐん》、次男《じなん》は陸軍《りくぐん》で、戦時中《せんじちゅう》に長崎《ながさき》と佐賀《さが》に行《い》き、その後《ご》帰《かえ》ってきませんでした。戦時中《せんじちゅう》に一《いち》度《ど》、与那原《よなばる》に海軍《かいぐん》が来《き》たといって、お父《とう》さんがすぐ荷馬車《にばしゃ》を出《だ》して長男《ちょうなん》に会《あ》いに行《い》ったけど、その後《ご》は一度《いちど》も会《あ》っていません。墓《はか》は造《つく》ったけど、どこでどう死《し》んだかも分《わ》からないし、骨《ほね》もない。もう探《さが》すことはできないね。

《屋良《やら》さんは戦後《せんご》、米軍基地内《べいぐんきちない》で仕事《しごと》に就《つ》きます》

戦後《せんご》すぐは就職難《しゅうしょくなん》だったけど、私《わたし》は病院《びょういん》で働《はたら》いていたこともあって、ライカムにあった米軍《べいぐん》の陸軍病院《りくぐんびょういん》に就職《しゅうしょく》しました。ただ初《はじ》めの1～2カ月《げつ》はお金《かね》で給料《きゅうりょう》をもらうことはなかったです。もらえたのは米国産《べいこくさん》の缶詰《かんづめ》。終戦直後《しゅうせんちょくご》は、地域《ちいき》の畑《はたけ》からみんな避難《ひなん》する時《とき》に食糧《しょくりょう》を取《と》ってしまっていたから、すごい食糧難《しょくりょうなん》だった。缶詰《かんづめ》2、3個《こ》がもらえた日《ひ》はみんな喜《よろこ》んで分《わ》け合《あ》って食《た》べていたよ。

ただ兵隊《へいたい》だった夫《おっと》は、米軍《べいぐん》の中《なか》で働《はたら》くのを嫌《いや》がっていました。敵《てき》がい心《しん》だね。私《わたし》は「それでも子《こ》ども育《そだ》てないといけないでしょ」と言《い》って、いつもけんかしてね。それでもなんとか子《こ》ども5人《にん》を育《そだ》てることができました。

メモ　越来村森根

1945年《ねん》9月《がつ》7日《なのか》、沖縄戦《おきなわせん》が公式《こうしき》に終結《しゅうけつ》したことを意味《いみ》する降伏調印式《こうふくちょういんしき》が開《ひら》かれた場所《ばしょ》です。当時《とうじ》は米軍《べいぐん》の第《だい》10軍司令部《ぐんしれいぶ》がありました。式《しき》には米軍《べいぐん》から陸軍司令官《りくぐんしれいかん》のジョセフ・スティルウェル大将《たいしょう》、日本軍《にほんぐん》から宮古島《みやこじま》に駐留《ちゅうりゅう》していた第《だい》28師団《しだん》の納見敏郎《のうみとしろう》中将《ちゅうじょう》ら3人《にん》の代表者《だいひょうしゃ》が出席《しゅっせき》。文書《ぶんしょ》に署名《しょめい》し、1時間《じかん》ほどで終了《しゅうりょう》しました。森根《もりね》は、戦前《せんぜん》はサトウキビやイモの畑《はたけ》が広《ひろ》がる緑豊《みどりゆた》かな集落《しゅうらく》でしたが、戦後《せんご》は米軍《べいぐん》に土地《とち》を接収《せっしゅう》され、今《いま》も米軍嘉手納基地内《べいぐんかでなきちない》にあります。式《しき》があった場所《ばしょ》は「ピースガーデン（平和《へいわ》の園《その》）」との名称《めいしょう》で整備《せいび》され、調印文書《ちょういんぶんしょ》が刻《きざ》まれた石碑《せきひ》があります。

戦争《せんそう》は本当《ほんとう》に苦《くる》しく、ひもじい思《おも》いをします。終《お》わっても、自由《じゆう》に生《う》まれ故郷《こきょう》に入《はい》ることもできない。みなさんは私《わたし》と違《ちが》って勉強《べんきょう》できる環境《かんきょう》にあるから、戦争《せんそう》は絶対《ぜったい》だめだという思《おも》いで勉強《べんきょう》してほしいですね。

—聞いて学んだ—

戦争の事実、継承役に

新垣宙太さん（北谷高3年）

諦《あきら》めない気持《きも》ちや、何《なん》でも挑戦《ちょうせん》してきたことが今《いま》に繋《つな》がっていると聞《き》き、その精神《せいしん》が屋良《やら》さんを生《い》かし、そして私《わたし》たちに繋《つな》がっていると感《かん》じました。無学歴《むがくれき》であると言《い》っていた屋良《やら》さんでしたが、沖縄戦《おきなわせん》の事実《じじつ》を私《わたし》たちに伝《つた》えることは、どんな学歴《がくれき》があっても、体験者《たいけんしゃ》にしかできない大切《たいせつ》なことだと思《おも》います。語《かた》り部《べ》の高齢化《こうれいか》が進《すす》む中《なか》、若《わか》い世代《せだい》の私《わたし》たちが今《いま》やるべきことは、体験者《たいけんしゃ》の方々《かたがた》からのメッセージを受《う》け取《と》り、沖縄戦《おきなわせん》の事実《じじつ》を次《つぎ》に伝《つた》えていくことだと思《おも》いました。

思いやりが人救う

池間ブランドン慎さん（北谷高3年）

今回《こんかい》のお話《はなし》で屋良《やら》さんは、源河山《げんかやま》に避難《ひなん》して、1年《ねん》もの間《あいだ》そこで飢《う》えの苦《くる》しさ「やーさくりさー」に耐《た》え続《つづ》けたと話《はな》していました。私《わたし》の故郷《こきょう》でも、家族《かぞく》も何《なに》もかもが奪《うば》われる戦争《せんそう》の悲惨《ひさん》さを語《かた》ってくれる方《かた》は残《のこ》りわずかです。今私《いまわたし》たちにできることは、少《すこ》しでも多《おお》くの方《かた》から体験《たいけん》を聞《き》いて次世代《じせだい》に心《こころ》で伝《つた》えることです。戦争《せんそう》を始《はじ》めれば、どちらが正《ただ》しいもなく、売《う》った側《がわ》も売《う》られた側《がわ》も加害者《かがいしゃ》になるのです。私《わたし》たちの少《すこ》しの思《おも》いやりが人《ひと》の心《こころ》を救《すく》うと思《おも》います。

—記者も学んだ—

御殿敷《うどぅんしち》と森根《もりね》という屋良静子《やらしずこ》さんの二《ふた》つの故郷《こきょう》は今《いま》も米軍《べいぐん》フェンスの向《む》こう側《がわ》にある。「本当《ほんとう》に悔《くや》しい」と話《はな》す時《とき》の屋良《やら》さんの表情《ひょうじょう》は悲《かな》しみに満《み》ちていた。終戦《しゅうせん》から72年《ねん》たった今《いま》も、沖縄《おきなわ》の「戦後《せんご》」は終《お》わっていない。

屋良《やら》さんの一番好《いちばんす》きな言葉《ことば》は「真実《しんじつ》」という。戦時中《せんじちゅう》、新聞《しんぶん》はうその報道《ほうどう》で戦争《せんそう》をあおった。情報《じょうほう》が氾濫《はんらん》し、デマが「真実《しんじつ》」になる傾向《けいこう》のある昨今《さっこん》。二度《にど》と同《おな》じ過《あやま》ちを繰《く》り返《かえ》さないため、改《あらた》めてこの言葉《ことば》の大切《たいせつ》さを心《こころ》に刻《きざ》みたい。

（長嶺真輝《ながみねまき》、31歳《さい》）

甲辰国民学校・10歳／浜田静江さん（82）

浜田《はまだ》（旧姓《きゅうせい》阿嘉《あか》）静江《しずえ》さんは那覇市《なはし》の下泉町《しもいずみちょう》（現在《げんざい》の泉崎《いずみざき》と久茂地《くもじ》）で生《う》まれました。今《いま》はない甲辰国民《こうしんこくみん》学校《がっこう》の児童《じどう》だった1944年《ねん》10月《がつ》10日《とおか》、「10・10空襲《くうしゅう》」を目《ま》の当《あ》たりにします。兄《あに》1人《ひとり》は九州《きゅうしゅう》へ向《む》かった疎開《そかい》する児童《じどう》らを乗《の》せた船《ふね》・対馬丸《つしままる》で犠牲《ぎせい》となり、弟《おとうと》1人《ひとり》を避難先《ひなんさき》の北部《ほくぶ》で亡《な》くした悲惨《ひさん》な体験《たいけん》は、今《いま》も忘《わす》れることができません。浜田《はまだ》さんの体験《たいけん》を、琉球大学《りゅうきゅうだいがく》附属中学校《ふぞくちゅうがっこう》2年《ねん》の瀬名波壮駿《せなはそうま》さん（13）と近本晴海《ちかもとはるみ》さん（13）が聞《き》きました。

10・10空襲が生活破壊

《浜田《はまだ》さんは34年《ねん》に生《う》まれました。父《ちち》は那覇市《なはし》で織物《おりもの》業《ぎょう》を営《いとな》んでおり、戦時中《せんじちゅう》は兄《あに》2人《ふたり》 弟《おとうと》4人《にん》がいました》

昔《むかし》は自家用車《じかようしゃ》がないから道《みち》は安全《あんぜん》で遊《あそ》び場《ば》でした。1年《ねん》に1回《かい》の高潮《たかしお》の時《とき》には満《み》ち潮《しお》で海水《かいすい》が（久茂地川《くもじがわ》をさかのぼって）洪水《こうずい》のように道《みち》にあふれ、そこで遊《あそ》びました。潮《しお》が引《ひ》くと土手《どて》ができ、青《あお》や赤《あか》の色《いろ》とりどりのカニがいて、見《み》るのが楽《たの》しかったです。

《のどかな風景《ふうけい》も戦争《せんそう》で一変《いっぺん》します》

次男《じなん》の兄《あに》が「どうしても自分《じぶん》は本土《ほんど》に行《い》く」と言《い》って、44年《ねん》8月《がつ》21日《にち》に対馬丸《つしままる》に乗《の》って行《い》きました。対馬丸《つしままる》は米潜水《べいせんすい》艦《かん》の魚雷《ぎょらい》を受《う》けて沈没《ちんぼつ》し、兄《あに》が犠牲《ぎせい》になったことを戦後《せんご》知《し》り、驚《おどろ》きました。

火曜《かよう》の朝《あさ》（10月《がつ》10日《とおか》）、私《わたし》たちはゆっくり朝《あさ》ご飯《はん》を食《た》べていました。すると「ヒュールヒュル」と聞《き》いたことのない音《おと》がしました。箸《はし》を持《も》ったまま縁側《えんがわ》に出《で》るとすごい音《おと》。港《みなと》のほうで「ボンボンボン」と大《おお》きな音《おと》がしました。隣《となり》の酒屋《さかや》にいる海軍帰《かいぐんがえ》りのお兄《にい》さんが「本物《ほんもの》の空襲《くうしゅう》です」と飛《と》んできました。着《き》の身着《みき》のまま、裏《うら》の小《ちい》さい壕《ごう》に入《はい》りました。

戦争《せんそう》というのはどこかの国《くに》であるんだろうと思《おも》っていたので、度肝《どぎも》を抜《ぬ》かれました。近《ちか》くの泉崎橋《いずみざきばし》の近《ちか》くに爆弾《ばくだん》が落《お》ちたようで、爆風《ばくふう》がうちの家《いえ》までも来《き》てすごかったです。

午後《ごご》に父《ちち》が「ここから逃《に》げないと焼《や》け死《し》ぬ」と言《い》いました。壕《ごう》から出《で》た時《とき》、川向《かわむ》こうは火《ひ》の海《うみ》でした。隣《となり》の酒屋《さかや》さんはぐちゃぐちゃに壊《こわ》れていました。あの火《ひ》を見《み》た時《とき》は、ただ恐《おそ》ろしさだけを感《かん》じました。

甲辰国民学校《こうしんこくみんがっこう》を通《とお》って、しばらく行《い》くと子《こ》どもたちの遊《あそ》び場《ば》の大《おお》きな木《き》がありました。荷車《にぐるま》が二《ふた》つほど並《なら》び、全身《ぜんしん》包帯《ほうたい》で巻《ま》かれた人《ひと》が4人《にん》置《お》かれていました。近《ちか》づくと目《め》、鼻《はな》、口《くち》がある。1人《ひとり》の目《め》と口《くち》が動《うご》きました。それを見《み》てびっくり仰天《ぎょうてん》しました。火《ひ》を見《み》ても泣《な》かないのに、怖《こわ》くて大声《おおごえ》で泣《な》きました。

家《いえ》や学校《がっこう》は焼《や》けてしまったので、父《ちち》の遠《とお》い田舎《いなか》「ンジュバル」という所《ところ》へ逃《に》げました。そこでしばらくいた後《のち》、父《ちち》の出《しゅっ》

浜田静江さん（82）

10・10空襲の体験や北部への避難について語る浜田静江さん＝中城村奥間の自宅

10・10空襲で米軍から攻撃を受ける旧那覇市街＝1944年10月10日（沖縄県公文書館所蔵）

身地《しんち》の首里《しゅり》に移《うつ》り住《す》みました。弾《たま》は落《お》とさないが、毎日《まいにち》というほど爆撃機《ばくげきき》が飛《と》んできました。サイレンが鳴《な》り、坂《さか》の上《うえ》の壕《ごう》に逃《に》げました。

《45年《ねん》2月《がつ》になると県《けん》が那覇市《なはし》住民《じゅうみん》の北部《ほくぶ》疎開《そかい》を計《けい》画《かく》します。浜田《はまだ》さんは祖父《そふ》と祖母《そぼ》、両親《りょうしん》ときょうだい、おば家族《かぞく》の13人《にん》で北部《ほくぶ》に避難《ひなん》します》

（当時《とうじ》北谷村《ちゃたんそん》の）嘉手納《かでな》まで軽便鉄道《けいびんてつどう》に乗《の》り、そこから西《にし》海岸《かいがん》を歩《ある》きました。昼《ひる》は米軍機《べいぐんき》がよく飛《と》ぶので、できるだけ夜《よる》に歩《ある》き、名護《なご》まで行《い》きました。私《わたし》は下《した》から2番目《ばんめ》の3歳《さい》の弟《おとうと》をずっとおんぶしました。

恩納村《おんなそん》で家族《かぞく》が休《やす》んでいる時《とき》、待《ま》ちきれない私《わたし》は先《さき》に行《い》ってしまいました。途中《とちゅう》で米軍機《べいぐんき》が来《き》て、私《わたし》は前方《ぜんぽう》に向《む》かって走《はし》りました。最初《さいしょ》に入《はい》った部落《ぶらく》にいた人《ひと》たちと逃《に》げました。大《おお》きな木《き》の下《した》にあった（防空用《ぼうくうよう》の）布団《ふとん》に潜《もぐ》らせてもらうと機関銃《きかんじゅう》の音《おと》がしました。弾《たま》が頭《あたま》を通《とお》り穴《あな》が開《あ》いたと思《おも》うほどすごい。でも生《い》きてて、抱《だ》いていた弟《おとうと》は寝《ね》ていました。

あちこちで火《ひ》が燃《も》え、逃《に》げる部落《ぶらく》の人《ひと》たちの後《あと》を追《お》いました。日《ひ》が落《お》ちるころまでそこにいましたが、親《おや》たちと離《はな》れたことから弟《おとうと》が泣《な》きだし、私《わたし》も泣《な》きました。部落《ぶらく》の公民館《こうみんかん》のような所《ところ》でおにぎりをもらいました。お腹《なか》は空《す》いていますが、食《た》べる気《き》がなく、早《はや》く母《はは》たちに会《あ》いたい気持《きも》ちで、おにぎりを公民館《こうみんかん》の窓枠《まどわく》に置《お》き、来《き》た道《みち》を戻《もど》りました。

しばらく行《い》くと山《やま》の向《む》こうから、母《はは》が頭《あたま》に載《の》せていたかごが見《み》えました。私《わたし》を捜《さが》してくれた二中《にちゅう》（現那覇高校《げんなはこうこう》）の生《せい》徒《と》だった長兄《ちょうけい》たちに会《あ》えた時《とき》は、皆《みな》で泣《な》いて喜《よろこ》びました。

北部避難、弟衰弱し死亡

《名護《なご》に着《つ》きますが、食料《しょくりょう》は食《た》べ尽《つ》くし、ひもじい思《おも》いをします》

名護《なご》に着《つ》いた後《あと》、羽地《はねじ》の山《やま》に逃《に》げました。3日間《みっかかん》食《た》べ物《もの》がない時《とき》もありました。山《やま》を出《で》て、掘《ほ》っ立《た》て小屋《ごや》で休《やす》んでいると、父《ちち》が窯《かま》と米《こめ》を探《さが》してきてご飯《はん》を炊《た》きました。そこに、迷彩服《めいさいふく》を着《き》て銃剣《じゅうけん》を持《も》つ見《み》たことのない米兵《べいへい》2人《ふたり》が現《あらわ》れました。殺《ころ》されると思《おも》いましたが、手《て》を上《あ》げた父《ちち》に穏《おだ》やかに「心配《しんぱい》するな」と日本語《にほんご》で言《い》いました。米兵《べいへい》が合図《あいず》し父《ちち》は連《つ》れて行《い》かれました。

母《はは》は心配《しんぱい》し震《ふる》えましたが3～4時間後《じかんご》、父《ちち》が一人《ひとり》で帰《かえ》ってきました。避難民《ひなんみん》を収容《しゅうよう》する宜野座《ぎのざ》を見《み》て戻《もど》ってきたのです。父《ちち》は「知《し》っている人《ひと》がいた。テントが張《は》られ食《た》べ物《もの》もあった。行《い》こう」と言《い》いました。

しかし母《はは》は、日本兵《にほんへい》の宣伝《せんでん》から「（米兵《べいへい》は私《わたし》たちを）食《た》べさせてから殺《ころ》す」と言《い》い、夜《よる》に家族《かぞく》は逃《に》げました。たどり着《つ》いたのがオーシッタイ（現名護市源河《げんなごしげんか》）という小《ちい》さい部落《ぶらく》でした。

そこで悲劇《ひげき》がありました。母《はは》がおんぶしていた1歳《さい》の一《いち》番小《ばんちい》さい弟《おとうと》は雨《あめ》にぬれ、食《た》べ物《もの》もありませんでした。熱《ねつ》を出《だ》して、けいれんして亡《な》くなりました。母《はは》が悲《かな》しむのを見《み》て、私《わたし》も泣《な》きました。とても悲《かな》しかったです。

沖縄本島における沖縄戦と浜田静江さんの歩み

（●は浜田さんの出来事）

1934年9月	●那覇市の下泉町（今の泉崎と久茂地）で浜田（旧姓阿嘉）静江さん生まれる
1941年4月	●甲辰国民学校に入学

「那覇市教育史写真集」から複写

12月8日	太平洋戦争始まる
1944年3月22日	第32軍が南西諸島に創設
8月22日	沖縄から長崎に向かっていた「対馬丸」が鹿児島県の悪石島付近で米潜水艦の魚雷攻撃を受け沈没。学童783人を含む1484人が犠牲となる ●対馬丸に乗っていた甲辰国民学校6年の兄が犠牲に
10月10日	「10・10空襲」で、延べ約1400の米軍機が奄美、沖縄本島、先島を攻撃
空襲以降	●「ンジュバル」に家族で避難した後、首里に移り住む
1945年2月	県当局が那覇市住民の北部疎開を計画
3月ごろ	●おば家族も含め13人で北部へ移動を始める
3月26日	米軍が慶良間諸島に上陸
4月1日	米軍が沖縄本島に上陸
月日不明	●羽地村（現名護市）源河のオーシッタイで、1歳の弟が熱を出し、けいれんし亡くなる
月日不明	●名護町で家族は米軍に捕らわれ、宜野座の収容所に入れられる

沖縄県公文書館所蔵

1945年内か	●一家、首里に戻る

浜田静江さんの移動経路

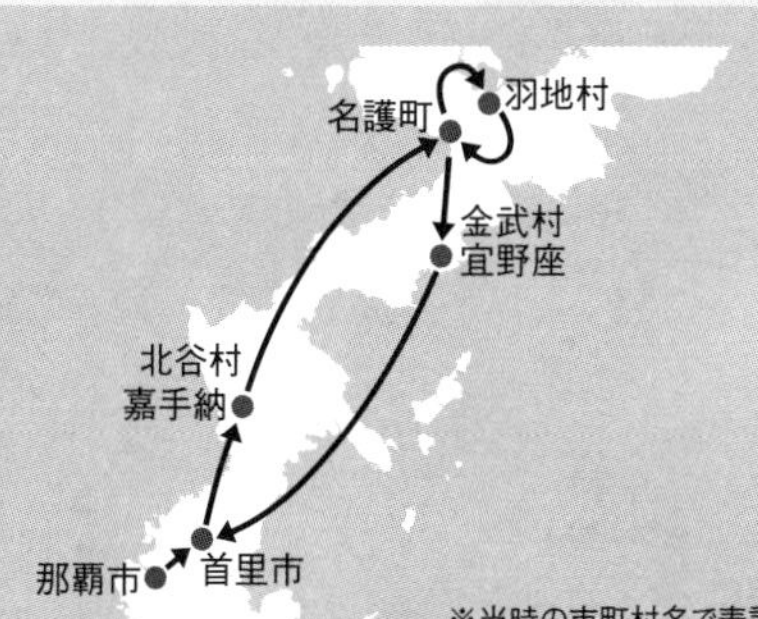

※当時の市町村名で表記

《家族《かぞく》は宜野座《ぎのざ》の収容所《しゅうようじょ》に連《つ》れて行《い》かれました》

名護《なご》に戻《もど》り周《まわ》りが畑《はたけ》の空《あ》き家《や》にいました。周辺《しゅうへん》を多《おお》くの米兵《べいへい》が取《と》り囲《かこ》み、「出《で》ておいで」と手招《てまね》きしました。米兵《べいへい》が手榴弾《しゅりゅうだん》を振《ふ》り回《まわ》し脅《おど》していたため、父《ちち》は手《て》を上《あ》げ、わざと足《あし》が不自由《ふじゆう》なふりをして出《で》て行《い》きました。それから宜野座《ぎのざ》に連《つ》れて行《い》かれました。メリケン粉《こ》や粉《こな》ミルクがありました。早《はや》く来《き》ていればもっと前《まえ》から食《た》べられ、弟《おとうと》は亡《な》くならずに済《す》んだと母《はは》はいつも後悔《こうかい》していました。

米兵《べいへい》が南部《なんぶ》から負傷《ふしょう》した人《ひと》をトラックで運《はこ》んで来《き》ました。けがをし、うじ虫《むし》が湧《わ》き、すごい臭《にお》いがしました。しかし米兵《べいへい》は負傷《ふしょう》した人《ひと》を、大事《だいじ》な家族《かぞく》を抱《だ》くようにトラックから降《お》ろして担架《たんか》に乗《の》せ、コンセットでできた野戦病院《やせんびょういん》に運《はこ》びました。鼻《はな》をふさいでいる場合《ばあい》ではありません。米国人《べいこくじん》は素晴《すば》らしいと思《おも》いました。「心配《しんぱい》するな」と言《い》っていた米兵《べいへい》を見《み》て、悪《わる》いデマを広《ひろ》めたり、自分《じぶん》より下《した》の者《もの》を殴《なぐ》ったりする日本兵《にほんへい》より良《よ》い印象《いんしょう》を受《う》けました。日本人《にほんじん》は個人的《こじんてき》に近《ちか》づくとそうではないですが、団体《だんたい》になると何《なに》をするか分《わ》かりません。

メモ　甲辰国民学校

1904年《ねん》5月《がつ》28日《にち》に、現在《げんざい》の那覇市《なはし》久茂地《くもじ》のパレットくもじ付近《ふきん》に開校《かいこう》した「甲辰尋常小学校《こうしんじんじょうしょうがっこう》」が始《はじ》まりです。その後《ご》、「勅令《ちょくれい》」という天皇《てんのう》の命令《めいれい》で出《だ》された国民学校令《こくみんがっこうれい》によって41年《ねん》4月1日《がつついたち》から「甲辰国民学校《こうしんこくみんがっこう》」に改称《かいしょう》しました。44年《ねん》の「10・10空襲《くうしゅう》」で焼失《しょうしつ》し、沖縄戦《おきなわせん》とともに閉校《へいこう》してしまいます。対馬丸《つしままる》に乗《の》り犠牲《ぎせい》になった児童《じどう》もいました。甲辰国民学校《こうしんこくみんがっこう》が近《ちか》くにあったパレットくもじの西側《にしがわ》の敷地《しきち》には、甲辰尋常小《こうしんじんじょうしょう》と国民学校《こくみんがっこう》の跡碑《あとひ》が今《いま》も残《のこ》されています。

（「那覇市教育史写真集《なはしきょういくししゃしんしゅう》」参照《さんしょう》）

《宜野座《ぎのざ》から首里《しゅり》に戻《もど》り生活《せいかつ》を再建《さいけん》します》

宜野座《ぎのざ》から首里《しゅり》に帰還《きかん》できることとなり、規格住宅《きかくじゅうたく》という同《おな》じような家《いえ》に入《はい》ることができました。戦争《せんそう》ではたくさんの人《ひと》が死《し》に、家族皆《かぞくみな》が生《い》き残《のこ》っている人《ひと》は少《すく》ないです。きょうだいは2人《ふたり》亡《な》くなりましたが、家族《かぞく》の多《おお》くは生《い》き残《のこ》りました。父《ちち》が北部《ほくぶ》に逃《に》げるいい選択《せんたく》をしたことに感謝《かんしゃ》しています。

今《いま》の世《よ》の中《なか》は北朝鮮《きたちょうせん》がミサイルを打《う》ち上《あ》げるなど、突《とつ》然《ぜん》何《なに》かが起《お》こらないか心配《しんぱい》です。今《いま》の子《こ》どもたちは何《なに》が大《だい》事《じ》か考《かん》え、思慮深《しりょぶか》く生《い》きてほしいと思《おも》います。

―聞いて学んだ―

相手思いやる世界に

瀬名波壮駿さん（琉大附属中2年）

戦争体験者《せんそうたいけんしゃ》が減《へ》っている中《なか》で、浜田《はまだ》さんは貴重《きちょう》な戦争《せんそう》体験《たいけん》の話《はなし》をしてくれて、いい経験《けいけん》になった。浜田《はまだ》さんは空《くう》襲時《しゅうじ》、戦争《せんそう》は人《ひと》ごとと思《おも》っていたそうだが、いざ自分《じぶん》の身《み》の回《まわ》りで起《お》こると、さぞ怖《こわ》かっただろう。これまで米軍《べいぐん》は、沖縄《おきなわ》の住民《じゅうみん》らを関係《かんけい》なく殺《ころ》していたのかと思《おも》っていたが、浜田《はまだ》さんの話《はなし》では米軍《べいぐん》は沖縄《おきなわ》の住民《じゅうみん》を気遣《きづか》うこともあった。今《いま》の世《よ》の中《なか》はアメリカや北朝鮮《きたちょうせん》の間《あいだ》で緊張感《きんちょうかん》があるが、もっと相手《あいて》のことを思《おも》いやるような世《よ》の中《なか》になってほしい。

戦争の実感持てた

近本晴海さん（琉大附属中2年）

浜田《はまだ》さんは「戦争《せんそう》はどこかの国《くに》であるんだろうと思《おも》っていた」と話《はな》していたが、テレビなどが発達《はったつ》し戦争《せんそう》の情報《じょうほう》がすぐ手《て》に入《はい》る時代《じだい》の私《わたし》でも、戦争《せんそう》は遠《とお》いものだと感《かん》じてしまっていた。戦争体験者《せんそうたいけんしゃ》の話《はなし》を直接《ちょくせつ》聞《き》くのは初《はじ》めてだったが、浜田《はまだ》さんは当時《とうじ》の様子《ようす》や自身《じしん》が感《かん》じたことを丁寧《ていねい》に話《はな》してくれて、戦争《せんそう》の実感《じっかん》が心《こころ》に持《も》てた気《き》がした。日本兵《にほんへい》は団体《だんたい》になると悪《わる》いことをしたり、間違《まちが》った情報《じょうほう》を広《ひろ》めたりしていたとのことで、今《いま》の時代《じだい》でも起《お》こることなので怖《こわ》いと思《おも》った。

―記者も学んだ―

10・10空襲《くうしゅう》で燃《も》える那覇《なは》の街《まち》を「地獄《じごく》みたいだった」と振《ふ》り返《かえ》る浜田《はまだ》さん。戦前《せんぜん》にあった穏《おだ》やかな生活《せいかつ》は戦争《せんそう》で一変《いっぺん》し、故郷《こきょう》を追《お》われた上《うえ》、きょうだいを亡《な》くした体験《たいけん》を初《はじ》めて公《おおやけ》に語《かた》ってくれた。各国《かっこく》でテロが相次《あいつ》ぎ、いつどこで戦争《せんそう》が起《お》きてもおかしくない今《いま》の時代《じだい》に生《い》きる私《わたし》たちでも、戦争《せんそう》が遠《とお》い国《くに》で起《お》こるものと思《おも》い込《こ》んでいる面《めん》があるかもしれない。戦争体験《せんそうたいけん》を聞《き》いた次世代《じせだい》が後世《こうせい》に戦争《せんそう》の悲惨《ひさん》さを継《つ》いでいかなければ、また同《おな》じ過《あやま》ちを繰《く》り返《かえ》すだけだと感《かん》じた。　（金良孝矢《きんらたかや》、27歳《さい》）

南風原町《はえばるちょう》津嘉山《つかざん》の金城《きんじょう》シズ子《こ》さんは、幼《おさな》い時《とき》に母《はは》を亡《な》くし、父《ちち》と妹《いもうと》2人《ふたり》と暮《く》らしていました。1944年《ねん》9月《がつ》、すぐ下《した》の妹《いもうと》・ミツ子《こ》さんと一緒《いっしょ》に、現在《げんざい》の宮崎《みやざき》県西都市《けんさいとし》にあった三財国民学校《さんざいこくみんがっこう》（現西都市立三財小学校）に疎開《そかい》しました。父《ちち》と一番下《いちばんした》の妹《いもうと》は沖縄《おきなわ》にとどまりました。親元《おやもと》を離《はな》れた宮崎《みやざき》での「ヤーサン、ヒーサン、シカラーサン（ひもじい、寒《さむ》い、さみしい）」という生活《せいかつ》は2年余《ねんあま》り続《つづ》きました。沖縄戦《おきなわせん》で父《ちち》を亡《な》くし、沖縄《おきなわ》に帰還後《きかんご》も苦労《くろう》の連続《れんぞく》でした。金城《きんじょう》さんの戦争《せんそう》体験《たいけん》を南風原町立南星中学校《はえばるちょうりつなんせいちゅうがっこう》3年《ねん》の大城紗和《おおしろさわ》さん（14）と伊佐香乃《いさかの》さん（15）が聞《き》きました。

宮崎疎開、「沖縄玉砕」の報

《金城《きんじょう》さんは1930年《ねん》に当時《とうじ》の南風原村津嘉山《はえばるそんつかざん》で生《う》まれました。5歳《さい》ぐらいの時《とき》、母《はは》が病気《びょうき》で亡《な》くなります。27歳《さい》という若《わか》さでした。妹《いもうと》たちの面倒《めんどう》は金城《きんじょう》さんが見《み》ることになりました。44年《ねん》9月《がつ》、金城《きんじょう》さんは妹《いもうと》と2人《ふたり》で学童疎開《がくどうそかい》のため船《ふね》で宮崎県《みやざきけん》に向《む》かいます》

母《はは》が歩《ある》く姿《すがた》と、葬式《そうしき》の様子《ようす》はまだ目《め》に浮《う》かびます。母《はは》が亡《な》くなってからは、（妹《いもうと》たちの世話《せわ》などで）遊《あそ》ぶ時間《じかん》はなくなりました。疎開《そかい》のときは数《かぞ》え15歳《さい》、南風原国民学校《はえばるこくみんがっこう》の高等《こうとう》2年生《ねんせい》。本当《ほんとう》は家族全員《かぞくぜんいん》で行《い》くつもりだったのですが、「お父《とう》さんは行《い》けませんよ」と役所《やくしょ》から連絡《れんらく》が来《き》ました。「もう行《い》かないでおこうか」という話《はなし》もありましたが、子《こ》ども2人《ふたり》だけで行《い》くことになりました。父《ちち》は30代《だい》。防衛隊《ぼうえいたい》の手伝《てつだ》いをさせられたのだと思《おも》います。

那覇港《なはこう》を出発《しゅっぱつ》したのは44年《ねん》9月《がつ》でした。十数日《じゅうすうにち》かけてやっと鹿児島《かごしま》に着《つ》きました。今《いま》と違《ちが》って昔《むかし》は船《ふね》ですし、戦争《せんそう》のせいだからか、あっちこっちに行《い》って時間《じかん》がかかりました。

《鹿児島《かごしま》から総勢《そうぜい》37人《にん》で三財国民学校《さんざいこくみんがっこう》に行《い》きました》

三財国民学校《さんざいこくみんがっこう》に引率《いんそつ》の先生《せんせい》1人《ひとり》、世話係《せわがかり》の女性《じょせい》2人《ふたり》を合《あ》わせて計《けい》37人《にん》で行《い》きました。裁縫室《さいほうしつ》にみんなで寝泊《ねと》まりしました。最初《さいしょ》のうちは慣《な》れないから、ナチブサー（泣《な》き虫《むし》）の2年生《ねんせい》の男《おとこ》の子《こ》は「ヤーカイケーブーサン（家《いえ》に帰《かえ》りたい）」って泣《な》いていました。みんなさみしくて。世話人《せわにん》の女性《じょせい》たちが泣《な》いている子《こ》を慰《なぐさ》めていました。

気候《きこう》も寒《さむ》かったです。幼《おさな》い子《こ》はトイレに行《い》こうと夜起《よるお》こしても、寒《さむ》くて縮《ちぢ》こまってしまい、布団《ふとん》の中《なか》でおもらしをしていました。

《疎開学童《そかいがくどう》の中《なか》では年長者《ねんちょうしゃ》だった金城《きんじょう》さん。子《こ》どもたちの世話係《せわがかり》のような役割《やくわり》も担《にな》いました》

疎開先《そかいさき》では勉強《べんきょう》どころじゃありませんでした。洗濯《せんたく》したり、ご飯《はん》を炊《た》いたり。朝《あさ》、子《こ》どもたちが起《お》きる前《まえ》に起《お》きました。ガスはないので、火《ひ》をおこしてご飯《はん》を作《つく》って、ご飯《はん》ができそうになったら生徒《せいと》を起《お》こして。ご飯《はん》と言《い》ってもイモを刻《きざ》んで、お米《こめ》と一緒《いっしょ》に炊《た》きました。イモにお米《こめ》が付《つ》いているような状態《じょうたい》でした。

金城シズ子さん（87）

戦争体験を語る金城シズ子さん＝南風原町津嘉山

メモ　南風原の学童疎開

1944年《ねん》6月《がつ》、食糧《しょくりょう》事情《じじょう》などを考慮《こうりょ》し、学童《がくどう》疎開《そかい》の促進《そくしん》が閣議《かくぎ》決定《けってい》されました。南風原村《はえばるそん》からは同年《どうねん》8月《がつ》に第《だい》1次《じ》疎開《そかい》として児童《じどう》97人《にん》が熊本県《くまもとけん》へ、同年《どうねん》9月《がつ》に第《だい》2次《じ》として児童《じどう》124人《にん》が宮崎県《みやざきけん》へ渡《わた》りました。子《こ》どもたちは親元《おやもと》を離《はな》れ、慣《な》れない土地《とち》で飢《う》えと寒《さむ》さに耐《た》える生活《せいかつ》を余儀《よぎ》なくされました。疎開《そかい》の歴史《れきし》を後世《こうせい》に伝《つた》えようと、2009年《ねん》に「南風原国民学校学童集団疎開《はえばるこくみんがっこうがくどうしゅうだんそかい》記念碑《きねんひ》」が南風原町《はえばるちょう》の南風原文化《はえばるぶんか》センターに建《た》てられました。（「南風原《はえばる》の学童疎開《がくどうそかい》」参照《さんしょう》）

《三財《さんざい》に着《つ》いて間《ま》もなく、沖縄《おきなわ》では10・10空襲《くうしゅう》が起《お》きました。戦争《せんそう》の状況《じょうきょう》は、三財国民学校《さんざいこくみんがっこう》の先生《せんせい》たちから聞《き》かされました。沖縄《おきなわ》で日本軍《にほんぐん》による組織的戦闘《そしきてきせんとう》が終《お》わった45年《ねん》6月《がつ》以降《いこう》、三財国民学校《さんざいこくみんがっこう》の先生《せんせい》から「沖縄《おきなわ》は玉砕《ぎょくさい》した」と聞《き》かされます》

学校《がっこう》の先生方《せんせいがた》が「沖縄《おきなわ》、戦争始《せんそうはじ》まったよ。空襲《くうしゅう》があったよ」と聞《き》かされました。聞《き》いた時《とき》は、みんなワーワー泣《な》いていました。家族《かぞく》を心配《しんぱい》して。戦争《せんそう》がやがて終《お》わるという頃《ころ》に白《しろ》いシラミがはやりました。洋服《ようふく》の縫《ぬ》い目《め》まで、シラミがわきました。

学校《がっこう》の先生《せんせい》たちから「沖縄《おきなわ》は玉砕《ぎょくさい》した」と聞《き》いた時《とき》は、もう誰《だれ》もいなくなったと思《おも》いました。8月《がつ》には学校《がっこう》の先生《せんせい》が「広島《ひろしま》に原子爆弾《げんしばくだん》が落《お》ちた。あっちは1里四方《りしほう》は全滅《ぜんめつ》らしいよ」「パッという光《ひかり》に当《あ》たった人《ひと》はみんなだめらしいよ」と聞《き》かされました。そういう話《はなし》を聞《き》いて、沖縄《おきなわ》に帰《かえ》れるとは思《おも》いませんでした。

《46年《ねん》11月《がつ》、三財《さんざい》を離《はな》れます。三財国民学校《さんざいこくみんがっこう》の先生《せんせい》から鍋《なべ》やおわん、しゃもじをもらって、鹿児島経由《かごしまけいゆ》で沖縄《おきなわ》に帰《かえ》りました》

校長先生《こうちょうせんせい》から「沖縄《おきなわ》に帰《かえ》れるらしい」と言《い》われました。「はあー良《よ》かったな、でも帰《かえ》ったらどんな状態《じょうたい》だろう」と心配《しんぱい》でした。帰《かえ》れるのはうれしかったですが、沖縄《おきなわ》に来《き》てからは宮崎《みやざき》にいるときより大変《たいへん》です。

那覇港《なはこう》に着《つ》いた後《あと》は軍《ぐん》のトラックに乗《の》せられました。一《いち》日橋《にちばし》を通《とお》って久場崎《くばさき》まで行《い》きました。久場崎《くばさき》では消毒《しょうどく》などをしました。3日《みっか》ほど久場崎《くばさき》で過《す》ごして、そこから各集落《かくしゅうらく》に向《む》かいました。

トラックを降《お》りたら枯《か》れた木《き》しか見《み》えませんでした。家《いえ》が一軒《いっけん》もなく「自《じ》分《ぶん》の家《いえ》はあるのか

三財国民学校へ疎開した学童ら。前から2列目の左から5人目が金城シズ子さん（南風原文化センター提供）

な」と思《おも》いました。案《あん》の定《じょう》、ありませんでした。爆弾《ばくだん》が落《お》ちたところは池《いけ》みたいでした。

それを見《み》てがっかりしました。「今日《きょう》からどこに住《す》もうかな、どこで寝《ね》ようかな」と考《かんが》えているとき、親戚《しんせき》のおばあさんが来《き》て「うちに行《い》こう」と言《い》ってくれて、1週間《しゅうかん》ぐらいお世話《せわ》になりました。いとこのお兄《にい》さんが畳二《たたみふた》つ分《ぶん》ぐらいの小屋《こや》を作《つく》ってくれました。ヒージャーヤー（ヤギ小屋《ごや》）みたいな家《いえ》ですが、そこで妹《いもうと》2人《ふたり》も一緒《いっしょ》に住《す》みました。

戦後、父の遺骨を掘り出す

《金城《きんじょう》さんが疎開《そかい》に行《い》っている間《あいだ》も、沖縄《おきなわ》に残《のこ》っていた父《ちち》と末《すえ》の妹《いもうと》。妹《いもうと》は無事《ぶじ》でしたが、父《ちち》が沖縄戦《おきなわせん》で命《いのち》を落《お》としたことを近所《きんじょ》の男性《だんせい》から教《おし》えられます》

戦争と金城シズ子さんのあゆみ

（●は金城さんに関連する出来事）

1930年8月	●金城シズ子さんが南風原村津嘉山で生まれる
1944年6月	学童疎開の促進が閣議決定される
8月22日	疎開学童らが乗った「対馬丸」が米潜水艦の魚雷攻撃を受け沈没
9月	●金城さんら疎開学童が乗った船が那覇港を出発。十数日後、鹿児島県に到着し宮崎県の現西都市の三財国民学校へ
10月10日	米機動部隊が那覇を中心に南西諸島全域を空襲（10・10空襲）
1945年4月1日	米軍、沖縄本島に上陸
6月22日	第32軍の牛島満司令官が自決。日本軍の組織的戦闘が終わる（23日の説もある）
6月下旬以降	●金城さんが三財国民学校の先生から「沖縄玉砕」を聞かされる
8月6日	米軍が広島市に原子爆弾を投下
8月9日	米軍が長崎市に原子爆弾を投下
8月15日	日本が無条件降伏
1946年11月	●金城さんが宮崎を離れ、沖縄へ向かう
2009年6月	南風原町の南風原文化センターに建てられた疎開の歴史を伝える石碑「南風原国民学校学童集団疎開記念碑」の除幕式

金城シズ子さんの移動経路

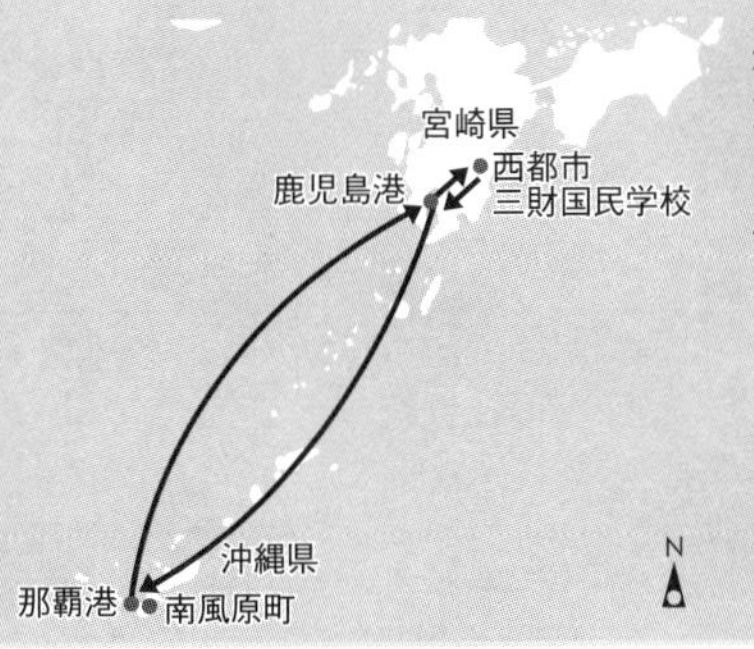

沖縄《おきなわ》に戻《もど》ってから近所《きんじょ》のおじいさんがいらして「あなたのお父《とう》さんは、私《わたし》が畑《はたけ》に埋葬《まいそう》したよ」と言《い》われました。そのおじいさんは、父《ちち》から「うちの子《こ》どもが内地《ないち》に行《い》ってるから、帰《かえ》ってきたら渡《わた》してください」と時計《とけい》を5個《こ》、預《あず》かっていたらしいです。それを全《すべ》て米軍《べいぐん》に取《と》られたといい「ごめんね」と謝《あやま》られました。

思《おも》い返《かえ》してみると、沖縄《おきなわ》の戦争《せんそう》が終《お》わる頃《ころ》、宮崎《みやざき》でヘビがくるくる回《まわ》る夢《ゆめ》を、2日《ふつか》続《つづ》けて見《み》ました。その時《とき》は「変《へん》だな」としか思《おも》いませんでしたが、父《ちち》が亡《な》くなったと知《し》り、「ああ、あの時《とき》に父《ちち》は亡《な》くなったんだな」と思《おも》いました。

《近所《きんじょ》のおじいさんに連《つ》れられて、金城《きんじょう》さんは父《ちち》の遺《い》骨《こつ》を掘《ほ》り返《かえ》しに東風平村《こちんだそん》富盛《ともり》(現在《げんざい》の八重瀬町《やえせちょう》)に行《い》きます》

いとこのお兄《にい》さんも一緒《いっしょ》に3人《にん》で行《い》きました。畑《はたけ》から掘《ほ》り返《かえ》すと、父《ちち》は真《ま》っ白《しろ》な骨《ほね》だけになっていました。その時《とき》「戦《せん》争《そう》はみんなこんなものかな」と思《おも》いました。今《いま》の人《ひと》たちは戦《せん》争《そう》を分《わ》からないみたいだけど、戦争《せんそう》より怖《こわ》いのはないです。遺骨《いこつ》は1日《にち》は自宅《じたく》に置《お》きました。それからお墓《はか》に持《も》って行《い》って供養《くよう》しました。父《ちち》がどういうふうに亡《な》くなったかは分《わ》かりません。おじいさんは教《おし》えてくれませんでした。今《いま》考《かんが》えると、骨《ほね》があるだけでも良《よ》かったんじゃないかと思《おも》います。遺骨《いこつ》が見《み》つからない人《ひと》もいっぱいいます。だから骨《ほね》があるだけでもありがたいな、と思《おも》っています。

《焼《や》け野原《のはら》になった戦後《せんご》の沖縄《おきなわ》で、金城《きんじょう》さんは2人《ふたり》の妹《いもうと》と生活《せいかつ》しました》

宮崎《みやざき》にいたときは食《た》べ物《もの》ぐらいは国《くに》がみてくれました。だけど、戻《もど》ってきたら誰《だれ》もみてくれません。自分《じぶん》で食《た》べ物《もの》を探《さが》すのに苦労《くろう》しました。畑《はたけ》に行《い》ってイモが残《のこ》っていないか探《さが》して、カンダバーを摘《つ》んで、イモを切《き》って、水《みず》と塩《しお》を入《い》れて、炊《た》く。これだけです。カンダバーを入《い》れて汁《しる》まで飲《の》みました。その後《ご》、米軍《べいぐん》の配給《はいきゅう》でバターや缶詰《かんづめ》がもらえるようになりました。

人《ひと》を殺《ころ》すのが戦争《せんそう》、全滅《ぜんめつ》させるのが戦争《せんそう》です。こんな怖《こわ》いことはありません。今《いま》の世《よ》の中《なか》は恐《おそ》ろしくなっているように感《かん》じる。みんなが温《あたた》かい心《こころ》を持《も》ち、もっと良《よ》い世《よ》の中《なか》になったらいいと思《おも》っています。

―聞いて学んだ―

祖父が一緒に疎開

大城紗和さん（南星中3年）

今回《こんかい》、この取材《しゅざい》を通《とお》してびっくりすることがありました。金城《きんじょう》シズ子さんが、当時《とうじ》9歳《さい》の私《わたし》の祖父《そふ》と一緒《いっしょ》に学童疎開《がくどうそかい》をしていたことです。取材後《しゅざいご》、祖父《そふ》に聞《き》いてみると「シズ子さんのことはよく覚《おぼ》えている。よくしてくれたから」と話《はな》してくれました。小《ちい》さい頃《ころ》のことなのに、よく覚《おぼ》えているな、それだけ大変《たいへん》だったんだなと思《おも》いました。また、戦争《せんそう》でも優《やさ》しさを持《も》つ人《ひと》の温《あたた》かさを感《かん》じました。シズ子さんと祖父《そふ》の話《はなし》を聞《き》きもっと戦争《せんそう》のことを勉強《べんきょう》したいと思《おも》いました。

今の私たちは幸せ

伊佐香乃さん（南星中3年）

戦争《せんそう》の話《はなし》を聞《き》いて、今《いま》の私《わたし》たちがどれだけ幸《しあわ》せなのかを実感《じっかん》させられました。金城《きんじょう》さんは15歳《さい》で妹《いもうと》と疎開《そかい》し、戦争《せんそう》の直接的《ちょくせつてき》な被害《ひがい》はほとんど受《う》けていないそうですが、食《た》べ物《もの》にも限《かぎ》りがあり、大変《たいへん》だったようです。私《わたし》たちは当《あ》たり前《まえ》のように家族《かぞく》がいて、当《あ》たり前《まえ》のようにご飯《はん》を食《た》べ、何《なに》げなく過《す》ごしています。戦時中《せんじちゅう》がどれだけつらかったかを現代《げんだい》の人《ひと》は知《し》らなければならないと思《おも》います。二度《にど》と戦争《せんそう》を起《お》こさないために世界《せかい》の現状《げんじょう》を理解《りかい》し、世《よ》の中《なか》が平和《へいわ》になってほしいです。

―記者も学んだ―

金城《きんじょう》さんのお話《はなし》で親元《おやもと》を離《はな》れた遠《とお》い土地《とち》での集団生活《しゅうだんせいかつ》が、いかに厳《きび》しいものだったかを知《し》った。だが、その疎開生活《そかいせいかつ》より「帰《かえ》ってからの方《ほう》が大変《たいへん》だった」という言葉《ことば》が重《おも》かった。沖縄《おきなわ》では、過酷《かこく》な地上戦《ちじょうせん》で多《おお》くの命《いのち》が失《うしな》われただけでなく、艦《かん》砲射撃《ぽうしゃげき》や銃弾《じゅうだん》で土地《とち》も大《おお》きなダメージを受《う》けた。生活基盤《せいかつきばん》がなくなった中《なか》で、戦《せん》争孤児《そうこじ》が生《い》き抜《ぬ》くのはどれほど大変《たいへん》だっただろうか。戦闘《せんとう》が終《お》わっても、その爪痕《つめあと》は長期間《ちょうきかん》にわたって残《のこ》る。戦争《せんそう》がもたらす被害《ひがい》の大《おお》きさを痛感《つうかん》した。

（前森智香子《まえもりちかこ》、31歳《さい》）

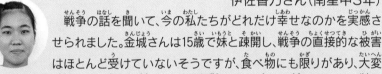

浦添村《うらそえそん》(現浦添市《げんうらそえし》)前田《まえだ》で生《う》まれ育《そだ》った石川幸助《いしかわこうすけ》さんは祖母《そぼ》と両親《りょうしん》、3人《にん》の弟《おとうと》たちとつつましやかですが、平和《へいわ》に暮《く》らしていました。しかし太平洋戦争《たいへいようせんそう》が勃発《ぼっぱつ》し、1945年《ねん》3月《がつ》に父親《ちちおや》が防衛隊《ぼうえいたい》に召集《しょうしゅう》されて以降《いこう》は、激戦地《げきせんち》となった地元前田《じもとまえだ》の壕《ごう》を転々《てんてん》と逃《に》げ回《まわ》りました。家族《かぞく》は次々《つぎつぎ》と米軍《べいぐん》の射撃《しゃげき》を受《う》け、命《いのち》を落《お》としていきました。「与《あた》えられた命《いのち》に感謝《かんしゃ》しないと」と、終戦後《しゅうせんご》はたった1人《ひとり》の家族《かぞく》・母《はは》と二人三脚《ににんさんきゃく》で生活《せいかつ》を再建《さいけん》しました。石川《いしかわ》さんの戦争体験《せんそうたいけん》を浦添中学校《うらそえちゅうがっこう》2年《ねん》の片寄空美《かたよせくみ》さん(14)と久志勇雅《くしゆうが》さん(13)が聞《き》きました。

前田を転々、祖母や弟犠牲

《石川《いしかわ》さんは5人《にん》きょうだいの次男《じなん》でしたが、戦前《せんぜん》に長男《ちょうなん》が病死《びょうし》したため、長男《ちょうなん》の役目《やくめ》を担《にな》っていました。1945年当時《ねんとうじ》は浦添国民学校《うらそえこくみんがっこう》の3年生《ねんせい》。戦争《せんそう》が激化《げきか》する中《なか》、父《ちち》の元《もと》に召集令状《しょうしゅうれいじょう》が届《とど》きます》

父《ちち》は鹿児島県《かごしまけん》などで機関銃隊《きかんじゅうたい》の一員《いちいん》として2年間務《ねんかんつと》め上《あ》げ、45年《ねん》の2月末《がつまつ》ごろに浦添村《うらそえそん》に戻《もど》ってきました。私《わたし》たち家族《かぞく》は皆《みな》「これからまたお父《とう》さんと一緒《いっしょ》に暮《く》らせるね」と大変喜《たいへんよろこ》んでいましたが、帰任《きにん》からわずか2、3週間後《しゅうかんご》に父《ちち》の召集《しょうしゅう》を求《もと》める赤紙《あかがみ》が届《とど》きました。

祖母《そぼ》が「また(父《ちち》が)兵隊《へいたい》に連《つ》れて行《い》かれる」といって、悲《かな》しそうに悔《くや》しそうに泣《な》いていた姿《すがた》を、今《いま》でもはっきりと覚《おぼ》えています。あの時代《じだい》は一度兵隊《いちどへいたい》になったら死《し》ぬ覚悟《かくご》。残《のこ》された家族《かぞく》も、もう会《あ》えないものだと思《おも》っていました。そして父《ちち》は再《ふたた》び兵隊《へいたい》になりました。

私《わたし》と弟《おとうと》たちは疎開《そかい》しようか、一度《いちど》は迷《まよ》いましたが、一番《いちばん》下《した》の弟《おとうと》・真一《しんいち》が生後《せいご》8カ月《げつ》でまだ小《ちい》さかった上《うえ》、祖母《そぼ》が「船路《ふなじ》は危《あぶ》ない」と許《ゆる》さなかったため、家族《かぞく》はみんな沖縄《おきなわ》に残《のこ》ることにしました。

《45年《ねん》4月1日《がつついたち》、大勢《おおぜい》の米兵《べいへい》が北谷《ちゃたん》や読谷《よみたん》から次々《つぎつぎ》と沖縄本島《おきなわほんとう》に上陸《じょうりく》しました。見晴《みは》らしの良《よ》い前田高地《まえだこうち》は、日本軍《にほんぐん》の司令部《しれいぶ》があった首里《しゅり》の防衛線《ぼうえいせん》として重《じゅう》

要《よう》な場所《ばしょ》でした》

米軍《べいぐん》は容赦《ようしゃ》なく攻撃《こうげき》を仕掛《しか》け、いよいよ浦添《うらそえ》にも迫《せま》ってきました。地獄《じごく》の始《はじ》まりです。私《わたし》たち家族《かぞく》は、現在《げんざい》の浦添《うらそえ》市《し》消防署《しょうぼうしょ》の近《ちか》くにある西新城《いりあらぐすく》という母《はは》の実家《じっか》裏《うら》の防空壕《ぼうくうごう》に隠《かく》れました。時々《ときどき》、壕《ごう》の入《い》り口付近《ぐちふきん》で銃《じゅう》の音《おと》も聞《き》こえ、本当《ほんとう》に怖《こわ》かったです。数日《すうじつ》もすれば食《た》べ物《もの》が底《そこ》を突《つ》き、みんなひもじさの中《なか》でおびえながら、ただただ壕《ごう》の中《なか》で米軍《べいぐん》がいなくなるのをじっと待《ま》っていました。

石川幸助さん（82）

自らの悲惨な戦争体験を語り「二度と戦争を起こしてはならない」と強調する石川幸助さん＝浦添市前田

前田高地《まえだこうち》は大変《たいへん》な激戦地《げきせんち》で、朝《あさ》から晩《ばん》まで艦砲弾《かんぽうだん》が飛《と》び交《か》い、辺《あた》り一面《いちめん》の焼《や》け野原《のはら》には至《いた》る所《ところ》に死体《したい》がありまし

現在の前田小学校付近。激戦地となった前田高地を奪取し、首里へ前進する米兵＝1945年（沖縄県公文書館所蔵）

メモ　前田高地

現在《げんざい》の浦添城跡《うらそえじょうせき》を含《ふく》む、前田集落《まえだしゅうらく》の北側《きたがわ》に広《ひろ》がる標高《ひょうこう》120メートルの高《こう》地《ち》。沖縄戦《おきなわせん》で、首里《しゅり》に置《お》かれた第《だい》32軍《ぐん》司令部《しれいぶ》を守《まも》るため日本軍《にほんぐん》が防衛線《ぼうえいせん》を張《は》り、進攻《しんこう》してくる米軍《べいぐん》と激戦《げきせん》となりました。米軍《べいぐん》はのこぎりで切《き》ったような崖《がけ》だとして「ハクソー・リッジ」と呼《よ》び、2016年《ねん》11月《がつ》にはメル・ギブソン監督《かんとく》の同名《どうめい》映画《えいが》も公開《こうかい》されました。浦添市《うらそえし》によると前田集落《まえだしゅうらく》には戦前《せんぜん》934人《にん》の住民《じゅうみん》がいましたが、うち549人《にん》が沖縄戦《おきなわせん》で亡《な》くなりました。戦死率《せんしりつ》58.8％に上《のぼ》り、日米攻《にちべいこう》防《ぼう》のし烈さを物語《ものがた》っています。

た。母《はは》たちが「これ以上《いじょう》ここにいたらやられる」と言《い》ったので27日《にち》ごろに壕《ごう》を出《で》て、首里《しゅり》を目指《めざ》すことにしました。

必死《ひっし》の思《おも》いで歩《ある》き、ウカンジャ森《むい》の頂上付近《ちょうじょうふきん》に着《つ》くころ、上《うえ》の方《ほう》から米軍《べいぐん》が撃《う》った弾《たま》が祖母《そぼ》と当時《とうじ》3歳《さい》の四男善《よんなんぜん》一《いち》に直撃《ちょくげき》し、目《め》の前《まえ》で即死《そくし》しました。その後間《ごま》もなくして三男《さんなん》の三郎《さぶろう》（当時《とうじ》7歳《さい》）も犠牲《ぎせい》となりました。

《4月《がつ》30日《にち》、石川《いしかわ》さんは首里《しゅり》行《い》きを断念《だんねん》し、母《はは》、真一《しんいち》さんと前田小学校《まえだしょうがっこう》近《ちか》くにある遠《とお》い親戚《しんせき》の前上門《めーじょう》の墓《はか》に身《み》を隠《かく》しました》

前上門《めーじょう》の墓《はか》は既《すで》に人《ひと》がいっぱいでしたが、一夜《いちや》を過《す》ごしました。翌《よく》5月《がつ》1日朝《ついたちあさ》、再《ふたた》び首里《しゅり》を目指《めざ》し歩《ある》いている途中《とちゅう》、背中《せなか》におぶっていた真一《しんいち》のこめかみを迫撃砲《はくげきほう》の破片《はへん》が貫《かん》通《つう》。真一《しんいち》は泣《な》き声《ごえ》も上《あ》げぬまま、私《わたし》の背中《せなか》で死《し》にました。一《いっ》瞬《しゅん》はパニックになりましたが「ここから逃《に》げないと」という一心《いっしん》で、悲《かな》しむ余地《よち》さえ与《あた》えられませんでした。足《あし》をけがし、つえをついていた母《はは》に「あなた1人《ひとり》だけでも逃《に》げなさい」と念《ねん》を押《お》され、やむを得《え》ず母《はは》とはそこで別《わか》れました。

渇き、尿さえ飲もうとした

《一人《ひとり》きりになった石川《いしかわ》さんは再び前上門《めーじょう》の墓《はか》に戻《もど》ることにしました。孤独《こどく》に加《くわ》え、極度《きょくど》の疲労《ひろう》と飢《う》えで体力《たいりょく》もほとんど限界《げんかい》でした》

空腹《くうふく》と喉《のど》の渇《かわ》きで全《まった》く体《からだ》に力《ちから》が入《はい》らないのです。ここに来《き》て4日目《よっかめ》に雨《あめ》が降《ふ》ったため、這《は》いつくばるようにしてそこら辺《あた》りにあった器《うつわ》などを利用《りよう》して水《みず》をかき集《あつ》め、泥《どろ》とごみが混《ま》じった雨水《あまみず》を飲《の》みました。4日間《よっかかん》、口《くち》にしたものはそれだけです。あまりの空腹《くうふく》から自分《じぶん》の小便《しょうべん》も飲《の》もうとしましたが、栄養失調《えいようしっちょう》のため量《りょう》も少《すく》なく、どす黒《ぐろ》く濁《にご》っていました。口《くち》に含《ふく》んだら吐《は》き気《け》がして、結局《けっきょく》、全部《ぜんぶ》は飲《の》めなかったです。戦争《せんそう》は本当《ほんとう》に人《ひと》の感覚《かんかく》をまひさせる恐《おそ》ろしいものだと思《おも》いました。
「ここにいたら死《し》んでしまう」と思《おも》い、再《ふたた》び西新城《いりあらぐすく》に戻《もど》ることにしました。

《西新城《いりあらぐすく》の壕《ごう》の近《ちか》くにある別《べつ》の壕《ごう》を見《み》つけ、中《なか》へ入《はい》ると、衰弱《すいじゃく》したたんめぇ（おじいさん）とんめぇ（おばあさん）との出会《であ》いがありました》

動《うご》けない2人《ふたり》のためにきゅうすで泥水《どろみず》をくんで持《も》って行《い》

沖縄本島における沖縄戦と石川幸助さんの歩み

（●は石川さんの出来事）

1935年7月5日	●石川幸助さん浦添村前田に生まれる
1941年12月8日	太平洋戦争始まる
1942年4月	●石川さん、浦添国民学校に入学
1944年10月10日	10・10空襲で延べ約1400の米軍機が奄美、沖縄本島、先島を攻撃
4月1日	米軍が北谷村や読谷村の海岸に上陸
1945年3月23日	●石川さん一家は現在の浦添市消防署付近にある西新城の壕へ移動
4月25日	前田高地に陣取る日本軍を攻撃するため米軍の猛烈な砲撃が開始
4月27日	●石川さんの祖母と弟が米軍の射撃受け死亡
5月6日	米軍が前田高地を制す
5月26日	●石川さん、志禮の墓で米軍に捕まる
6月初旬	●石川さん、コザ孤児院に収容される
12月中旬	●石川さん、母と再会。孤児院を出る

沖縄県公文書館所蔵

写真：沖縄県公文書館所蔵

石川幸助さんの移動経路

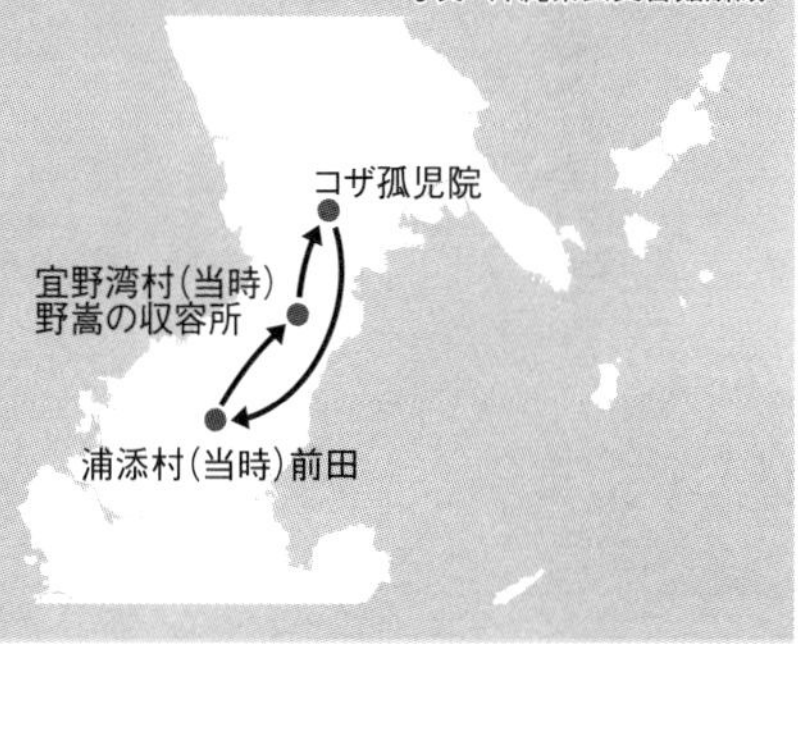

くとても喜《よろこ》んでくれました。でも出会《であ》いからわずか10日《とおか》間《かん》ほどで2人《ふたり》は亡《な》くなりました。んめぇには生前《せいぜん》「死《し》んだら顔《かお》に私《わたし》の着物《きもの》をかぶせてほしい」とお願《ねが》いされていました。私《わたし》は約束《やくそく》を守《まも》ろうとしたのですが、着物《きもの》は何《なに》かに引《ひ》っかかっていて、私《わたし》には十分《じゅうぶん》な力《ちから》も残《のこ》っていませんでした。約《やく》束《そく》を果《は》たせなかったことが今《いま》でも本当《ほんとう》に心残《こころのこ》りです。

《その後《ご》、前田部落《まえだぶらく》をつくった地元《じもと》の偉《えら》い人《ひと》の大《おお》きい墓《はか》に移動《いどう》しました》

5月《がつ》26日《にち》、志禮《しりー》の墓《はか》と言《い》われる立派《りっぱ》な墓《はか》に行《い》き着《つ》きました。中《なか》は骨壺《こつつぼ》と死体《したい》が入《はい》った棺《ひつぎ》でぎっしり。隙間《すきま》を見《み》つけて腰《こし》を下《お》ろし、外《そと》を眺《なが》めていました。その時《とき》、「ヒューイ」という口笛《くちぶえ》が鳴《な》ったので「アメリカ兵《へい》に見《み》つかった」と思《おも》い、慌《あわ》てて死体《したい》の入《はい》った棺《ひつぎ》の中《なか》に身《み》を隠《かく》しました。

私《わたし》は死体《したい》の上《うえ》に覆《おお》い被《かぶ》さったようで、身動《みうご》きをすると鈍《にぶ》い音《おと》がしました。死体《したい》のあばらがつぶれた音《おと》でした。見《み》つかってしまっては殺《ころ》されると身《み》を潜《ひそ》めていましたが、1人《ひとり》の米兵《べいへい》が銃剣《じゅうけん》で棺《ひつぎ》のふたを開《あ》け私《わたし》を引《ひ》っ張《ぱ》り出《だ》しました。

「殺《ころ》されるんだ」と思《おも》いおびえていると、米兵《べいへい》がポケットからチョコレートを取《と》り出《だ》し、自分《じぶん》が食《た》べているところを見《み》せた上《うえ》で私《わたし》に手渡《てわた》してくれました。それを見《み》て安心《あんしん》した私《わたし》も食《た》べました。あまりにもおいしくて思《おも》わず顔《かお》がほころぶと、米兵《べいへい》も私《わたし》を見《み》て笑《わら》いました。

《米軍《べいぐん》に捕《と》らわれた石川《いしかわ》さんは野嵩《のだけ》の収容所《しゅうようじょ》を経《へ》て、越来村《ごえくそん》（現在《げんざい》の沖縄市《おきなわし》）にあったコザ孤児院《こじいん》に移送《いそう》されました》

孤児院《こじいん》には何百人《なんびゃくにん》もの子《こ》どもたちがいましたが、けして暗《くら》い感《かん》じではなかったように思《おも》います。しばらくして生《い》き別《わか》れになっていた母《はは》が迎《むか》えに来《き》てくれました。母《はは》は私《わたし》を見《み》つけるなり「いちちょーてーさやー」（生《い》きていたんだね）と涙《なみだ》を流《なが》し、「これからは良《よ》い世《よ》の中《なか》になるから一緒《いっしょ》にがんばろうね」と頭《あたま》をなでてくれました。父《ちち》も捕虜《ほりょ》になり胡屋《ごや》の病院《びょういん》にいると聞《き》き会《あ》いにいったが、いませんでした。死亡証明書《しぼうしょうめいしょ》もなく、恐《おそ》らく戦死《せんし》したのだろうということでした。

7人《にん》いた家族《かぞく》は母《はは》と2人《ふたり》だけになりましたが、戦後《せんご》は支《ささ》え合《あ》いながら一生懸命《いっしょうけんめい》生《い》きました。戦時中《せんじちゅう》は何度《なんど》も心《こころ》が折《お》れそうになりましたが、最後《さいご》まで生《い》きることを諦《あきら》めなくて本当《ほんとう》に良《よ》かったと今《いま》なら言《い》えます。子《こ》や孫《まご》に、私《わたし》と同《おな》じような経験《けいけん》を絶対《ぜったい》にさせたくない。二度《にど》と戦争《せんそう》が起《お》こらないように、私《わたし》たち一人一人《ひとりひとり》が改《あらた》めて今《いま》の平和《へいわ》な社会《しゃかい》に感謝《かんしゃ》をしなければならないと思《おも》います。

―聞いて学んだ―

体験者の話伝えたい

片寄空美さん（浦添中2年）

石川幸助《いしかわこうすけ》さんから72年前《ねんまえ》に起《お》きた戦争《せんそう》の話《はなし》を聞《き》きました。浦添《うらそえ》で起《お》こった戦争《せんそう》の話《はなし》や戦争当時《せんそうとうじ》に食《た》べていた物《もの》などを聞《き》き、自分《じぶん》が72年前《ねんまえ》に生《い》きていたら、つら過《す》ぎて希望《きぼう》を失《うしな》うと思《おも》います。石川《いしかわ》さんは「家族《かぞく》からもらった命《いのち》だから生《い》きなきゃ」という強《つよ》い気持《きも》ちを持《も》って生《い》きていたのですごいと思《おも》いました。私《わたし》は今《いま》、浦添市《うらそえし》のピースメッセンジャーとして活動《かつどう》しているので、戦争体験者《せんそうたいけんしゃ》の話《はなし》を身近《みぢか》な人《ひと》に伝《つた》え、いつまでも平和《へいわ》な世界《せかい》であるようにしていきたいです。

生きる思いがすごい

久志勇雅さん（浦添中2年）

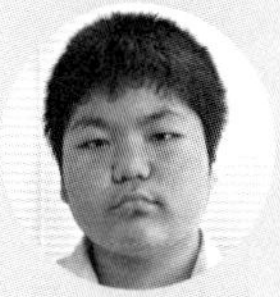

石川幸助《いしかわこうすけ》さんの話《はなし》を聞《き》いて、すごく驚《おどろ》きました。壕《ごう》の中《なか》では食《た》べ物《もの》はまともに食《た》べられず、水《みず》ですら毎日《まいにち》飲《の》むことができなかったそうです。自分《じぶん》の尿《にょう》を飲《の》んでしまうほど飢《う》えに苦《くる》しんだと言《い》います。自分《じぶん》なら耐《た》えることはできないと思《おも》います。何《なに》よりびっくりしたのは、石川《いしかわ》さんがその状況《じょうきょう》におかれても「一生懸命《いっしょうけんめい》生《い》きよう」と思《おも》ったことです。自分《じぶん》なら「苦《くる》しむ前《まえ》に死《し》のう」となると思《おも》います。石川《いしかわ》さんが生《い》きようとしたことは、本当《ほんとう》にすごいことだと思《おも》います。

―記者も学んだ―

当時《とうじ》、わずか9歳《さい》だった石川《いしかわ》さんは家族《かぞく》が1人《ひとり》また1人《ひとり》と息絶《いきた》えるさまをどのような気持《きも》ちで見届《みとど》けていたのでしょうか。

取材後《しゅざいご》も「悲《かな》しむ余地《よち》さえ与《あた》えられなかった」という石川《いしかわ》さんの言葉《ことば》が頭《あたま》から離《はな》れません。そういう時代《じだい》がたった72年前《ねんまえ》の日本《にほん》にあった事実《じじつ》を、どれだけ理解《りかい》できているかを自問《じもん》する日々《ひび》です。

日本《にほん》は再《ふたた》び戦争《せんそう》ができる国《くに》になるのだろうか。“平和《へいわ》ぼけ”した現代《げんだい》の私《わたし》たちに欠《か》けているのは「命《いのち》」と「平和《へいわ》」への執着心《しゅうちゃくしん》かもしれません。

（当銘千絵《とうめちえ》、34歳《さい》）

平良町《ひららちょう》（現宮古島市《げんみやこじまし》）の久松《ひさまつ》に生《う》まれた上里栄《うえざとさかえ》さんは幼《おさな》いころにハンセン病《びょう》を患《わずら》い、1944年《ねん》に同町《どうちょう》の島尻《しまじり》にあった「国立宮古南静園《こくりつみやこなんせいえん》」（現国立療養所宮古《げんこくりつりょうようじょみやこ》南静園《なんせいえん》）に入所《にゅうしょ》しました。そのさなかに戦災《せんさい》が降《ふ》りかかります。患者《かんじゃ》たちは米軍《べいぐん》の空襲《くうしゅう》や避難先《ひなんさき》での飢《う》え、マラリアに苦《くる》しみました。県立宮古高校《けんりつみやここうこう》1年《ねん》の久貝《くがい》楽士《がくと》さん（15）と下地琉斗《しもじりゅうと》さん（15）が上里《うえざと》さんの話《はなし》を聞《き》きました。

山へ追われたハンセン病患者

《上里《うえざと》さんは8～9歳《さい》のころ、ハンセン病《びょう》を発症《はっしょう》しました。そして通称《つうしょう》「真座《まざ》」と呼《よ》ばれていた南静園《なんせいえん》に連《つ》れて行《い》かれます》

私《わたし》が南静園《なんせいえん》に行《い》く前《まえ》の晩《ばん》、お母《かあ》さんは泣《な》いていました。私《わたし》が何《なん》で泣《な》いているのかと思《おも》っていたら、お父《とう》さんから「明日真座《あしたまざ》に行《い》くから早《はや》く寝《ね》ろ」と言《い》われました。お父《とう》さんと（人目《ひとめ》につかないように）暗《くら》い道《みち》をトコトコと5時間《じかん》以《い》上歩《じょうある》いたかな。

途中《とちゅう》、休憩《きゅうけい》し夜《よる》が明《あ》けるのを待《ま》って、しばらく歩《ある》くと園《えん》が見《み》えました。そこで白衣《はくい》を着《き》た人《ひと》が私《わたし》の顔《かお》を見《み》て、お父《とう》さんと何《なに》か話《はな》していました。お父さんは何も言わずに帰っていきました。私《わたし》は「お父《とう》さん、お父《とう》さん」と大《おお》きな声《こえ》で呼《よ》びました。置《お》き去《ざ》りにされた私《わたし》は何《なに》が何《なん》だか分《わ》からずに一人《ひとり》で泣《な》いていました。

私《わたし》が入《はい》ったのは「天使寮《てんしりょう》」と呼《よ》ばれる少年舎《しょうねんしゃ》でした。長《なが》い廊下《ろうか》と四《よっ》つの部屋《へや》があり、私《わたし》が入居《にゅうきょ》した部屋《へや》は8畳《じょう》くらいで3人《にん》の子《こ》どもがいました。私《わたし》が一番年下《いちばんとしした》で、みんなからかわいがられました。3カ月《げつ》くらいたって、先輩《せんぱい》に鏡《かがみ》を見《み》せられ、自分《じぶん》の病気《びょうき》を理解《りかい》するようになりました。

《南西諸島《なんせいしょとう》に戦争《せんそう》の影《かげ》が忍《しの》び寄《よ》ります。44年《ねん》5月《がつ》から9月《がつ》にかけて、3万人規模《まんにんきぼ》の兵隊《へいたい》が宮古島《みやこじま》に配備《はいび》されます。軍《ぐん》は宮古各地《みやこかくち》にいたハンセン病患者《びょうかんじゃ》を南《なん》静園《せいえん》に強制収容《きょうせいしゅうよう》します》

入所《にゅうしょ》して1年《ねん》もたたないうちに天使寮《てんしりょう》は解散《かいさん》となります。後《あと》で分《わ》かったのは、軍《ぐん》の命令《めいれい》で（宮古全域《みやこぜんいき》から）強制収容《きょうせいしゅうよう》されてくる患者《かんじゃ》を入《い》れる場所《ばしょ》を確保《かくほ》するためでした。私《わたし》は園《えん》にいた同郷《どうきょう》のおじさんとおばさんに預《あず》けられました。

44年《ねん》10月《がつ》10日《とおか》。平良港《ひららこう》に停泊《ていはく》していた貨物船《かもつせん》が爆撃《ばくげき》され沈没《ちんぼつ》した話《はなし》や街《まち》も全焼《ぜんしょう》したとの話《はなし》が聞《き》こえてきました。南静園《なんせいえん》にも空襲《くうしゅう》があるかもしれないと聞《き》き、入所者《にゅうしょしゃ》は各自《かくじ》で壕《ごう》を掘《ほ》ります。私《わたし》もおじさんと寮《りょう》から100メートルくらい離《はな》れた丘《おか》の中腹《ちゅうふく》に小《ちい》さな防空壕《ぼうくうごう》を掘《ほ》りました。

上里栄さん（83）

自らの戦争体験を語る元ハンセン病患者の上里栄さん＝宮古島市平良の国立療養所宮古南静園

開所当時の県立宮古保養院（現南静園）＝1931年（宮古南静園入園者自治会提供）

年《とし》が明《あ》けた45年《ねん》3月《がつ》。1機《き》の飛行機《ひこうき》が南《みなみ》から北《きた》へ飛《と》んできました。入所者《にゅうしょしゃ》は「友軍《ゆうぐん》だ！　友軍《ゆうぐん》だ！」と言《い》ってバンザイをしました。だけどこの飛行機《ひこうき》は敵《てき》の飛行機《ひこうき》で、今《いま》、納骨堂《のうこつどう》がある丘《おか》の上《うえ》を急旋回《きゅうせんかい》して、あっという間《ま》に機銃掃射《きじゅうそうしゃ》をしました。1人《ひとり》が即死《そくし》し、重軽傷者《じゅうけいしょうしゃ》も5、6人《にん》いました。犠《ぎ》牲者《せいしゃ》はみんな大人《おとな》で、私《わたし》が世話《せわ》になっているおじさんのお兄《にい》さんも重傷《じゅうしょう》を負《お》いました。即死《そくし》した人《ひと》の腸《ちょう》が外《そと》に飛《と》び出《で》ていて、見《み》るも無残《むざん》な状況《じょうきょう》でした。

《その後《ご》の空襲《くうしゅう》で南静園《なんせいえん》も焼《や》けてしまいました》

空襲《くうしゅう》は激《はげ》しくなり、一週間後《いっしゅうかんご》にはたくさんあった宿舎《しゅくしゃ》は完全《かんぜん》に燃《も》え尽《つ》くされました。そのとき私《わたし》は以前《いぜん》掘《ほ》っておいた小《ちい》さな防空壕《ぼうくうごう》におばさんと2人《ふたり》で隠《かく》れました。壕《ごう》の上《うえ》で爆弾《ばくだん》が破裂《はれつ》し、壕《ごう》の目隠《めかく》しとなるアダンの木《き》や周囲《しゅうい》のカヤが燃《も》えてしまい、その熱気《ねっき》と炎《ほのお》が壕《ごう》の中《なか》にまで入《はい》ってきて、2人《ふたり》とも生《い》きた心地《ここち》がせず、震《ふる》えて泣《な》いていました。

飛行機《ひこうき》は繰《く》り返《かえ》し、焼夷弾《しょういだん》を落《お》とし、爆撃《ばくげき》を続《つづ》けました。消火《しょうか》ができる状態《じょうたい》ではなかったです。その時《とき》おじさんは海《うみ》に行《い》っていて留守《るす》でした。南静園《なんせいえん》が燃《も》え尽《つ》きる様子《ようす》を小舟《こぶね》の上《うえ》から見《み》ていたそうです。私《わたし》とおばさんは防空壕《ぼうくうごう》の中《なか》で何時間《なんじかん》震《ふる》えていたか分《わ》かりません。やっとおじさんが帰《かえ》ってきたので外《そと》に出《で》ました。

入所者《にゅうしょしゃ》たちは浜辺《はまべ》にある崖下《がけした》を避難所《ひなんじょ》として利用《りよう》するようになりました。私《わたし》も寮《りょう》から200メートル離《はな》れた崖下《がけした》に避難小屋《ひなんごや》を造《つく》りました。もちろんケガをしたお兄《にい》さんも一緒《いっしょ》でした。だけどぼろ切《ぎ》れでまかれた傷口《きずぐち》からウジが湧《わ》き、臭《くさ》いので一緒《いっしょ》に生活《せいかつ》はできませんでした。

仕方《しかた》がなく、彼《かれ》だけの小屋《こや》を10メートルくらい離《はな》れた場《ば》所《しょ》に造《つく》りました。私《わたし》はおばさんが作《つく》った食事《しょくじ》を届《とど》けたり、傷口《きずぐち》を洗《あら》うための海水《かいすい》を運《はこ》んだりする役割《やくわり》でした。お兄《にい》さんは苦《くる》しみながら2カ月後《げつご》に亡《な》くなります。なんの治《ち》

メモ　南静園の戦争

1944年《ねん》8～9月《がつ》にかけ、宮古島《みやこじま》に3万人規《まんにんき》模《ぼ》の日本軍《にほんぐん》が配備《はいび》されました。軍《ぐん》はハンセン病患者《びょうかんじゃ》が戦場《せんじょう》にいると作戦《さくせん》に支障《ししょう》が出《で》るとして、宮古郡全域《みやこぐんぜんいき》の患者《かんじゃ》を南静園《なんせいえん》に強制《きょうせい》収 容《しゅうよう》しました。その数《かず》は400人《にん》ともいわれています。連合軍《れんごうぐん》は宮古島《みやこじま》に上陸《じょうりく》することはありませんでしたが、米軍機《べいぐんき》による空襲《くうしゅう》や英戦《えいせん》艦《かん》による艦砲射撃《かんぽうしゃげき》がありました。南静園《なんせいえん》は45年《ねん》3～4月《がつ》の空襲《くうしゅう》で壊滅《かいめつ》し、職員《しょくいん》は園《えん》を離《はな》れました。患者《かんじゃ》は散《ち》り散《ぢ》りとなって、近《ちか》くの島尻《しまじり》山《やま》などに避難《ひなん》しましたが、食糧《しょくりょう》不足《ぶそく》による餓死《がし》やマラリアによって犠牲者《ぎせいしゃ》が相次《あいつ》ぎました。（沖縄県《おきなわけん》ハンセン病証言集《びょうしょうげんしゅう》　宮古南《みやこなん》静園編参照《せいえんへんさんしょう》）

療《りょう》もできなかったのが残念《ざんねん》です。本当《ほんとう》に苦《くる》しみながら亡《な》くなりました。

《患者《かんじゃ》たちは取《と》り残《のこ》され、近隣《きんりん》集落《しゅうらく》や山《やま》へと散《ち》り散《ぢ》りとなって逃《に》げました》

すさまじい爆撃《ばくげき》のせいかもしれませんが、職員《しょくいん》も職場《しょくば》を放棄《ほうき》していなくなりました。だんだんと戦争《せんそう》が激《はげ》しくなり、園内《えんない》にも日本兵《にほんへい》がやってきます。兵隊《へいたい》は防戦《ぼうせん》のために丘《おか》に穴《あな》を掘《ほ》ったり、浜辺《はまべ》に上陸対策《じょうりくたいさく》の防護柵《ぼうごさく》を作《つく》ったりして私《わたし》たち入所者《にゅうしょしゃ》は追《お》い出《だ》されました。

私《わたし》たちは園《えん》から約《やく》1キロほど離《はな》れた島尻山《しまじりやま》に避難壕《ひなんごう》を造《つく》りました。私《わたし》たちの小《ちい》さな避難小屋《ひなんごや》から200メートルほど離《はな》れた所《ところ》にヌストゥヌガマという自然壕《しぜんごう》があり、その

ハンセン病と宮古島における戦争を巡る上里栄さんの歩み

（●は上里さんの出来事）

1909年	法律「癩予防に関する件」施行。全国5カ所に公立療養所設立
1931年3月	宮古郡平良町（現宮古島市）に県立宮古保養院（現南静園）が開院
1934年11月10日	●上里さん、平良町の久松に生まれる
1941年12月8日	太平洋戦争が勃発
1943年～1944年	●上里さんがハンセン病を発症
1944年5月	宮古島に先島守備隊が配備される
5月	●上里さんが南静園に入所
9～10月	軍は宮古郡全域のハンセン病患者を南静園に強制収容
10月10日	米軍が宮古島初空襲。南静園所有の作業船が海上で機銃掃射を受ける
1945年3月	南静園へ二度目の空襲。死傷者が出る。園職員は職場放棄 ●上里さんは島尻山へ避難する
9月	●上里さんら避難者たちは終戦を知り、山から下りてくる
1964年ごろ	●上里さん、新薬プロミンの効果で病気が快癒し、南静園を退園
1996年	ハンセン病患者に対する差別や偏見を助長した「らい予防法」が廃止

1945年9月25日

宮古島で戦車揚陸艦から降りる米軍
（沖縄県公文書館所蔵）

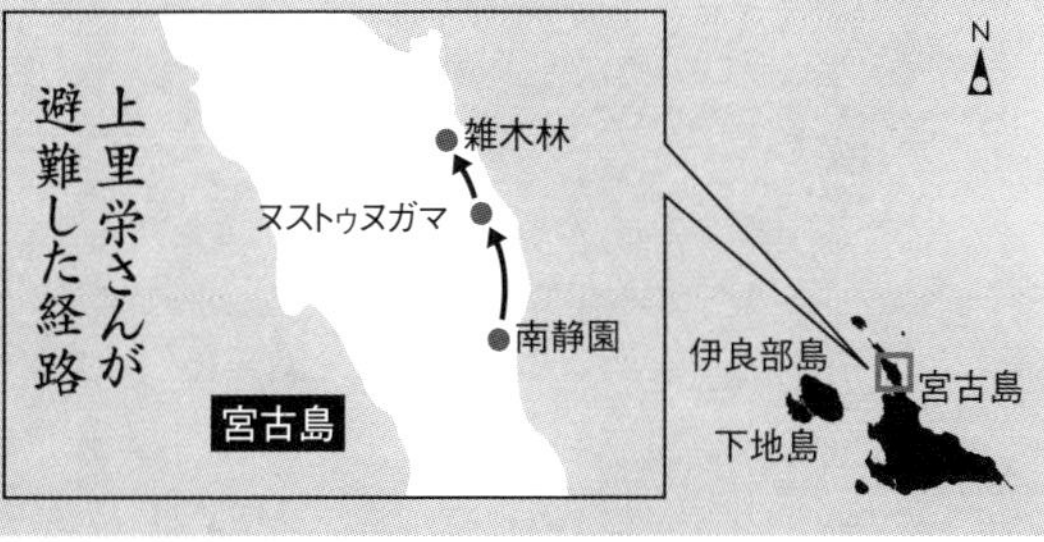

下《した》の方《ほう》に湧《わ》き水《みず》がありました。その湧《わ》き水《みず》を中心《ちゅうしん》に、ほとんどの入所者《にゅうしょしゃ》は避難生活《ひなんせいかつ》をしていました。食糧《しょくりょう》はなく、野草《やそう》を食《た》べていました。マラリアと栄養失調《えいようしっちょう》の餓死《がし》で多《おお》くの人《ひと》が死《し》んでいきました。

独りぼっちで死んだ子も

《職員《しょくいん》や大人《おとな》のハンセン病患者《びょうかんじゃ》に見捨《みす》てられ、餓死《がし》していった子《こ》どもたちがいました》

私《わたし》もマラリアにかかって、熱《ねつ》を出《だ》して震《ふる》えていました。浜辺《はまべ》で独《ひと》りぼっちで腐《くさ》った魚《さかな》を食《た》べて死《し》んでいった子《こ》どもの話《はなし》もあります。私《わたし》が生《い》き延《の》びられたのは面倒《めんどう》を見《み》てくれていたおじさんがいたからです。私《わたし》にひもじい思《おも》いをさせまいと空襲《くうしゅう》の合間《あいま》にも必死《ひっし》にイモやみそをもらってきてくれたおかげです。だから現在《げんざい》私《わたし》は生《い》きています。おじさんとおばさんは亡《な》くなりましたが、感謝《かんしゃ》してもしきれません。

避難者《ひなんしゃ》は8月《がつ》15日《にち》の終戦《しゅうせん》を知《し》りませんでした。9月《がつ》に外《そと》に出《で》ていた入所者《にゅうしょしゃ》から戦争《せんそう》は終《お》わったと聞《き》いて、園《えん》に戻《もど》ってきました。燃《も》え残《のこ》りの木材《もくざい》を集《あつ》めてかやぶき小屋《ごや》を造《つく》って、自給自足《じきゅうじそく》の生活《せいかつ》を始《はじ》めます。

後《あと》で分《わ》かったことですが、直接《ちょくせつ》の戦争被害《せんそうひがい》や餓死《がし》、マラリアで亡《な》くなった人々《ひとびと》は合《あ》わせて110人《にん》だと言《い》われています。私《わたし》がいた天使寮《てんしりょう》には15、6人《にん》の子《こ》どもがいましたが、戦争《せんそう》が終《お》わって、帰《かえ》ってきた時《とき》に誰《だれ》もいませんでした。生《い》き残《のこ》りは2、3人《にん》しかいなかったのです。同《おな》じ部屋《へや》にいた子《こ》どもは1人《ひとり》もいませんでした。

《上里《うえざと》さんは、最近《さいきん》の国内《こくない》の政治《せいじ》や社会《しゃかい》の動《うご》きを見《み》ていて、このままでは戦争《せんそう》が起《お》きそうだと感《かん》じています》

絶対《ぜったい》に戦争《せんそう》をやってはいけません。今《いま》は核兵器《かくへいき》があり、昔《むかし》の戦争《せんそう》と全然違《ぜんぜんちが》うと思《おも》います。それこそ今度戦争《こんどせんそう》が起《お》きたら負《ま》けも勝《か》ちもありません。政治《せいじ》が全《すべ》てを決《き》めています。

昔《むかし》は天皇《てんのう》が神様《かみさま》でした。本当《ほんとう》は一人《ひとり》の人間《にんげん》だけど神様《かみさま》と祭《まつ》り上《あ》げて、「天皇《てんのう》のために死《し》になさい」と教《おし》えたのです。ハンセン病《びょう》を患《わずら》った人々《ひとびと》は兵隊《へいたい》にも取《と》れない役立《やくた》たずの人間《にんげん》だから、この人《ひと》たちは集《あつ》めて閉《と》じ込《こ》めておけばいいと強制収容《きょうせいしゅうよう》されました。

教育《きょういく》がいかに大事《だいじ》か。政治《せいじ》が天皇《てんのう》のために死《し》になさいと命《めい》じれば一般国民《いっぱんこくみん》はそう思《おも》ってしまう。若者《わかもの》は政治《せいじ》にある程度《ていど》は関心《かんしん》をもってほしいです。

—聞いて学んだ—

若者が偏見を取り除く

下地琉斗さん（宮古高1年）

当時《とうじ》の状況《じょうきょう》を鮮明《せんめい》に教《おし》えてもらって、心《こころ》に響《ひび》きました。上《うえ》里栄《ざとさかえ》さんをはじめとした南静園《なんせいえん》に入所《にゅうしょ》していた人《ひと》たちの意《い》志《し》を継《つ》いで、私《わたし》たち若者《わかもの》がハンセン病《びょう》の偏見《へんけん》を取《と》り除《のぞ》いていきたいです。今日《きょう》聞《き》いた話《はなし》を伝《つた》えていって、若者《わかもの》が政治《せいじ》への関心《かんしん》を抱《いだ》いて、本《ほん》物《もの》の平和《へいわ》を一度《いちど》立《た》ち止《ど》まって考《かんが》えてみれば、平和《へいわ》な社会《しゃかい》が築《きず》けるんじゃないかと思《おも》いました。戦争《せんそう》をしてはいけないという強《つよ》い思《おも》いを社会《しゃかい》に出《で》るときに広《ひろ》げていきたいです。上里《うえざと》さんから受《う》け継《つ》いだ大《おお》きな意志《いし》だと感《かん》じました。

差別も戦争もいけない

久貝楽士さん（宮古高1年）

ハンセン病《びょう》はうつりにくい病気《びょうき》なのに、差別《さべつ》があったとは知《し》っていました。今回《こんかい》、上里栄《うえざとさかえ》さんの話《はなし》を聞《き》いて、あらためてつらい経験《けいけん》をしたんだと分《わ》かりました。隔離《かくり》され、みんなから汚《きたな》いものを見《み》る目《め》で見《み》られたそうです。自分《じぶん》だったら耐《た》えられないと思《おも》いました。入所《にゅうしょ》した時《とき》に戦争《せんそう》もあって身近《みぢか》な人《ひと》が苦《くる》しんで亡《な》くなったと聞《き》いてつらく感《かん》じました。僕《ぼく》も身近《みぢか》な人《ひと》たちにハンセン病《びょう》はうつりにくい病気《びょうき》だと伝《つた》えたいです。戦争《せんそう》も起《お》こしてはいけないとあらためて強《つよ》く感《かん》じました。

—記者も学んだ—

戦争《せんそう》は「お国《くに》のため」に個人《こじん》の命《いのち》や尊厳《そんげん》を軽《かろ》んじます。ハンセン病患者《びょうかんじゃ》だった上里栄《うえざとさかえ》さんの立場《たちば》は非常《ひじょう》に厳《きび》しいものでした。戦場《せんじょう》から生《い》き残《のこ》り、病《びょう》気《き》が治《なお》っても上里《うえざと》さんら元患者《もとかんじゃ》の苦難《くなん》が続《つづ》きました。差別《さべつ》や偏見《へんけん》は今《いま》もなくなってはいません。上里《うえざと》さんは「災《わざわ》いの芽《め》は小《ちい》さいうちから摘《つ》まないといけない」と話《はな》します。社会《しゃかい》の片隅《かたすみ》から権利《けんり》を獲得《かくとく》してきた先輩《せんぱい》の切実《せつじつ》な教訓《きょうくん》です。誰《だれ》でも弱《よわ》い立場《たちば》に陥《おちい》る可能性《かのうせい》があります。民主主義《みんしゅしゅぎ》や個人《こじん》の権利《けんり》は当《あ》たり前《まえ》のものではない、とあらためて感《かん》じました。（梅田正覚《うめだまさあき》、30歳《さい》）

金城《きんじょう》ハツさん(旧姓照屋《きゅうせいてるや》)=那覇市《なはし》=は6歳《さい》の時《とき》、出身地《しゅっしんち》である糸満市賀数《いとまんしかかず》(当時兼城村《かねぐすくそん》)で沖縄戦《おきなわせん》を体験《たいけん》しました。金城《きんじょう》さんは戦場《せんじょう》で母親《ははおや》に置《お》き去《ざ》りにされ、3度《ど》もガス弾《だん》の攻撃《こうげき》に遭《あ》いました。金城《きんじょう》さんの体験《たいけん》を那覇市立寄宮中学校《なはしりつよりみやちゅうがっこう》3年《ねん》の津波璃子《つはりこ》さん、屋《や》我龍緯《がろい》さんが聞《き》きました。

3度のガス弾に苦しむ

《金城《きんじょう》さんは1938年《ねん》8月《がつ》、現在《げんざい》の糸満市賀数《いとまんしかかず》で生《う》まれました。11人家族《にんかぞく》で豊《ゆた》かな生活《せいかつ》を送《おく》っていました》

私《わたし》たち家族《かぞく》は兼城村《かねぐすくそん》(現在《げんざい》の糸満市《いとまんし》)賀数《かかず》に住《す》んでいました。父《ちち》・秀一《ひでいち》、母《はは》・カメ、祖母《そぼ》・ウサと姉《あね》4人《にん》、兄《あに》1人《ひとり》、妹《いもうと》と弟《おとうと》1人《ひとり》の11人家族《にんかぞく》でした。親戚《しんせき》の叔母《おば》とその息子《むすこ》も一緒《いっしょ》に住《す》んでいました。

父《ちち》は那覇《なは》で薬品《やくひん》や反物《たんもの》などを販売《はんばい》する商社《しょうしゃ》のような仕事《しごと》で、母《はは》は農業《のうぎょう》をしていました。当時《とうじ》にしては珍《めずら》しく、室内《しつない》にトイレがあったり、蓄音機《ちくおんき》があったりと非常《ひじょう》に裕福《ゆうふく》な生活《せいかつ》でした。

《幸《しあわ》せな暮《く》らしが沖縄戦《おきなわせん》で一変《いっぺん》します。45年《ねん》6月《がつ》以降《いこう》、本島南部《ほんとうなんぶ》も日米両軍《にちべいりょうぐん》が混在《こんざい》する戦場《せんじょう》に巻《ま》き込《こ》まれます》

偵察機《ていさつき》が飛《と》んでいるのが見《み》え、父《ちち》が屋敷内《やしきない》に造《つく》った仮《かり》の防空壕《ぼうくうごう》に家族《かぞく》で逃《に》げました。すると家《いえ》に爆弾《ばくだん》が落《お》ちて全《すべ》て燃《も》えてなくなってしまいました。その後《ご》、父《ちち》はいつの間《ま》にか防衛隊《ぼうえいたい》に行《い》ってしまいました。

ある日《ひ》、防空壕《ぼうくうごう》を出《で》て芋畑《いもばたけ》で女性2人《じょせいふたり》と母《はは》が芋《いも》を取《と》っていると、機銃《きじゅう》で撃《う》たれ、女性2人《じょせいふたり》は亡《な》くなり、母《はは》も銃弾《じゅうだん》で太《ふと》ももにけがをしました。母《はは》は「この防空壕《ぼうくうごう》は危険《きけん》」と判断《はんだん》し、ほかの壕《ごう》へ避難《ひなん》しました。

米兵《べいへい》が近《ちか》くに陣地《じんち》を置《お》くようになってからは、壕《ごう》の外《そと》に出《で》ることはなく、持《も》ってきた押《お》し麦《むぎ》をわき水《みず》でふやかし、黒砂糖《くろざとう》を入《い》れて食《た》べていました。

けがをした日本兵《にほんへい》2人《ふたり》が壕《ごう》に入《はい》ってくることがありました。当時《とうじ》6カ月《げつ》ぐらいの一番下《いちばんした》の弟《おとうと》・秀信《ひでのぶ》がいたので「連《つ》れて行《い》かないとここで殺《ころ》す」と言《い》われ、次女《じじょ》で、姉《あね》のフミが連《つ》れて防空壕《ぼうくうごう》を出《で》て行《い》きました。戦争《せんそう》が終《お》わるまで2人《ふたり》と会《あ》うことはありませんでした。

《壕《ごう》に身《み》を潜《ひそ》めている家族《かぞく》がガスの攻撃《こうげき》を受《う》けます。その後《ご》、金城《きんじょう》さんは置《お》き去《ざ》りにされます》

金城ハツさん(79)
沖縄戦の最中に家族が離散したことなどを話す金城ハツさん＝那覇市の寄宮中

近《ちか》くに米兵《べいへい》がいるので、あまり話《はな》さない生活《せいかつ》が続《つづ》いていました。ところが先《さき》に壕《ごう》にいた祖父《そふ》と祖母《そぼ》が話《はな》しているのが聞《き》こえたのか、米軍《べいぐん》にガスをまかれました。白《しろ》い煙《けむり》がもうもうとしてきて、50センチ前《まえ》も見《み》えない中《なか》、みんなで壕《ごう》の奥《おく》へ逃《に》げました。

母《はは》がタオルを持《も》ってきて、水《みず》でぬらして、みんなで集《あつ》まって口《くち》と鼻《はな》を押《お》さえるようにして、ガスがなくなるのを待《ま》ちました。のどが痛《いた》くて声《こえ》が出《だ》せず、体《からだ》もぐったりしました。おじいはその後《ご》にいつの間《ま》にか亡《な》くなっていました。

母《はは》の太《ふと》ももの傷《きず》は毎日消毒《まいにちしょうどく》していたので、ガスをまかれた頃《ころ》には治《なお》りかけていました。母《はは》は私《わたし》にガスをまかれた時《とき》の対応《たいおう》を教《おし》え、タオルを渡《わた》してくれました。そして、母《はは》は荷物《にもつ》をまとめていました。

その時《とき》、子《こ》どもながらに「何《なに》かおかしい」と思《おも》い、夜《よる》は寝《ね》ないようにしていました。けれども子《こ》どもだから寝《ね》てしまい、夜中《よなか》にふと目《め》を覚《さ》ますと母《はは》と長男《ちょうなん》・秀雄《ひでお》、三女《さんじょ》・ミツがいなくなっていました。壕《ごう》を出《で》て、みんなを探《さが》すが見当《みあ》たらなかった。

みんないなくなり四女《よんじょ》のスミと妹《いもうと》のミサ子《こ》と一緒《いっしょ》に泣《な》いてしまいました。壕《ごう》に戻《もど》ると、泣《な》き声《ごえ》で気《き》づかれたのか、またガスをまかれました。みんなで一緒《いっしょ》に1本《ほん》のタオルで母《はは》から習《なら》った方法《ほうほう》で何《なん》とか助《たす》かりました。その後《ご》は残《のこ》された押《お》し麦《むぎ》を私《わたし》が母《はは》の見《み》よう見《み》まねで調理《ちょうり》し、食事《しょくじ》を作《つく》って生活《せいかつ》していました。

《壕《ごう》で暮《く》らし、戦火《せんか》を避《さ》けていましたが、壕《ごう》を出《で》る時《とき》が迫《せま》っていました》

ある日《ひ》のお昼《ひる》ごろに、ガスをまかれました。これまでと違《ちが》い、入《い》り口《ぐち》に火《ひ》も放《はな》たれました。私《わたし》は祖母《そぼ》に「おばあ、燃《も》えているから外《そと》に出《で》よう」と話《はな》し、私《わたし》はミサ子《こ》を背負《せお》って火《ひ》をよけながら外《そと》に出《で》て、祖母《そぼ》も出《で》てきました。

ところが、いくら待《ま》ってもスミが出《で》てきません。米兵《べいへい》に見《み》つかると思《おも》い、壕《ごう》に戻《もど》ることにしました。けれども途中《とちゅう》で米兵《べいへい》に見《み》つかってしまい、それ以降《いこう》スミには会《あ》えていません。

壕《ごう》を探《さが》している時《とき》に米兵2人《べいへいふたり》に見《み》つかりました。米兵《べいへい》は私《わたし》たちをつかんできたので、殺《ころ》されると思《おも》い、手《て》をかんで抵抗《ていこう》しましたが、近《ちか》くの御願所《うがんじゅ》に連《つ》れて行《い》かれました。

米兵2人《べいへいふたり》は私《わたし》たち3人《にん》を座《すわ》らせて、山《やま》の中《なか》に行《い》こうとしました。その時《とき》「銃《じゅう》を持《も》ってきて殺《ころ》される」と思《おも》い、3人《にん》で逃《に》げようとしましたが、見《み》つかってしまいました。その後《ご》、米兵《べいへい》は1人《ひとり》が見張《みは》りで残《のこ》り、1人《ひとり》が山《やま》の中《なか》に消《き》えていきました。

米兵《べいへい》は担架《たんか》を持《も》って来《き》て、私《わたし》たち3人《にん》を運《はこ》び、トラック

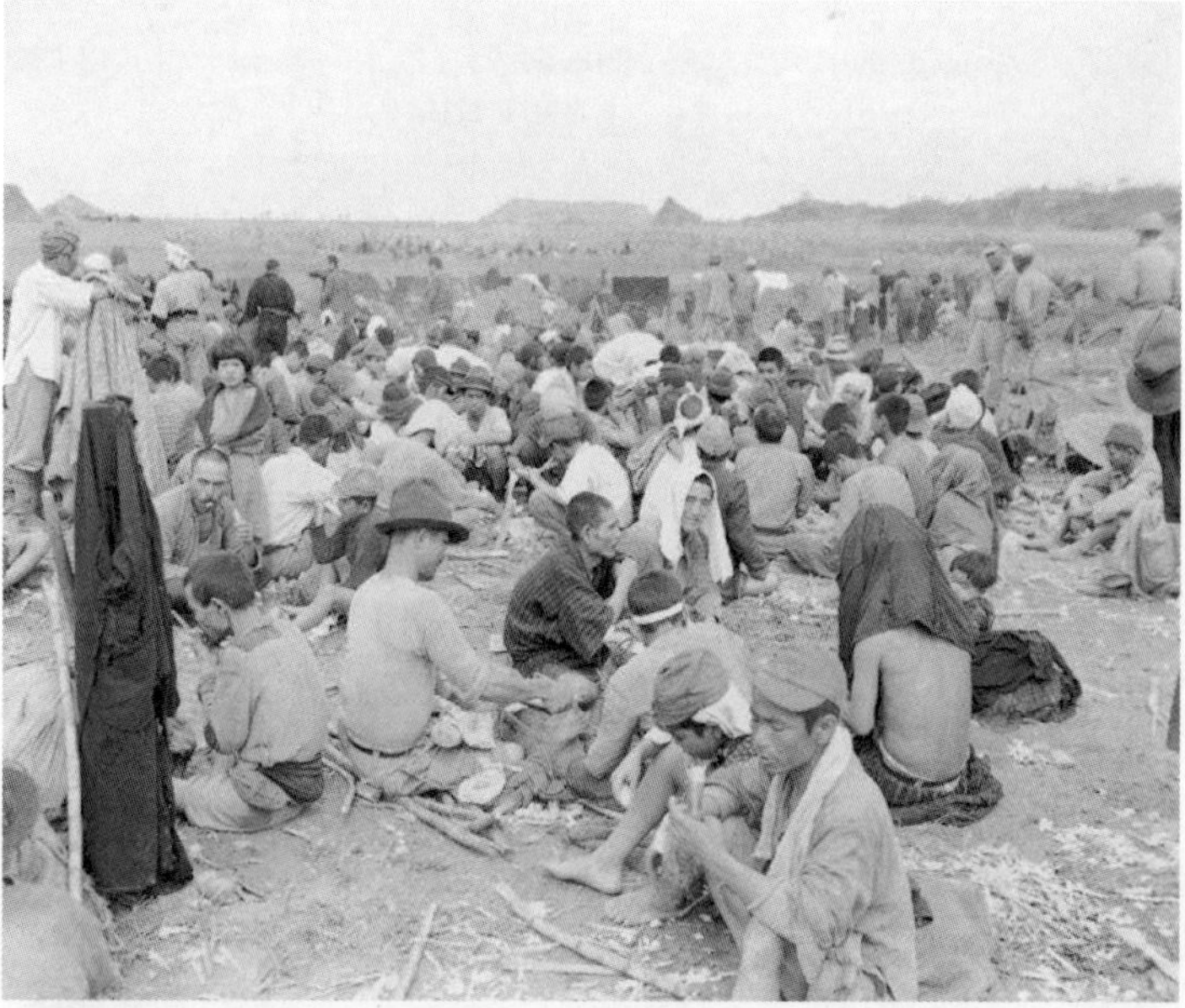

沖縄戦終盤、現在の豊見城市に設置された伊良波収容所=1945年6月20日（沖縄県公文書館所蔵）

に乗《の》せました。

《収容所《しゅうようじょ》に連《つ》れて行《い》かれましたが、ここでつらい別《わか》れと思《おも》わぬ再会《さいかい》をします》

乗《の》せられたトラックで豊見城《とみぐすく》の伊良波《いらは》収容所《しゅうようじょ》に連《つ》れて行《い》かれました。

うちなーんちゅのおじいが「けが人《にん》や病人《びょうにん》はトラックに乗《の》るように」と声《こえ》を掛《か》けていました。ミサ子《こ》はガスを吸《す》ったためか、体《からだ》に力《ちから》が入《はい》っていませんでした。病気《びょうき》に見《み》えたのか、トラックに乗《の》せられ、どこかに連《つ》れて行《い》かれました。それ以降《いこう》、会《あ》えていません。

私《わたし》と祖母《そぼ》はその日《ひ》のうちに現在《げんざい》の北中城村《きたなかぐすくそん》にある収容《しゅうよう》所《じょ》へ行《い》きました。シラミがいっぱいいたので男《おとこ》も女《おんな》もみんな

沖縄本島における沖縄戦と金城ハツさんの歩み

（●は金城さんの出来事）

1938年8月	●兼城村（現在の糸満市賀数の辺り）で金城ハツさん（旧姓照屋）が生まれる
1941年12月8日	太平洋戦争が始まる
1944年8月22日	疎開学童らを乗せた対馬丸が鹿児島県の悪石島付近で米潜水艦から魚雷攻撃を受け、沈没。
10月10日	沖縄を含む南西諸島の主要な島々を狙い、米軍が初めて本格的に空襲した（10･10空襲）
1945年3月26日	米軍が慶良間諸島に上陸
4月1日	米軍が沖縄本島に上陸
6月ごろか	●金城さん一家が住んでいた家に爆弾が落ち、全焼。以降、避難生活が始まる
月日不明	●金城さんが母親に置き去りにされる
月日不明	●米兵につかまり、収容所での生活が始まる
6月22日	第32軍牛島満司令官が摩文仁で自決する（23日の説もある）
6月30日	米軍による沖縄南部における掃討作戦が終了する
7月2日	米軍が沖縄作戦終了を宣言
8月15日	昭和天皇による「玉音放送」で日本がポツダム宣言の受諾を公表する
9月7日	南西諸島の日本軍が嘉手納基地で降伏文書に調印
月日不明	●宜野座村の収容所で姉や叔母と会い、3人で嘉数に戻り、戦後の生活を始める

写真：沖縄県公文書館所蔵

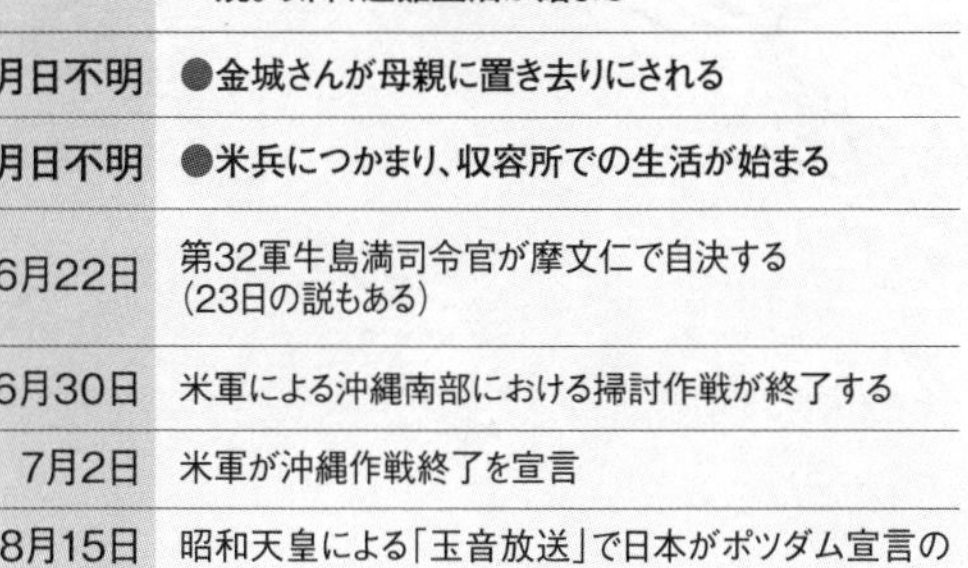

坊主《ぼうず》にされて、DDTをかけられました。

その後《ご》は現在《げんざい》の宜野座村《ぎのざそん》の収容所《しゅうようじょ》で生活《せいかつ》していました。祖母《そぼ》のおなかが次第《しだい》に膨《ふく》らんでいき、死《し》んでしまいました。今思《いまおも》えば、栄養失調《えいようしっちょう》だったのかもしれません。祖母《そぼ》の遺体《いたい》はとても深《ふか》い穴《あな》に埋《う》めました。

祖母《そぼ》が亡《な》くなり、1人《ひとり》になったことが怖《こわ》くなりました。そんな時《とき》にその収容所《しゅうようじょ》で日本兵《にほんへい》に言《い》われて弟《おとうと》の秀信《ひでのぶ》と一緒《いっしょ》に壕《ごう》を出《で》た姉《あね》のフミと再会《さいかい》しました。秀信《ひでのぶ》は逃《に》げる途中《とちゅう》で亡《な》くなったと聞《き》かされました。この収容所《しゅうようじょ》には私《わたし》の叔母《おば》もおり、数《すう》カ月後《げつご》に3人《にん》で賀数《かかず》へ帰《かえ》り、戦後《せんご》の生活《せいかつ》を始《はじ》めました。

母に置き去りにされた

《戦後《せんご》、沖縄戦《おきなわせん》を振《ふ》り返《かえ》る金城《きんじょう》さんは、母親《ははおや》がどのような思《おも》いで自分《じぶん》を戦場《せんじょう》に置《お》き去《ざ》りにしたのかを考《かんが》えます。そして、妹《いもうと》・ミサ子《こ》さんの安否《あんぴ》を今《いま》も気《き》にし続《つづ》けています》

戦後《せんご》、フミ以外《いがい》の家族《かぞく》と会《あ》うことはありませんでした。


母《はは》が私《わたし》たちを置《お》き去《ざ》りにしたことはそのまま家族《かぞく》が一緒《いっしょ》にいて一家全滅《いっかぜんめつ》するよりは、長男《ちょうなん》だけでも生《い》きてほしいという思《おも》いがあったのかもしれません。

戦争《せんそう》が終《お》わって、結婚《けっこん》して子《こ》どもにも恵《めぐ》まれました。孫《まご》はアメリカに住《す》んでいます。孫《まご》は自分《じぶん》で沖縄戦《おきなわせん》のことを調《しら》べ、私《わたし》の体験《たいけん》を聞《き》き、遺骨収集《いこつしゅうしゅう》に一緒《いっしょ》に行《い》ったりしました。

その際《さい》に、私《わたし》の家族《かぞく》の手掛《てが》かりになるものがないかと探《さが》す

メモ　伊良波収容所

沖縄戦終盤《おきなわせんしゅうばん》に米軍《べいぐん》が設置《せっち》、主《おも》に本島南部《ほんとうなんぶ》の激戦地《げきせんち》で捕《と》らえられた人々《ひとびと》が最初《さいしょ》に送《おく》られた収容所《しゅうようじょ》です。

簡易《かんい》な金網《かなあみ》で囲《かこ》まれ多数《たすう》のテントが立《た》ち並《なら》ぶ収容所《しゅうようじょ》には主《おも》に民間人《みんかんじん》が送《おく》り込《こ》まれました。取《と》り調《しら》べを受《う》けた後《のち》、傷《きず》の有無《うむ》、性別《せいべつ》、軍人《ぐんじん》か民間人《みんかんじん》か否《いな》かに選《え》り分《わ》けられ収容《しゅうよう》されました。

検査《けんさ》や尋問《じんもん》、応急手当《おうきゅうてあて》などを受《う》けた後《のち》、数時間《すうじかん》から数日《すうじつ》という短《みじか》い収容期間《しゅうようきかん》の後《のち》、民間人《みんかんじん》だと本島中部《ほんとうちゅうぶ》の野嵩《のだけ》・安谷屋《あだにや》・越来《ごえく》などの各収容所《かくしゅうようじょ》へ、軍人《ぐんじん》の場合《ばあい》は金武《きん》の屋嘉《やか》収容所《しゅうようじょ》などへと再《ふたた》び移送《いそう》されました。

こともあります。
最後《さいご》まで一緒《いっしょ》に逃《に》げていたミサ子《こ》のことは忘《わす》れたことは
ありません。今《いま》でも生《い》きていると思《おも》っています。どこかで私《わたし》
のことを知《し》ったら連絡《れんらく》してほしいと思《おも》っています。

—聞いて学んだ—

想像できない悲惨さ

屋我龍緯さん(寄宮中3年)

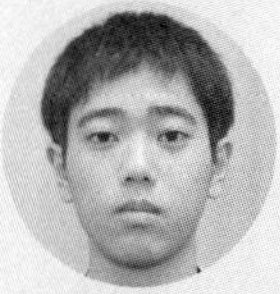

金城《きんじょう》さんの体験談《たいけんだん》は、爆弾《ばくだん》により大《おお》きな家《いえ》が一瞬《いっしゅん》で吹《ふ》き飛《と》ばされたり、母親《ははおや》のカメさんの太《ふと》ももを弾《たま》が貫通《かんつう》したり、隠《かく》れていた防空壕《ぼうくうごう》に毒《どく》ガスをまかれたりと悲惨《ひさん》な内容《ないよう》でした。さらに身近《みぢか》で家族《かぞく》が死《し》んでいくことなどは想像《そうぞう》することすらできませんでした。

金城《きんじょう》さんの話《はなし》を聞《き》いて、僕《ぼく》たちが当《あ》たり前《まえ》に生活《せいかつ》できていることや今《いま》生《い》きていることに感謝《かんしゃ》をしなければならないと強《つよ》く思《おも》いました。

戦争学び　伝えたい

津波璃子さん(寄宮中3年)

金城《きんじょう》ハツさんのお話《はなし》を聞《き》いて、私《わたし》がもしその戦禍《せんか》の中《なか》で生《い》きていたら絶対《ぜったい》に耐《た》えきれなかったと思《おも》います。ハツさんは母《はは》からなにも言《い》われることなく、壕《ごう》の中《なか》で起《お》きたら置《お》き去《ざ》りにされていました。私《わたし》は親《おや》から捨《す》てられるということほど悲《かな》しいことはないと思《おも》いました。

当《あ》たり前《まえ》のように食事《しょくじ》ができて、親《おや》がいるという私《わたし》たちが日常《にちじょう》と感《かん》じている生活《せいかつ》を壊《こわ》す戦争《せんそう》という恐《おそ》ろしい争《あらそ》いを繰《く》り返《かえ》さないために、沖縄《おきなわ》でもそういう過去《かこ》があったことを学《まな》び、知《し》り、伝《つた》えていくことが大《たい》切《せつ》だと感《かん》じました

—記者も学んだ—

別《べつ》の取材《しゅざい》で初《はじ》めて金城《きんじょう》さんとお会《あ》いした時《とき》、「沖縄戦《おきなわせん》の時《とき》、私《わたし》は母親《ははおや》に置《お》き去《ざ》りにされたんだよ」と語《かた》っていたのが印象《いんしょう》に残《のこ》っていました。置《お》き去《ざ》りにしたのは一家全滅《いっかぜんめつ》を免《まぬか》れたいという思《おも》いがあったようです。母親《ははおや》にとって苦渋《くじゅう》の選択《せんたく》だったかもしれません。しかし、金城《きんじょう》さんにとってはつらい体験《たいけん》となり、今《いま》も簡単《かんたん》には言《い》い表《あらわ》せません。

戦争《せんそう》はさまざまなものを壊《こわ》していくが、中《なか》でも人《ひと》との関係《かんけい》を壊《こわ》していったものだと改《あらた》めて考《かんが》えさせられました。　(屋嘉部《やかぶ》長将《ちょうしょう》、27歳《さい》)

金武町《きんちょう》に住《す》む山川信子《やまかわのぶこ》さんはフィリピンのミンダナオ島《とう》で生《う》まれました。太平洋戦争《たいへいようせんそう》の開戦前《かいせんまえ》、両親《りょうしん》と別《わか》れて金武村伊芸区《きんそんいげいく》（現在《げんざい》の金武町《きんちょう》）で暮《く》らすようになり、沖縄戦《おきなわせん》を１人《ひとり》で生《い》き延《の》びました。両親《りょうしん》と妹《いもうと》２人《ふたり》はフィリピンで亡《な》くなり、再会《さいかい》はかないませんでした。戦後《せんご》も孤独《こどく》の中《なか》で生《い》きた山川《やまかわ》さんの体験《たいけん》を、金武《きん》町立《ちょうりつ》金武《きん》中学校《ちゅうがっこう》３年《ねん》の宮城龍英《みやぎたつひで》さん（14）と宮城《みやぎ》マリヤさん（15）が聞《き》きました。

親と離れ戦禍生き延びる

《山川《やまかわ》さんは１９３２年《ねん》、米統治下《べいとうちか》だったフィリピンミンダナオ島《とう》ダバオで生《う》まれました。両親《りょうしん》は現地《げんち》に工場《こうじょう》を持《も》ち、バショウから糸《いと》を取《と》って輸出《ゆしゅつ》する事業《じぎょう》を営《いとな》んでいました》

私《わたし》は長女《ちょうじょ》でした。3歳《さい》の頃《ころ》、母《はは》・カマが弟《おとうと》のお産《さん》の時《とき》に亡《な》くなりました。弟《おとうと》は生《う》まれませんでした。5歳《さい》の頃《ころ》、父《ちち》の福《ふく》助《すけ》と一緒《いっしょ》に、母《はは》の遺骨《いこつ》を伊芸《いげい》に持《も》ち帰《かえ》りました。1カ月《げつ》くらい滞在《たいざい》して、ダバオに戻《もど》りました。その時《とき》にホテルで撮《と》った写真《しゃしん》が残《のこ》っています。父《ちち》が写《うつ》った唯一《ゆいいつ》の写真《しゃしん》です。後《のち》に母《はは》となるウタも一緒《いっしょ》に写《うつ》っています。

37年《ねん》に父《ちち》は再婚《さいこん》し、妹《いもうと》のトモ子《こ》が生《う》まれました。2年後《ねんご》、私《わたし》は父《ちち》の親友《しんゆう》と伊芸《いげい》に戻《もど》ります。7歳《さい》でした。父《ちち》からは、1人暮《ひとりぐ》らしの祖母《そぼ》の面倒《めんどう》を見《み》るよう頼《たの》まれました。「自分《じぶん》たちは後《あと》で帰《かえ》るから」と言《い》って。思《おも》い出《だ》したくもないです。下《した》の妹《いもうと》の敏子《よしこ》はその翌年《よくねん》に生《う》まれたので、私《わたし》は顔《かお》も知《し》りません。

《山川《やまかわ》さんは帰国後《きこくご》、伊芸《いげい》の祖母《そぼ》の家《いえ》や伯父《おじ》の元《もと》で暮《く》らします。小学校《しょうがっこう》に入《はい》りましたが、ほとんど学校《がっこう》には行《い》かず、子守《こもり》をしたり、畑《はたけ》で芋《いも》や麦《むぎ》などを作《つく》ったりしました。44年《ねん》10月《がつ》10日《とおか》、米軍《べいぐん》による大規模《だいきぼ》な空襲《くうしゅう》がありました。「10・10空襲《くうしゅう》」です。山川《やまかわ》さんの元《もと》にも、戦争《せんそう》の影《かげ》が近《ちか》づいてきました》

婦人会《ふじんかい》も私《わたし》たちも、バケツを持《も》って消火訓練《しょうかくんれん》をしました。

訓練《くんれん》もありました。45年《ねん》4月《がつ》に米《べい》
…きた時《とき》は、自宅近《じたくちか》くの壕《ごう》にいまし
…日本軍《にほんぐん》の部隊《ぶたい》がいました。いま米軍《べいぐん》
…っている所《ところ》は、サトウキビ畑《ばたけ》でした。
…ばるまで子《こ》どもを担《かつ》いで逃《に》げる人《ひと》が
…した。子《こ》どもは「痛《いた》いよー」「痛《いた》いよー」
…うでした。その後《ご》、私《わたし》たちは恩納岳《おんなだけ》に逃《に》
…家族《かぞく》8人《にん》ぐらい入《はい》っていて、ジメジメ
…には白《しろ》いシラミがいっぱいでした。夜《よる》は両親《りょうしん》が恋《こい》しくて泣《な》きました。

恩納岳《おんなだけ》から金武湾《きんわん》を見《み》ると、米軍《べいぐん》の船《ふね》がずらっと並《なら》んでいました。夜《よる》、照明弾《しょうめいだん》が上《あ》がると人《ひと》の影《かげ》が映《うつ》って、機関銃《きかんじゅう》の音《おと》がしました。壕《ごう》から頭《あたま》を出《だ》して、撃《う》たれて亡《な》くなった同年生《どうねんせい》もいました。私《わたし》たちの部落《ぶらく》はそれほど被害《ひがい》がありませんでしたが、家《いえ》は全《すべ》て焼《や》かれて無《な》くなりました。

《45年《ねん》6月《がつ》ごろ、山川《やまかわ》さんは石川《いしかわ》の収容…
た。しかし、すぐに逃《に》げ出《だ》しま…

日系《にっけい》の米…

売上カード
書名・著者名 未来に伝える沖縄戦⑧
発行所名 琉球新報社
発売所 (有)琉球プロジェクト
定価:本体1,500円+税
地方小出版流通センター取扱店
補充注文カード

地方小出
貴店名（帖合

書名・著書名
発行所名
琉球新報社
未来に伝える沖縄戦⑧

ISBN978-4-86764-020-3
C003

たので、再《ふたた》び
壕に

ある日《ひ》、ついに米軍《べいぐん》が黄《おう》リン弾《だん》を壕《ごう》の中《なか》に投《な》げ込《こ》んできま

な体をした米兵の姿《すがた》が見《み》えました。

たちは学校《がっこう》に

家族がいるのは「幸せ」

《多《おお》くの犠牲者《ぎせいしゃ》を出《だ》した沖縄戦《おきなわせん》は終結《しゅうけつ》しました。7歳《さい》

《3月《がつ》から約《やく》3カ月

兵がいないと

して以来、山川《やまかわ》さんはフィリピン
音信《おんしん》不通《ふつう》でした。敗戦後《はいせんご》、フィリピンから引《ひ》き揚
てくる人《ひと》が現《あらわ》れました》

待《ま》っても待《ま》っても、両親《りょうしん》は帰《かえ》ってこない。46年《ねん》ごろ、フィリピンからの引《ひ》き揚《あ》げ者《しゃ》に聞《き》きました。そうしたら、「亡《な》くなった」と。まさか亡《な》くなっているとは思《おも》っていませんでした。何《なん》とも言《い》えないですよ。言葉《ことば》で表《あらわ》しきれないさみしさ。

わら人形《にんぎょう》を竹《たけ》やりで刺《さ》す訓練《くんれん》もありました。45年《ねん》4月《がつ》に米《べい》軍《ぐん》が沖縄本島《おきなわほんとう》に上陸《じょうりく》してきた時《とき》は、自宅近《じたくちか》くの壕《ごう》にいました。金武村《きんそん》の公民館《こうみんかん》には日本軍《にほんぐん》の部隊《ぶたい》がいました。いま米軍《べいぐん》のキャンプ・ハンセンになっている所《ところ》は、サトウキビ畑《ばたけ》でした。

夜道《よみち》、島尻《しまじり》からやんばるまで子《こ》どもを担《かつ》いで逃《に》げる人《ひと》がいました。はだしでした。子《こ》どもは「痛《いた》いよー」「痛《いた》いよー」と言《い》って、かわいそうでした。その後《ご》、私《わたし》たちは恩納岳《おんなだけ》に逃《に》げました。壕《ごう》の中《なか》は1家族《かぞく》8人《にん》ぐらい入《はい》っていて、ジメジメして暑《あつ》かった。服《ふく》の縫《ぬ》い目《め》には白《しろ》いシラミがいっぱいでした。夜《よる》は両親《りょうしん》が恋《こい》しくて泣《な》きました。

山川信子さん(85)

戦時中米軍から身を隠した出来事を語る山川信子さん＝金武町金武

恩納岳《おんなだけ》から金武湾《きんわん》を見《み》ると、米軍《べいぐん》の船《ふね》がずらっと並《なら》んでいました。夜《よる》、照明弾《しょうめいだん》が上《あ》がると人《ひと》の影《かげ》が映《うつ》って、機関銃《きかんじゅう》の音《おと》がしました。壕《ごう》から頭《あたま》を出《だ》して、撃《う》たれて亡《な》くなった同《どう》年生《ねんせい》もいました。私《わたし》たちの部落《ぶらく》はそれほど被害《ひがい》がありませんでしたが、家《いえ》は全《すべ》て焼《や》かれて無《な》くなりました。

《45年《ねん》6月《がつ》ごろ、山川《やまかわ》さんは石川《いしかわ》の収容所《しゅうようじょ》に入《はい》りました。しかし、すぐに逃《に》げ出《だ》しました》

日系《にっけい》の米軍人《べいぐんじん》だったと思《おも》いますが、日本語《にほんご》で「民間人《みんかんじん》は出《で》てきなさい」と言《い》われて、壕《ごう》から出《で》て行《い》きました。伊芸部《いげいぶ》落《らく》の人《ひと》は、みんな石川《いしかわ》の収容所《しゅうようじょ》に入《い》れられました。親戚《しんせき》らも一緒《いっしょ》でした。米兵《べいへい》は「ヒージャーミー」(ヤギの目《め》のような青《あお》い目《め》)をしてて、背《せ》が高《たか》くて怖《こわ》かった。

部落《ぶらく》の人《ひと》と一緒《いっしょ》に石川《いしかわ》の収容所《しゅうようじょ》から逃《に》げて、伊芸《いげい》に戻《もど》りました。7月《がつ》ごろ、今度《こんど》は宜野座《ぎのざ》の収容所《しゅうようじょ》に入《はい》りました。半《はん》年《とし》ほどして伊芸《いげい》に戻《もど》ると、テントがあって、配給《はいきゅう》を受《う》けながらテント生活《せいかつ》をしました。テントは米軍《べいぐん》のお下《さ》がりで、一《ひと》つのテントで1～2家族《かぞく》が共同生活《きょうどうせいかつ》しました。私《わたし》はおじさんら6人《にん》と一緒《いっしょ》に暮《く》らしました。

その頃《ころ》、マラリアにかかりました。高熱《こうねつ》で体《からだ》がガタガタ震《ふる》えて、引《ひ》きつったみたいになりました。氷《こおり》もないから、近《ちか》くの川《かわ》に入《はい》って体《からだ》を冷《ひ》やしてました。1週間《しゅうかん》震《ふる》え続《つづ》けて、ようやく落《お》ち着《つ》きました。本当《ほんとう》に怖《こわ》かった。当時《とうじ》は病院《びょういん》が無《な》く、マラリアで亡《な》くなった人《ひと》がたくさんいました。

食事《しょくじ》は米軍《べいぐん》の配給《はいきゅう》で、メリケン粉《こ》がありました。それでソバを作《つく》ったり、団子《だんご》を作《つく》ったりして食《た》べました。米《こめ》はありません。おなかはいつもすいていましたけど、山《やま》の中《なか》の壕《ごう》にいた時《とき》よりはましでした。壕《ごう》の中《なか》は1日《にち》1食《しょく》で、おにぎり1個《こ》だけ。食料《しょくりょう》を兵隊《へいたい》にあげないといけなかったんです。米《べい》兵《へい》に見《み》つかるから、火《ひ》も使《つか》えなかった。

伊芸《いげい》ではその後《ご》、ゆいまーるで家《いえ》を作《つく》りました。女性《じょせい》は屋根《やね》に使《つか》うカヤを、山《やま》で刈《か》って来《き》ました。私《わたし》は13歳《さい》でしたが、大人《おとな》と一緒《いっしょ》に働《はたら》きました。周《まわ》りの子《こ》どもたちは学校《がっこう》に戻《もど》ったのに…。毎日《まいにち》、つらかった。

家族がいるのは「幸せ」

《多《おお》くの犠牲者《ぎせいしゃ》を出《だ》した沖縄戦《おきなわせん》は終結《しゅうけつ》しました。7歳《さい》で帰国《きこく》して以来《いらい》、山川《やまかわ》さんはフィリピンにいる両親《りょうしん》と音信不通《おんしんふつう》でした。敗戦後《はいせんご》、フィリピンから引《ひ》き揚《あ》げてくる人《ひと》が現《あらわ》れました》

5歳ごろの山川信子さん（前列左）。父の池原福助さん（後列右）や母のウタさん（中列の真ん中）と撮った唯一の写真だ＝1937年ごろ、フィリピン・ダバオ（山川さん提供）

待《ま》っても待《ま》っても、両親《りょうしん》は帰《かえ》ってこない。46年《ねん》ごろ、フィリピンからの引《ひ》き揚《あ》げ者《しゃ》に聞《き》きました。そうしたら、「亡《な》くなった」と。まさか亡《な》くなっているとは思《おも》っていませんでした。何《なん》とも言《い》えないですよ。言葉《ことば》で表《あらわ》しきれないさみしさ。

自分一人《じぶんひとり》になった。泣《な》き叫《さけ》びました。

親《おや》きょうだいがいるのは、とっても幸《しあわ》せです。助《たす》け合《あ》いができる。味方《みかた》になってくれる人《ひと》もいる。一人《ひとり》だと、いじめられても行《い》くところがない。かばってくれる人《ひと》もいない。つらくて、自殺《じさつ》しようと海《うみ》に行《い》ったこともありました。

《金武町史《きんちょうし》や山川《やまかわ》さんの戸籍《こせき》によると、父《ちち》は45年《ねん》6月《がつ》5日《いつか》、ミンダナオ島《とう》ダバオのタモガンで戦死《せんし》しました。母《はは》と2人《ふたり》の妹《いもうと》は、その2カ月後《げつご》の8月5日《がついつか》、同《おな》じタモガンで亡《な》くなっていました。どのように亡《な》くなったのか、詳《くわ》しいことは今《いま》も分《わ》かりません》

両親《りょうしん》はフィリピンで再婚《さいこん》して、戸籍《こせき》を作《つく》りました。敗《はい》戦後《せんご》、私《わたし》は小《ちい》さかったので、死亡届《しぼうとどけ》を出《だ》していませんでし

フィリピン、沖縄本島における戦争と山川信子さんのあゆみ

（●は山川信子さんに関連する出来事）

1932年5月9日	●フィリピンのミンダナオ島ダバオで山川信子さんが生まれる
1937年初め頃	●母の遺骨を持って、山川さんが父・福助さんらといったん沖縄へ
3月末	●山川さんが父らとフィリピンに戻る。父はウタさんと再婚
1939年	●山川さんが1人沖縄に戻り、金武村伊芸で暮らし始める
1941年12月8日	太平洋戦争勃発。日本軍がフィリピンに進攻する
1942年1月2日	日本軍がフィリピンのマニラを占領する
1945年2月3日	米軍がマニラ進出
4月1日	米軍が沖縄本島中部に上陸する
4月5日	米軍、金武村に進攻

6月頃？	●山川さんらが石川収容所に入る。間もなく脱走する

6月5日	●父がフィリピンで死亡
7月頃？	●山川さんが宜野座の収容所に入る
8月5日	●母と妹2人もフィリピンで死亡

写真：沖縄県公文書館所蔵

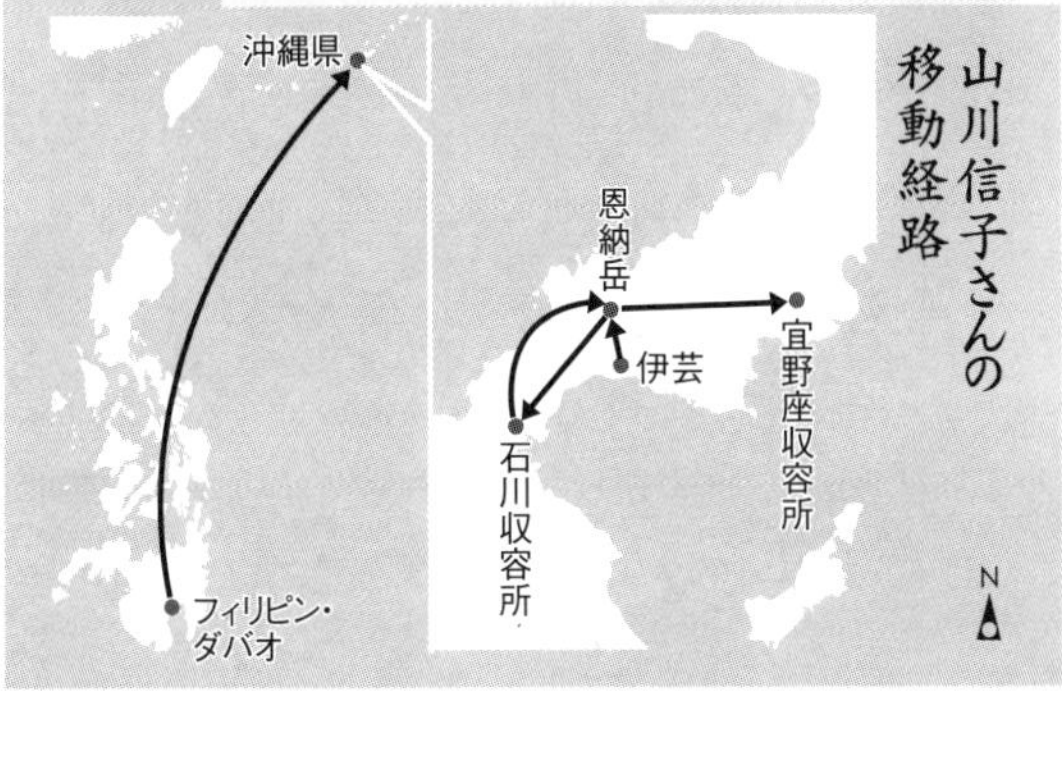

た。そのせいか、私《わたし》の戸籍《こせき》に母《はは》と妹《いもうと》が載《の》っていませんでした。（沖縄戦《おきなわせん》で亡《な》くなった人《ひと》の名前《なまえ》を刻《きざ》む）糸満市《いとまんし》の平和《へいわ》の礎《いしじ》には、両親《りょうしん》といとこの名前《なまえ》はありますが、妹2人《いもうとふたり》の名前《なまえ》はありません。

裁判所《さいばんしょ》に戸籍《こせき》の訂正《ていせい》を申《もう》し立《た》てて、今年《ことし》（2017年《ねん》）11月《がつ》に認《みと》められました。戦後《せんご》72年《ねん》たって、ようやく母《はは》と妹《いもうと》の名前《なまえ》が戸籍《こせき》に載《の》りました。平和《へいわ》の礎《いしじ》にも名前《なまえ》を刻《きざ》んでもらえるよう、県《けん》に申請《しんせい》しました。戦争《せんそう》を始《はじ》めたのは国《くに》です。戦争《せんそう》が終《お》わってから、国民《こくみん》を放《ほ》ったらかしにせずに国《くに》が調査《ちょうさ》してくれていたらと、つくづく思《おも》います。

《1991年《ねん》9月《がつ》、山川《やまかわ》さんは52年《ねん》ぶりにフィリピンを訪《おとず》れました。両親《りょうしん》や妹《いもうと》の供養《くよう》の旅《たび》です。7歳《さい》だった少女《しょうじょ》は還暦目前《かんれきもくぜん》となっていました》

昔《むかし》住《す》んでいた所《ところ》は山《やま》になっていて、何《なん》の面影《おもかげ》もありませんでした。ダバオにある日本人《にほんじん》慰霊碑《いれいひ》の前《まえ》で「長《なが》いこと来《こ》れなくてごめんね」と手《て》を合《あ》わせました。今《いま》も毎晩《まいばん》、どんなに遅《おそ》い時間《じかん》になっても、仏壇《ぶつだん》の前《まえ》で拝《おが》んでから寝《ね》ます。「お父《とう》さん、お母《かあ》さん、ウタお母《かあ》さん、トモ子《こ》さん、敏子《よしこ》さん、今日《きょう》も1日《にち》、無事《ぶじ》に終《お》わりました。見守《みまも》ってくれてありがとう」って。

親《おや》きょうだいがいなくて、戦後苦労《せんごくろう》しました。子《こ》ども7人《にん》を育《そだ》てて、今《いま》は孫《まご》17人《にん》、ひ孫《まご》も15人《にん》います。40歳《さい》からキャンプ・ハンセンで働《はたら》いて、今《いま》も続《つづ》けています。米兵《べいへい》に「家族《かぞく》を戦争《せんそう》で亡《な》くした」と言《い》うと、「アイムソーリー《ごめんなさい》」と言《い》ってくれます。私《わたし》は、親《おや》を恨《うら》んではいません。戦争《せんそう》を恨《うら》んでいます。話《はな》し合《あ》いで解決《かいけつ》して、二度《にど》と戦争《せんそう》を起《お》こさないでください。

メモ　金武の移民と戦没者

1931年《ねん》の満州事変《まんしゅうじへん》から46年《ねん》までに、金武村《きんそん》（現在《げんざい》の金武町《きんちょう》）出身《しゅっしん》の戦没者《せんぼつしゃ》は計《けい》1503人《にん》に上《のぼ》ります。亡《な》くなった場所《ばしょ》は、フィリピンが最《もっと》も多《おお》い489人《にん》で全体《ぜんたい》の32.5%、県内《けんない》（村内《そんない》を除《のぞ》く）が343人《にん》で22.8%、南洋群島《なんようぐんとう》が219人《にん》で14.6%でした。金武村《きんそん》は「移民村《いみんそん》」と言《い》われ、戦前《せんぜん》に多《おお》くの移民《いみん》を送《おく》り出《だ》しました。フィリピンは延《の》べ1100人《にん》、南洋群島《なんようぐんとう》には延《の》べ310人《にん》が渡《わた》りました。いずれも太平洋戦争《たいへいようせんそう》の激戦地《げきせんち》で、移民《いみん》の多《おお》さと渡航先《とこうさき》の関係《かんけい》から、金武村《きんそん》は海外移住地《かいがいいじゅうち》での犠牲者《ぎせいしゃ》が多《おお》かったのです。（参考《さんこう》「金武町史《きんちょうし》」）

—聞いて学んだ—

金武から平和発信

宮城龍英さん（金武中3年）

改《あらた》めて戦争《せんそう》の悲惨《ひさん》さ、恐《おそ》ろしさを実感《じっかん》しました。山川信子《やまかわのぶこ》さんはフィリピン戦《せん》で両親姉妹《りょうしんしまい》が犠牲《ぎせい》になり、一人《ひとり》で沖縄戦《おきなわせん》を生《い》き延《の》びました。食事《しょくじ》は1日《にち》1食《しょく》で夜《よる》はお墓《はか》に隠《かく》れて過《す》ごしました。

戦後《せんご》も苦労《くろう》は続《つづ》き、仕事《しごと》を見《み》つけるのが大変《たいへん》でした。山川《やまかわ》さんは命《いのち》からがらに逃《に》げ延《の》びましたが、私《わたし》たちと同世代《どうせだい》の多《おお》くの命《いのち》が犠牲《ぎせい》になったことを思《おも》うと、大変《たいへん》つらく悲《かな》しいです。お話《はなし》を私《わたし》たちがしっかり受《う》け止《と》め、金武町《きんちょう》から平和《へいわ》を発信《はっしん》したいと強《つよ》く感《かん》じました。

「今、大切に」胸に

宮城マリヤさん（金武中3年）

平和《へいわ》とは、今《いま》このように幸《しあわ》せに過《す》ごせていることを言《い》うのだと感《かん》じました。

「アイムソーリー」。基地《きち》で働《はたら》いていた山川信子《やまかわのぶこ》さんに、米兵《べいへい》が掛《か》けた言葉《ことば》です。戦争《せんそう》で家族《かぞく》を亡《な》くした山川《やまかわ》さんにとって、救《すく》いになった言葉《ことば》でした。

山川《やまかわ》さんの家族《かぞく》を思《おも》う気持《きも》ちは強《つよ》く、平和《へいわ》な沖縄《おきなわ》で生《い》きている私《わたし》たちに「今《いま》を大切《たいせつ》に過《す》ごしてください」とエールを送《おく》ってくれました。山川《やまかわ》さんの言葉《ことば》を胸《むね》に、沖縄戦《おきなわせん》についてこれからもしっかり学《まな》んでいきたい、と心《こころ》に刻《きざ》みました。

—記者も学んだ—

12月下旬《がつげじゅん》、3回目《かいめ》の取材《しゅざい》の時《とき》だった。居間《いま》に健康器具《けんこうきぐ》が見《み》えた。山川信子《やまかわのぶこ》さんは「毎日《まいにち》、使《つか》ってますよ」と笑《わら》い、腹筋《ふっきん》を始《はじ》めた。とても85歳《さい》とは思《おも》えない、俊《しゅん》敏《びん》で力強《ちからづよ》い動《うご》きだった。

フィリピンで生《い》き別《わか》れた家族《かぞく》を語《かた》る時《とき》、山川《やまかわ》さんは小《ちい》さな体《からだ》をぎゅっと縮《ちぢ》めた。言葉《ことば》は途切《とぎ》れ、苦《くる》しそうな表情《ひょうじょう》を見《み》せた。計《けい》9時間《じかん》に及《およ》んだ取材中《しゅざいちゅう》、「戦争《せんそう》とは」という言葉《ことば》を何度《なんど》も発《はっ》した。しかし、その後《ご》が続《つづ》かない。敗戦《はいせん》から72年《ねん》。あの体《からだ》、あの表情《ひょうじょう》が「戦争《せんそう》」を語《かた》っていたと思《おも》う。（真崎裕史《まっさきひろし》、36歳《さい》）

兼城国民学校4年・9歳／金城正篤さん(82)

兼城村《かねぐすくそん》（現糸満市《げんいとまんし》）潮平《しおひら》で生《う》まれ育《そだ》った金城正篤《きんじょうせいとく》さんは、戦時色《せんじしょく》が色濃《いろこ》くなる社会《しゃかい》の中《なか》で幼少期《ようしょうき》を過《す》ごしました。沖縄戦時《おきなわせんじ》は小学校《しょうがっこう》４年生《ねんせい》。米軍《べいぐん》の攻撃《こうげき》から逃《のが》れるため、潮平区民《しおひらくみん》と共《とも》に地域《ちいき》のガマ「潮平権現《しおひらごんげん》壕《ごう》」に避難《ひなん》します。子《こ》どもの目《め》から見《み》た沖縄戦《おきなわせん》の様子《ようす》や当時《とうじ》の思《おも》いを、糸満市立潮平中学校《いとまんしりつしおひらちゅうがっこう》１年《ねん》の呉屋《ごや》ひよりさん（13）と上原頼《うえはららい》さん（12）が聞《き》きました。

日本軍接収、学びや失う

《金城《きんじょう》さんは１９４１年《ねん》４月《がつ》に兼城国民学校《かねぐすくこくみんがっこう》に入学《にゅうがく》しました。この年《とし》、小学校《しょうがっこう》は「国民学校《こくみんがっこう》」に名前《なまえ》が変《か》わり、個人《こじん》よりも国家《こっか》に価値《かち》を置《お》く教育《きょういく》がいっそう推《お》し進《すす》められます。同年《どうねん》12月《がつ》には日本軍《にほんぐん》がハワイ真珠《しんじゅ》湾《わん》を攻撃《こうげき》し、太平洋戦争《たいへいようせんそう》が始《はじ》まりました》

日本軍《にほんぐん》が真珠湾《しんじゅわん》を攻撃《こうげき》した時《とき》、国民《こくみん》はお祝《いわ》いムードでした。僕《ぼく》らもちょうちんをぶら下《さ》げてお祝《いわ》いしました。その頃《ころ》、私《わたし》たちが学校《がっこう》で使《つか》っていた教科書《きょうかしょ》には「ヘイタイサンススメススメ」と書《か》かれていました。今《いま》の子《こ》どもたちにはそれぞれ夢《ゆめ》があると思《おも》いますが、私《わたし》たちの時代《じだい》の男《おとこ》の子《こ》の夢《ゆめ》は「兵隊《へいたい》さんになる」。それが模範解答《もはんかいとう》でした。

当時《とうじ》、弁当時間《べんとうじかん》になると子《こ》どもたちは声《こえ》をそろえて「箸《はし》取《と》らば　天地御代《あめつちみよ》の御恵《おんめぐ》み　君《きみ》や親《おや》の御恩味《ごおんあじ》わえ」と、先生《せんせい》に教《おし》えられた言葉《ことば》を唱《とな》えました。「箸《はし》を取《と》る時《とき》には天《てん》皇陛下《のうへいか》と両親《りょうしん》の恩《おん》を感《かん》じていただきなさい」という意味《いみ》です。今《いま》の時代《じだい》から見《み》ると変《へん》な風景《ふうけい》かもしれませんね。

このように沖縄《おきなわ》にも少《すこ》しずつ戦争《せんそう》の気配《けはい》が近《ちか》づいていましたが、幼《おさな》い僕《ぼく》は世《よ》の中《なか》の動《うご》きがよく分《わ》からず、無邪気《むじゃき》に友人《ゆうじん》たちと遊《あそ》んでいました。

しかし、「戦争《せんそう》が近《ちか》い」とはっきりと感《かん》じたのは、沖縄《おきなわ》に第《だい》32軍《ぐん》が配備《はいび》され、私《わたし》たちが通《かよ》う兼城国民学校《かねぐすくこくみんがっこう》が日本軍《にほんぐん》に接収《せっしゅう》されて兵舎《へいしゃ》になった時《とき》です。私《わたし》たちは学《まな》びやを失《うしな》いました。さらに子《こ》どもたちも軍隊《ぐんたい》に動員《どういん》され、陣地構築《じんちこうちく》に必要《ひつよう》な松《まつ》の木《き》の皮《かわ》はぎを一生懸命《いっしょうけんめい》やりました。幼《おさな》い僕《ぼく》らも戦争《せんそう》に協力《きょうりょく》したわけです。

《1945年《ねん》3月《がつ》23日《にち》。米軍《べいぐん》の攻撃《こうげき》が始《はじ》まると、金城《きんじょう》さんら潮平区民《しおひらくみん》は地域《ちいき》の自然壕《しぜんごう》「潮平権現壕《しおひらごんげんごう》」に避難《ひなん》します。壕《ごう》は約《やく》200メートルほどの長《なが》さで、約《やく》500人《にん》が隠《かく》れることができる大《おお》きさだったといいます》

最初《さいしょ》のうちは米軍《べいぐん》の攻撃《こうげき》の合間《あいま》をぬって、イモを炊《た》きに壕《ごう》から家《いえ》に戻《もど》っていました。皆《みな》さんは鍋《なべ》でイモを炊《た》いたことはありますか。イモを炊《た》くのはものすごく時間《じかん》がかかるんだ。昔《むかし》の農民《のうみん》の家《いえ》には薪《まき》がなく、まだ枯《か》れていない木《き》の枝《えだ》やススキなどを拾《ひろ》って火《ひ》をおこしました。イモを炊《た》いている途中《とちゅう》に空襲警報《くうしゅうけいほう》が鳴《な》ると、生煮《なまに》えのイモを持《も》って大《おお》急《いそ》ぎで壕《ごう》に戻《もど》りました。

金城正篤さん(82)
沖縄戦時の米軍による攻撃の様子を語る金城正篤さん＝糸満市の潮平中学校

攻撃《こうげき》が激《はげ》しくなってくると壕《ごう》の中《なか》で煮炊《にた》きをするようになりました。昼間《ひるま》は煙《けむり》が上《あ》がって米軍《べいぐん》に見《み》つかる恐《おそ》れがあるので夜《よる》に煮炊《にた》きをするのですが、煙《けむり》が壕内《ごうない》に充満《じゅうまん》してもう苦《くる》しくて大変《たいへん》。地面《じめん》の辺《あた》りは煙《けむり》が薄《うす》いので、腹《はら》ばいになってしのぎました。

壕《ごう》は約《やく》200メートルほどの長《なが》さで両側《りょうがわ》に出入《でい》り口《ぐち》がありましたが、煙《けむり》が外《そと》に出《で》ていくには時間《じかん》がかかりました。息苦《いきぐる》しくて耐《た》えられなくなり外《そと》で過《す》ごすこともありましたが、いつ何時《なんどき》、弾《たま》が飛《と》んでくるか分《わ》からないので不安《ふあん》でした。

壕出され、戦場さまよう

《5月初旬《がつしょじゅん》ごろ、数人《すうにん》の日本兵《にほんへい》がやってきて壕《ごう》から出《で》るよう命令《めいれい》しました。その頃《ころ》、米軍《べいぐん》の攻撃《こうげき》は激《はげ》しさを増《ま》しており、地上《ちじょう》はとても危険《きけん》でした。しかし日本軍《にほんぐん》には逆《さか》らえず、住民《じゅうみん》たちは壕《ごう》を出《で》て新《あら》たな避難場所《ひなんばしょ》

を探《さが》し、戦場《せんじょう》をさまよい歩《ある》きます》

ある日《ひ》、日本兵《にほんへい》2、3人《にん》が潮平《しおひら》の壕《ごう》に来《き》てサーベルをちらつかせながら「壕《ごう》から出《で》て行《い》け」と住民《じゅうみん》に命令《めいれい》しました。私《わたし》たちは他《ほか》に避難《ひなん》する場所《ばしょ》がなかったが、仕方《しかた》なくいったん壕《ごう》を出《で》ました。私《わたし》たちは兼城村《かねぐすくそん》の武富《たけとみ》あたりに移動《いどう》しましたが、既《すで》に避難民《ひなんみん》でいっぱいで隠《かく》れる場所《ばしょ》はありません。2日《ふつか》ほどうろうろと戦場《せんじょう》をさまよい歩《ある》きましたが、他《ほか》に行《い》く宛《あ》てがないので潮平《しおひら》の壕《ごう》に戻《もど》りました。戻《もど》った時《とき》には日《に》本兵《ほんへい》はいなくなっていたので、再《ふたた》び壕《ごう》で避難生活《ひなんせいかつ》を続《つづ》けることができました。

《5月下旬《がつげじゅん》から6月初旬《がつしょじゅん》の日本軍《にほんぐん》の撤退《てったい》により、米軍《べいぐん》も本島南部《ほんとうなんぶ》に進攻《しんこう》します。潮平《しおひら》にも米軍《べいぐん》が近《ちか》づいてきました》

私《わたし》たちは米軍《べいぐん》の攻撃《こうげき》の合間《あいま》には外《そと》に出《で》て新鮮《しんせん》な空気《くうき》を吸《す》いました。この頃《ころ》には壕《ごう》の目《め》と鼻《はな》の先《さき》に米軍《べいぐん》がいて、日《ひ》に焼《や》けて真《ま》っ赤《か》な体《からだ》をした米兵《べいへい》の姿《すがた》が見《み》えました。

ある日《ひ》、ついに米軍《べいぐん》が黄《おう》リン弾《だん》を壕《ごう》の中《なか》に投《な》げ込《こ》んできました。どれも壕《ごう》の入《い》り口《ぐち》から4、5メートルほどの場所《ばしょ》に落《お》ちて爆発《ばくはつ》しました。攻撃《こうげき》は2、3回続《かいつづ》きましたが、米兵《べいへい》が壕《ごう》の奥《おく》に入《はい》って来《く》ることはありませんでした。米軍《べいぐん》は壕《ごう》に日本《にほん》兵《へい》がいないということを知《し》っていたんじゃないでしょうか。

米軍の水陸両用トラックで収容所へ送られる民間人たち=1945年4月、場所不明(沖縄県公文書館所蔵)

《3月《がつ》から約《やく》3カ月間《げつかん》にわたり壕《ごう》での避難生活《ひなんせいかつ》が続《つづ》

きましたが、6月中旬《がつちゅうじゅん》になると米兵《べいへい》が壕《ごう》の住民《じゅうみん》に向《む》けて投降《とうこう》を勧告《かんこく》しました》

6月《がつ》ごろ、壕《ごう》の外《そと》から「出《で》てこい、出《で》てこい」という声《こえ》が聞《き》こえてきました。その声《こえ》は今《いま》もよく覚《おぼ》えています。誰《だれ》が最《さい》初《しょ》に壕《ごう》から出《で》たのかは定《さだ》かではないのですが、一説《いっせつ》では耳《みみ》の聞《き》こえないおじいさんがたばこを吸《す》うために外《そと》に出《で》た時《とき》に米軍《べいぐん》に捕《つか》まったそうです。米軍《べいぐん》は住民《じゅうみん》を殺《ころ》さないと分《わ》かったので他《ほか》の住民《じゅうみん》も壕《ごう》から出《で》たという話《はなし》があります。

私《わたし》たちの時代《じだい》は敵《てき》につかまるぐらいなら自決《じけつ》しろと教《おし》えられていました。日本兵《にほんへい》は捕虜《ほりょ》になることを許《ゆる》しませんでしたが、潮平《しおひら》には日本兵《にほんへい》がいなかったので、私《わたし》たちは無事《ぶじ》に壕《ごう》を出《で》ることができました。

住民《じゅうみん》のほとんどが壕《ごう》から出《で》て米兵《べいへい》に捕《つか》まりましたが、

沖縄本島における沖縄戦と金城正篤さんの歩み

（●は金城さんの出来事）

1935年2月	●兼城村潮平（現糸満市）で金城正篤さん生まれる
1941年4月	●金城さん、兼城国民学校に入学。同年に国民学校令が施行され、小学校は国民学校に改称される
12月8日	日本軍がハワイ真珠湾を攻撃。太平洋戦争が始まる
1944年3月22日	第32軍 創設
8月22日	疎開学童を乗せた対馬丸が悪石島付近で撃沈される
10月10日	米軍による沖縄本島や先島への大規模空襲（10・10空襲）。糸満市域では空襲で6人が死亡
1945年3月23日	米軍、沖縄本島を空爆 ●金城さんら潮平区民、字内のガマ「潮平権現壕」に避難
4月1日	米軍が沖縄本島に上陸
5月初旬	●潮平権現壕で日本兵による壕追い出し。その後、日本兵の移動により、区民らは壕に戻る
6月初旬	米軍、潮平権現壕で投降勧告。威嚇のため手榴弾を投げ込む
6月14日	●金城さんら潮平区民、潮平権現壕から投降。潮平区民は中城村安谷屋に移動。同村の収容所で1カ月過ごし、その後、金武村中川の収容所に移る。
11月ごろ	●兼城村への帰村が許可される

写真:沖縄県公文書館所蔵

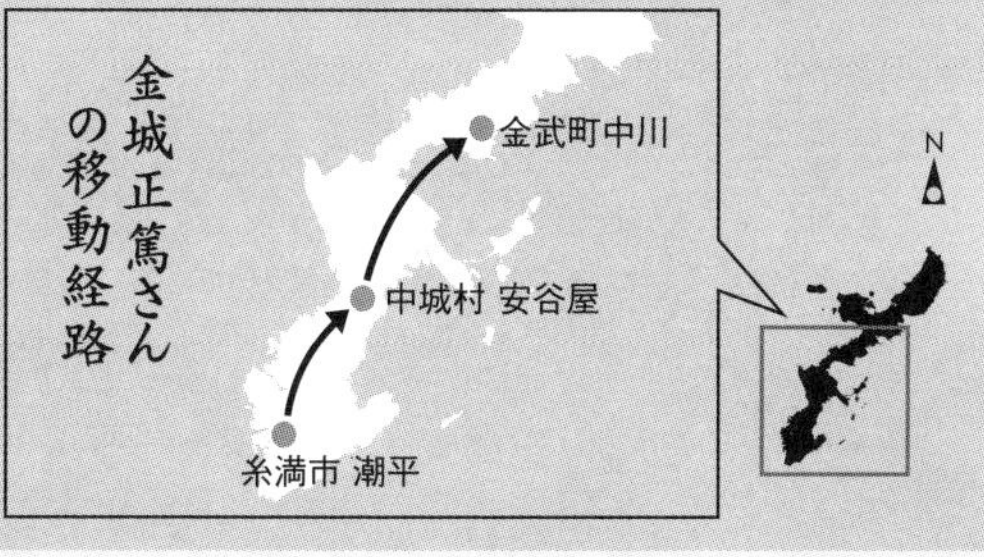

お年寄《としよ》りの1人《ひとり》が忘《わす》れ物《もの》を取《と》りに壕《ごう》に戻《もど》ってしまいました。何《なに》か大事《だいじ》な物《もの》があったのかもしれません。その時《とき》、運悪《うんわる》く逆側《ぎゃくがわ》の入《い》り口《ぐち》から入《はい》った米兵《べいへい》に見《み》つかってお年寄《としよ》りは殺《ころ》されてしまいました。残念《ざんねん》で悲《かな》しい出来事《できごと》です。

当時《とうじ》、暦《こよみ》を持《も》っていたわけではないので幼《おさな》い僕《ぼく》は何月《なんがつ》何日《なんにち》に米軍《べいぐん》に捕《つか》まったのか分《わ》かりませんが、ちょうど壕《ごう》を出《で》た日《ひ》は旧暦《きゅうれき》5月4日《がつよっか》「ユッカヌヒー」の翌日《よくじつ》だったため、大人《おとな》はその日《ひ》をよく覚《おぼ》えていました。新暦《しんれき》の6月《がつ》14日《にち》になります。

壕《ごう》を出《で》た私《わたし》たちは兼城《かねぐすく》十字路《じゅうじろ》あたりに集《あつ》められました。そこにはあちこちの地域《ちいき》住民《じゅうみん》もいました。水陸両用戦車《すいりくりょうようせんしゃ》で沖合《おきあい》に停泊《ていはく》している軍艦《ぐんかん》まで運《はこ》ばれて北谷《ちゃたん》あたりに移動《いどう》し、さらにトラックで中城村《なかぐすくそん》（現北中城村《げんきたなかぐすくそん》）安谷屋《あだにや》の収容所《しゅうようじょ》に行《い》きました。

安谷屋《あだにや》で約《やく》1カ月《げつ》ほど過《す》ごし、金武村《きんそん》（現金武町《げんきんちょう》）中川《なかがわ》の収容所《しゅうようじょ》に移《うつ》りました。そこではかまぼこのような形《かたち》のプレハブに住《す》みました。時々《ときどき》、日本軍《にほんぐん》の敗残兵《はいざんへい》が山《やま》から下《お》りてきて、刀《かたな》をちらつかせながら食料《しょくりょう》を奪《うば》っていきました。子《こ》どもながらに怖《こわ》くてね。彼《かれ》らは米軍《べいぐん》に見《み》つかって銃撃《じゅうげき》されることもあったそうです。

メモ　潮平権現壕

兼城村《かねぐすくそん》（現糸満市《げんいとまんし》）潮平《しおひら》区民《くみん》が沖縄戦時《おきなわせんじ》に避難《ひなん》した自然壕《しぜんごう》です。日本兵《にほんへい》の命令《めいれい》により住民《じゅうみん》は壕《ごう》を追《お》い出《だ》されますが、再《ふたた》び壕《ごう》に戻《もど》り6月中旬《がつちゅうじゅん》まで避難《ひなん》を続《つづ》けました。壕《ごう》にいた住民《じゅうみん》のほとんどが投降《とうこう》し、米軍《べいぐん》に収容《しゅうよう》されました。沖縄戦《おきなわせん》における潮平《しおひら》の戦没率《せんぼつりつ》は糸満《いとまん》市《し》で最《もっと》も低《ひく》い24.3％です。潮平一帯《しおひらいったい》が日本軍《にほんぐん》の防衛戦《ぼうえいせん》の拠点《きょてん》になっていなかったことや、住民《じゅうみん》が避難《ひなん》できる大《おお》きな壕《ごう》があったことがその要因《よういん》と考《かんが》えられています。今《いま》でも住民《じゅうみん》が投降《とうこう》した旧暦《きゅうれき》5月5日《がついつか》には「権現祭《ごんげんさい》」が開《ひら》かれ、多《おお》くの命《いのち》を救《すく》った壕《ごう》として感謝《かんしゃ》されています。（「糸満市史戦時資料下巻《いとまんししせんじしりょうげかん》」参照《さんしょう》）

《沖縄戦《おきなわせん》を経験《けいけん》した金城《きんじょう》さんは、今《いま》を生《い》きる子《こ》どもたちに世《よ》の中《なか》を見《み》つめる目《め》とたくさんの夢《ゆめ》を持《も》ってほしいと願《ねが》っています》

沖縄戦《おきなわせん》の頃《ころ》、幼《おさな》い私《わたし》は世《よ》の中《なか》の動《うご》きがよく分《わ》かりませんでした。私《わたし》たちは日常《にちじょう》を平凡《へいぼん》に過《す》ごしているようですが、一日一日《いちにちいちにち》の積《つ》み重《かさ》ねが社会《しゃかい》を変《か》えていきます。その積《つ》み重《かさ》ねが社会《しゃかい》を良《よ》くすることもあれば悪《わる》くすることもあります。君《きみ》たちには世《よ》の中《なか》の動《うご》きを目《め》をこらして見《み》てほしい。自分《じぶん》の少年《しょうねん》時代《じだい》への反省《はんせい》を込《こ》めて伝《つた》えたいことです。戦争《せんそう》は子《こ》どもの夢《ゆめ》だけでなく命《いのち》も奪《うば》います。皆《みな》さんは毎日《まいにち》を大《たい》切《せつ》に生《い》き、それぞれの夢《ゆめ》を追《お》い求《もと》めてください。

—聞いて学んだ—

自分の周りから平和に

呉屋ひよりさん（潮平中１年）

沖縄戦《おきなわせん》の時《とき》、住民《じゅうみん》たちは「敵《てき》につかまるなら自決《じけつ》しろ」と教《おし》えられていたそうです。潮平権現壕《しおひらごんげんごう》では多《おお》くの住民《じゅうみん》が壕《ごう》を出《で》て助《たす》かりましたが、おじいさんが最初《さいしょ》に捕虜《ほりょ》になっていなかったら他《ほか》の人《ひと》たちも犠牲《ぎせい》になっていたかもしれません。最《さい》近《きん》、北朝鮮《きたちょうせん》のミサイル発射《はっしゃ》のニュースをよく目《め》にします。沖縄《おきなわ》の米軍基地《べいぐんきち》をなくしてほしいけど、攻撃《こうげき》は怖《こわ》い。自分《じぶん》ではどう対処《たいしょ》すればいいのか分《わ》かりません。沖縄戦《おきなわせん》の歴史《れきし》を考《かんが》えながら、まずは自分《じぶん》の周《まわ》りを平和《へいわ》にできるようにしたいです。

夢見る自由、大切に

上原頼さん（潮平中１年）

今回《こんかい》の話《はなし》で、沖縄戦《おきなわせん》の頃《ころ》の子《こ》どもたちの唯一《ゆいいつ》の夢《ゆめ》が兵隊《へいたい》さんになることだと知《し》りました。今《いま》の子《こ》どもたちはいろんな夢《ゆめ》を持《も》っています。僕《ぼく》の夢《ゆめ》はバスケット選手《せんしゅ》です。もし僕《ぼく》が沖縄戦《おきなわせん》の頃《ころ》に生《い》きていたら、夢《ゆめ》を持《も》つことができず苦《くる》しい思《おも》いをしていたかもしれません。当時《とうじ》は捕虜《ほりょ》になるよりは自決《じけつ》した方《ほう》がいいと教《おし》えられ、自《みずか》ら命《いのち》を落《お》とした人《ひと》もいたそうです。とてもつらかったと思《おも》います。僕《ぼく》は自分《じぶん》の命《いのち》を大切《たいせつ》にして生《い》きていきたい。そして夢《ゆめ》をかなえたいと思《おも》います。

—記者も学んだ—

金城《きんじょう》さんは「無邪気《むじゃき》だった子《こ》どもの僕《ぼく》は戦争《せんそう》へと進《すす》む世《よ》の中《なか》の動《うご》きが分《わ》からなかった」とたびたび口《くち》にしました。「なぜ戦争《せんそう》を止《と》められなかったのか」という悔《くや》しさがにじんでいます。しかし、私《わたし》は子《こ》どもは無邪気《むじゃき》でいいと強《つよ》く思《おも》います。子《こ》どもの無邪気《むじゃき》さを守《まも》ることは大人《おとな》の役目《やくめ》です。戦争《せんそう》は子《こ》どもたちの無邪気《むじゃき》さだけでなく命《いのち》をも奪《うば》いました。二度《にど》と子《こ》どもたちを戦争《せんそう》に巻《ま》き込《こ》まぬよう世《よ》の中《なか》を見《み》つめ、戦争《せんそう》につながることを拒否《きょひ》したいと金城《きんじょう》さんのお話《はなし》を聞《き》いて改《あらた》めて思《おも》いました。（赤嶺玲子《あかみねれいこ》、34歳《さい》）

127 県立第一中学校・15歳／與座章健さん(89)

南風原町《はえばるちょう》津嘉山《つかざん》の與座章健《よざしょうけん》さんは1941年《ねん》、県立第一中学校《けんりつだいいちちゅうがっこう》（現首里高校《げんしゅりこうこう》）に入学《にゅうがく》し、沖縄戦《おきなわせん》で一中《いっちゅう》鉄血勤皇隊《てっけつきんのうたい》に入隊《にゅうたい》しました。その後《ご》、日本軍《にほんぐん》から除隊《じょたい》を命《めい》じられ、家族《かぞく》と一緒《いっしょ》に南部《なんぶ》の戦場《せんじょう》をさまよいました。與座《よざ》さんの話《はなし》を県立南風原高校《けんりつはえばるこうこう》2年《ねん》の福田麻央《ふくだまお》さん(17)と1年《ねん》の平良昴揮《たいらこうき》さん(16)が聞《き》きました。

召集令状渡した後輩、戦死

《與座《よざ》さんは入学後《にゅうがくご》、戦時色《せんじしょく》の強《つよ》い教育《きょういく》を受《う》け、沖縄戦《おきなわせん》が近《ちか》くなると陣地構築《じんちこうちく》へと駆《か》り出《だ》されます。10・10空襲《くうしゅう》も目撃《もくげき》しました》

太平洋戦争《たいへいようせんそう》が始《はじ》まると軍《ぐん》の陣地構築《じんちこうちく》や軍事物資《ぐんじぶっし》の輸送《ゆそう》、飛行機《ひこうき》を収納《しゅうのう》する掩体壕造《えんたいごうづく》り、滑走路建設《かっそうろけんせつ》に駆《か》り出《だ》されました。学業《がくぎょう》どころではありません。

10・10空襲《くうしゅう》の日《ひ》、私《わたし》はちょうど午前《ごぜん》7時《じ》に家《いえ》を出《で》て一中《いっちゅう》に向《む》けて歩《ある》いていました。見《み》たことない飛行機《ひこうき》が飛《と》び交《か》っていると思《おも》っていたら、空襲警報《くうしゅうけいほう》が鳴《な》り、那覇港《なはこう》に目掛《めが》け爆弾《ばくだん》を落《お》としていきました。「これが戦争《せんそう》か」と初《はじ》めて感《かん》じた瞬間《しゅんかん》でした。

《45年《ねん》3月《がつ》、繰《く》り上《あ》げ卒業《そつぎょう》の後《のち》、鉄血勤皇隊《てっけつきんのうたい》に入隊《にゅうたい》します。その直前《ちょくぜん》、入隊申込書《にゅうたいもうしこみしょ》の印鑑《いんかん》をもらうため帰宅《きたく》します。同《おな》じ津嘉山出身《つかざんしゅっしん》の後輩《こうはい》の兄弟《きょうだい》2人《ふたり》にも球部隊《たまぶたい》（第《だい》32軍《ぐん》）の召集令状《しょうしゅうれいじょう》を届《とど》けました》

私《わたし》は入隊申込書《にゅうたいもうしこみしょ》の紙《かみ》と、後輩《こうはい》2人《ふたり》宛《あ》ての召集令状《しょうしゅうれいじょう》を持《も》って津嘉山《つかざん》に帰《かえ》りました。後《あと》で知《し》りますが、2人《ふたり》のうち1人《ひとり》は戦死《せんし》しました。家《いえ》に帰《かえ》り、父《ちち》に申込書《もうしこみしょ》を渡《わた》しました。父《ちち》は「そうか、頑張《がんば》ってこい」と告《つ》げ、そのまま印鑑《いんかん》を押《お》しました。その晩《ばん》、寄宿舎《きしゅくしゃ》に戻《もど》る道中《どうちゅう》「これで家族《かぞく》と最後《さいご》の別《わか》れになった」と涙《なみだ》を流《なが》しながら歩《ある》きました。

米軍上陸前《べいぐんじょうりくまえ》の3月《がつ》23日《にち》から空襲《くうしゅう》や艦砲射撃《かんぽうしゃげき》が激《はげ》しくなりました。27日《にち》、一中《いっちゅう》の寄宿舎《きしゅくしゃ》で卒業式《そつぎょうしき》が開《ひら》かれ、私《わたし》たち4年生《ねんせい》は5年生《ねんせい》と一緒《いっしょ》に卒業《そつぎょう》しました。先生《せんせい》から「戦争《せんそう》だからこれ以上《いじょう》お前《まえ》たちは勉強《べんきょう》する必要《ひつよう》がない」と言《い》われ、翌《よく》28日《にち》に鉄血勤皇隊《てっけつきんのうたい》に入隊《にゅうたい》したのです。

《入隊後《にゅうたいご》、砲煙弾雨《ほうえんだんう》の中《なか》、電線修復《でんせんしゅうふく》や食糧庫《しょくりょうこ》の見張《みは》り、陣地構築《じんちこうちく》など危険《きけん》な作業《さぎょう》をさせられます。家族《かぞく》に向《む》けた遺書《いしょ》も書《か》かされました》

4月《がつ》12日《にち》、寄宿舎《きしゅくしゃ》が艦砲《かんぽう》でやられ、最初《さいしょ》の犠牲者《ぎせいしゃ》が出《で》ました。中学生《ちゅうがくせい》2、3人《にん》が亡《な》くなりました。私《わたし》たちもいつやられるか分《わ》からない。家族《かぞく》へ向《む》け遺書《いしょ》を書《か》かされました。何《なん》と書《か》いたか覚《おぼ》えていませんが、遺書《いしょ》と卒業証書《そつぎょうしょうしょ》は現在《げんざい》の豊《と》見城市《みぐすくし》保栄茂《びん》の壕《ごう》に持《も》っていきました。

私《わたし》には忘《わす》れることのできない命令《めいれい》があります。一《ひと》つは「民《みん》間《かん》の畑《はたけ》から野菜《やさい》を取《と》ってこい」という命令《めいれい》です。引率教諭《いんそつきょうゆ》を含《ふく》め5人《にん》で首里金城町《しゅりきんじょうちょう》にあったキャベツ畑《ばたけ》に行《い》きました。そこにはたくさんのキャベツがあり、持《も》ち帰《かえ》ろうとしまし

與座章健さん(89)

鉄血勤皇隊について語る與座章健さん＝南風原町の南風原高校

メモ　鉄血勤皇隊の入隊申込書

1945年《ねん》の3月《がつ》24、25日《にち》ごろ、寄宿舎《きしゅくしゃ》で合宿《がっしゅく》していた県立第一中学校《けんりつだいいちちゅうがっこう》の生徒《せいと》たちは一時《いちじ》的《てき》に帰宅《きたく》が許《ゆる》され、家族《かぞく》と面会《めんかい》することができました。しかし、それは鉄血勤皇隊《てっけつきんのうたい》に入隊《にゅうたい》するための申込書《もうしこみしょ》に親権者《しんけんしゃ》から承諾印《しょうだくいん》をもらうための帰宅《きたく》でした。多《おお》くの生徒《せいと》は親《おや》から承諾《しょうだく》の印鑑《いんかん》をもらい、入隊《にゅうたい》しました。中《なか》には親《おや》から反対《はんたい》された生徒《せいと》もいました。與座《よざ》さんの証言《しょうげん》によると、ある同級生《どうきゅうせい》は父親《ちちおや》から「お前《まえ》たち子《こ》どもに戦争《せんそう》なんかできるはずがない。行《い》かないでよい」と言《い》われ、入隊《にゅうたい》しなかったそうです。軍国主義《ぐんこくしゅぎ》だった時代《じだい》に、そのような考《かんが》えを持《も》つ家族《かぞく》も中《なか》にはいました。(養秀同窓会発行《ようしゅうどうそうかいはっこう》「若《わか》き血潮《ちしお》ぞ空《そら》をそめける～一中学徒《いっちゅうがくと》の戦記《せんき》～」などを参照《さんしょう》)

た。ところがそこにいた暁《あかつき》部隊《ぶたい》の陸軍軍曹《りくぐんぐんそう》が血相《けっそう》を変《か》えて私《わたし》たちに殴《なぐ》りかかったのです。「どこの少年兵《しょうねんへい》か。これは俺《おれ》たちが金《かね》を払《はら》って買《か》った物《もの》だ」。その後中隊長《ごちゅうたいちょう》が来《き》て「第《だい》32軍《ぐん》から食糧《しょくりょう》を調達《ちょうたつ》しろと言《い》われた」と説明《せつめい》しますが、暁《あかつき》部隊《ぶたい》は一切《いっさい》キャベツを渡《わた》さず、私《わたし》たちは置《お》いて帰《かえ》りました。

もう一《ひと》つは「酒《さけ》をくんでこい」と命《めい》じられたことです。3人《にん》で首里崎山町《しゅりさきやまちょう》にある酒造所《しゅぞうしょ》へ行《い》き、地下《ちか》タンクにあった酒《さけ》をくみました。その後《ご》、空《そら》から榴散弾《りゅうさんだん》があられのように降《ふ》ってきました。負傷《ふしょう》せず無事《ぶじ》でしたが、酒《さけ》はやられました。「なぜ酒《さけ》のために危険《きけん》な仕事《しごと》をしなければいけないのか。こんなばかな命令《めいれい》があるか」と思《おも》いました。

《4月《がつ》28日《にち》、約《やく》220人《にん》いる鉄血勤皇隊員《てっけつきんのうたいいん》のうち、與《よ》座《ざ》さんら19人《にん》が食糧《しょくりょう》の欠乏《けつぼう》という理由《りゆう》で除隊命令《じょたいめいれい》を受《う》けます》

夕方《ゆうがた》、私《わたし》たちは壕《ごう》の前《まえ》に集《あつ》められました。中隊長《ちゅうたいちょう》がいきなり「お前《まえ》たちに食《く》わす食糧《しょくりょう》はほとんど無《な》い。何人《なんにん》か除隊《じょたい》してもらわなければならなくなった」と伝《つた》えると、すぐさま「体力的《たいりょくてき》に弱《よわ》い者《もの》を家《いえ》に帰《かえ》す。自信《じしん》が無《な》い者《もの》は手《て》を上《あ》げろ」と命《めい》じました。私《わたし》が見《み》た範囲《はんい》では誰《だれ》も手《て》を上《あ》げませんでした。「指名《しめい》された者《もの》は前《まえ》へ出《で》ろ」と、私《わたし》たちの顔《かお》を一人一人《ひとりひとり》見《み》て、私《わたし》を含《ふく》め19人《にん》が前《まえ》に出《だ》されました。

中隊長《ちゅうたいちょう》は「各《かく》班長《はんちょう》にあいさつして帰《かえ》りなさい」と言《い》い、班長《はんちょう》の所《ところ》へ行《い》くと、中《なか》には「なぜ貴様《きさま》たちは帰《かえ》るのだ」と殴《なぐ》る者《もの》もいました。

沖縄戦当時、與座さん家族が隠れた親慶原の崖（上部中央）。中城湾からの砲撃で一帯は丸裸になった＝南城市玉城親慶原

《與《よ》座《ざ》さんは南部《なんぶ》へと向《む》かいます》

私《わたし》たちは軍服《ぐんぷく》を脱《ぬ》ぎ捨《す》て、方向《ほうこう》が同《おな》じだった3人《にん》の学友《がくゆう》と一緒《いっしょ》に帰《かえ》りました。津嘉山《つかざん》の西側《にしがわ》にある「志良堂毛《しらどうもう》」の壕《ごう》に

入《はい》り一晩《ひとばん》過《す》ごしました。爆撃《ばくげき》がやむ夕方《ゆうがた》、3人《にん》とは別《わか》れました。そのうちの1人《ひとり》とはこの日《ひ》が最後《さいご》の別《わか》れとなりました。

私《わたし》は宮平《みやひら》にある役場《やくば》へ向《む》かい、役場《やくば》職員《しょくいん》だった父《ちち》と再会《さいかい》しました。私《わたし》は涙《なみだ》が止《と》めどなく流《なが》れました。父《ちち》に除隊《じょたい》になったと告《つ》げると「良《よ》かったな」とだけ言《い》いました。

《その後《ご》、家族《かぞく》や親戚《しんせき》が避難《ひなん》する親慶原《おやけばる》へ向《む》かいます》

父《ちち》と一緒《いっしょ》に家族《かぞく》が避難《ひなん》している親慶原《おやけばる》へ向《む》かいました。家族《かぞく》は現在《げんざい》の琉球《りゅうきゅう》ゴルフ倶楽部《くらぶ》の敷地《しきち》にある崖《がけ》の下《した》に避《ひ》難《なん》していました。家族《かぞく》との再会《さいかい》を果《は》たした後《あと》、一安心《ひとあんしん》して2週間《しゅうかん》ほど眠《ねむ》り続《つづ》けました。精神的《せいしんてき》にも肉体的《にくたいてき》にも疲《つか》れ果《は》てていたのだと思《おも》います。

5月中旬《がっちゅうじゅん》ごろ、「トンボ」と呼《よ》ばれる米軍《べいぐん》の偵察機《ていさつき》が飛《と》び回《まわ》っていました。その後《ご》、中城湾《なかぐすくわん》にいた米軍《べいぐん》の艦船《かんせん》から私《わたし》

沖縄戦と與座章健さんの歩み

（●は與座さんの出来事）

1929年	●與座章健さんが南風原村津嘉山に生まれる
1941年	●県立第一中学校に入学
1941年12月8日	日本軍がハワイの真珠湾を攻撃。太平洋戦争が始まる。
1944年3月22日	第32軍創設
10月10日	米軍が沖縄本島や先島諸島に大規模空襲（10・10空襲）
1945年3月23日	米軍が沖縄本島を空襲、艦砲射撃なども行う
3月27日	●県立第一中学校4年生と5年生の卒業式を行う
3月28日	●一中鉄血勤皇隊を編成
4月1日	米軍、沖縄本島に上陸
4月12日	一中勤皇隊員に最初の犠牲者
4月28日	220人の勤皇隊員の中から與座さんを含む19人が「食糧の欠乏」という理由で除隊
4月末ごろ	●南風原村宮平で父と再会、玉城村親慶原の崖の下で母、きょうだいらと再会
5月中旬	●米軍が中城湾から親慶原の丘陵地を目掛けて集中砲撃。小学校の同級生が亡くなる。具志頭村新城へ避難
5月下旬	●與座さん家族ら玉城城跡の裏手に避難
6月14日	●米軍に捕らわれ百名収容所に収容される
6月15日	●軍作業にかり出される

写真:沖縄県公文書館所蔵

與座章健さんの移動経路

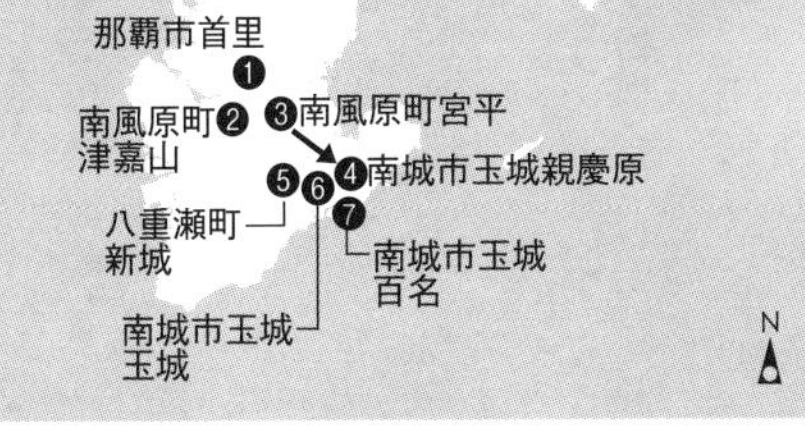

たちのいた場所《ばしょ》を狙《ねら》って集中砲撃《しゅうちゅうほうげき》したのです。辺《あた》りに生《お》い茂《しげ》っていた木《き》はなくなってしまいました。近《ちか》くの壕《ごう》にいた小《しょう》学校《がっこう》の時《とき》の同級生《どうきゅうせい》が頭《あたま》を撃《う》たれ亡《な》くなりました。

米軍《べいぐん》が近《ちか》づいていることを知《し》り、具志頭村《ぐしかみそん》（現八重瀬町《げんやえせちょう》）の新城《あらぐすく》へ行《い》き、空《あ》き家《や》で1週間寝泊《しゅうかんねと》まりしました。雨《あめ》が降《ふ》り続《つづ》いたためか、爆撃《ばくげき》の音《おと》はなく、とても静《しず》かでした。ある日《ひ》、県警察《けんけいさつ》の巡査《じゅんさ》が私《わたし》たちの所《ところ》を訪《おとず》れ「ここは戦場《せんじょう》になるから知念半島《ちねんはんとう》に逃《に》げろ」と言《い》うのです。逃《に》げてきた場所《ばしょ》にまた戻《もど》るのかと不安《ふあん》だった父《ちち》は、近《ちか》くにいた軍人《ぐんじん》にも相談《そうだん》しました。軍人《ぐんじん》は「民間人《みんかんじん》は知念半島《ちねんはんとう》に逃《に》げなさい。あそこが安全《あんぜん》だから。一人《ひとり》でも多《おお》く生《い》き残《のこ》りなさい」と言《い》ったそうです。

私《わたし》たちは玉城《たまぐすく》城跡《じょうせき》の斜面《しゃめん》に隠《かく》れました。しばらくした後《あと》、真上《まうえ》に米軍《べいぐん》が来《き》て奥武島《おうじま》、八重瀬岳《やえせだけ》に向《む》け機銃掃射《きじゅうそうしゃ》をしていました。翌朝《よくあさ》、下《した》の集落《しゅうらく》を見《み》ると米軍《べいぐん》のテントが張《は》られていたのです。数日後《すうじつご》、近《ちか》くで避難《ひなん》していたおじいさんとおばあさんが息子《むすこ》を残《のこ》して米兵《べいへい》に連《つ》れて行《い》かれました。息子《むすこ》は泣《な》いていましたが3、4日後《かご》に戻《もど》ってきました。「戦争《せんそう》は終《お》わった。百名《ひゃくな》へ行《い》こう」と呼《よ》び掛《か》けたのです。その光景《こうけい》を見《み》た父《ちち》は「私《わたし》たちも行《い》こう」と告《つ》げましたが、「生《い》きて虜囚《りょしゅう》の辱《はずかし》めを受《う》けず」と教《おそ》わっていた私《わたし》と兄《あに》は反発《はんぱつ》しました。結局《けっきょく》、父《ちち》の意見《いけん》に負《ま》け、6月《がつ》14日《にち》に捕虜《ほりょ》となり、百名《ひゃくな》収容所《しゅうようじょ》へ行《い》きました。

《収容所《しゅうようじょ》では遺体《いたい》の埋葬作業《まいそうさぎょう》に従事《じゅうじ》します》

翌日《よくじつ》、軍《ぐん》のトラックに乗《の》って軍作業《ぐんさぎょう》に駆《か》り出《だ》されました。百名収容所《ひゃくなしゅうようじょ》の外《はず》れにはテント張《ば》りの野戦病院《やせんびょういん》があり、私《わたし》は近《ちか》くに掘《ほ》った穴《あな》に遺体《いたい》を投《な》げ捨《す》てる作業《さぎょう》を担《にな》わされました。

衛生兵《えいせいへい》が脈《みゃく》をとり、確認《かくにん》して担架《たんか》に乗《の》せる。穴《あな》に投《な》げ捨《す》てた人《ひと》たちはどこの誰《だれ》かも分《わ》かりません。衛生兵《えいせいへい》に命令《めいれい》されて運《はこ》んで遺体《いたい》を捨《す》てるだけ。誰《だれ》も涙《なみだ》や悲《かな》しみもありませんでした。戦争《せんそう》の恐《おそ》ろしさを感《かん》じました。

「選ばれた訳」問い続ける

《與座《よざ》さんは生《い》き残《のこ》った者《もの》として戦争《せんそう》の悲惨《ひさん》さを伝《つた》えます》

「どうして、中隊長《ちゅうたいちょう》が選《えら》んだ19人《にん》に入《はい》ったのか」とずっと考《かんが》えてきました。戦争《せんそう》の愚《おろ》かさ、無残《むざん》さ、平和《へいわ》の尊《とうと》さを後世《こうせい》に伝《つた》えなければいけない。だからあの19人《にん》に私《わたし》は選《えら》ばれたのだと思《おも》っています。

―聞いて学んだ―

同じ年頃の部隊に衝撃

福田麻央さん（南風原高2年）

與座章健《よざしょうけん》さんから話《はなし》を聞《き》いて、今《いま》まで習《なら》ってきた沖縄《おきなわ》戦《せん》とは違《ちが》う戦争《せんそう》の怖《こわ》さを知《し》りました。與座《よざ》さんの話《はなし》で「鉄《てつ》血勤皇隊《けつきんのうたい》」を知《し》りました。その隊《たい》は私《わたし》たちと同《おな》じくらいの中学生《ちゅうがくせい》、高校生《こうこうせい》だけで編成《へんせい》された部隊《ぶたい》と聞《き》き、衝撃《しょうげき》を受《う》けました。もし今《いま》の私《わたし》が鉄血勤皇隊《てっけつきんのうたい》に配属《はいぞく》され、毎日《まいにち》のように空襲《くうしゅう》を受《う》ける日々《ひび》を送《おく》ったら、とても耐《た》え切《き》れないと感《かん》じます。與座《よざ》さんから聞《き》いた話《はなし》を忘《わす》れず、悲惨《ひさん》な沖縄戦《おきなわせん》のような戦争《せんそう》を二度《にど》と世界《せかい》で起《お》こさないよう、今《いま》できることを考《かんが》えていきたいです。

命落とす悲しさ感じた

平良昴揮さん（南風原高1年）

沖縄戦《おきなわせん》を体験《たいけん》した人《ひと》の話《はなし》を聞《き》くのは初《はじ》めてで、とても貴重《きちょう》なお話《はなし》を聞《き》かせていただきました。いきなり空襲警《くうしゅうけい》報《ほう》が鳴《な》り始《はじ》めた時《とき》の心情《しんじょう》を考《かんが》えると、正気《しょうき》でいることは難《むずか》しいと思《おも》います。親《おや》や友達《ともだち》などが次々《つぎつぎ》と命《いのち》を落《お》としていく悲《かな》しさは、言《こと》葉《ば》にしてもしきれないのではないかと感《かん》じました。沖縄戦《おきなわせん》で経験《けいけん》した辛《つら》い作業《さぎょう》の数々《かずかず》を詳《くわ》しく話《はな》してくださり、戦争《せんそう》の恐《おそ》ろしさが一層《いっそう》分《わ》かりました。このようなことを二度《にど》と起《お》こさないよう、今回《こんかい》聞《き》いた話《はなし》を周《まわ》りの人々《ひとびと》に伝《つた》えていきたいです。

―記者も学んだ―

與座《よざ》さんは後輩《こうはい》2人《ふたり》に召集令状《しょうしゅうれいじょう》を渡《わた》したことに後悔《こうかい》の念《ねん》を抱《いだ》いていました。一中《いっちゅう》の同期生会《どうきせいかい》で、ある同級生《どうきゅうせい》から召集令状《しょうしゅうれいじょう》の話《はなし》を聞《き》きました。同級生《どうきゅうせい》は甥《おい》っ子《こ》に渡《わた》すはずでしたが、破《やぶ》って捨《す》てたそうです。中隊《ちゅうたい》長《ちょう》には不在《ふざい》だったと報告《ほうこく》し、甥《おい》は入隊《にゅうたい》せずに済《す》みました。

與座《よざ》さんは「なぜ後輩《こうはい》の召集令状《しょうしゅうれいじょう》を破《やぶ》り捨《す》てなかったのか」と悔《くや》しさをにじませながら語《かた》っていました。戦後《せんご》も体験者《たいけんしゃ》の心《こころ》を傷《きず》つけ続《つづ》ける沖《おき》縄戦《なわせん》。戦争《せんそう》の恐《おそ》ろしさを改《あらた》めて痛感《つうかん》しました。（金城実倫《きんじょうさねなり》、31歳《さい》）

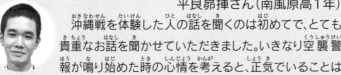

名護国民学校東江分校4年・11歳／山田親幸さん(83)

沖縄県《おきなわけん》視覚障害者福祉協会《しかくしょうがいしゃふくしきょうかい》の会長《かいちょう》を務《つと》める山田《やまだ》親幸《しんこう》さん＝西原町《にしはらちょう》＝は戦争《せんそう》の足音《あしおと》が迫《せま》る中《なか》で幼少《ようしょう》期《き》を過《す》ごし、5年生《ねんせい》になる年《とし》に沖縄戦《おきなわせん》が始《はじ》まりました。米軍《べいぐん》の攻撃《こうげき》から逃《のが》れるため大宜味村喜如嘉《おおぎみそんきじょか》の山中《さんちゅう》に両親《りょうしん》、祖母《そぼ》、きょうだいら11人《にん》と共《とも》に避難《ひなん》します。山《やま》の中《なか》で体験《たいけん》した沖縄戦《おきなわせん》の様子《ようす》や当時《とうじ》の思《おも》いを那覇市立上山中学校《なはしりつうえのやまちゅうがっこう》2年《ねん》の宇垣真暉《うがきしんき》さん(14)と仲里聡真《なかざとそうま》さん(14)が聞《き》きました。

谷底で聞いた艦砲射撃

《山田《やまだ》さんは1934年《ねん》、名護町《なごちょう》(現名護市《げんなごし》)幸喜《こうき》で生《う》まれました。両親《りょうしん》は教員《きょういん》で、10人《にん》きょうだいの5番目《ばんめ》でした。41年《ねん》、名護国民学校《なごこくみんがっこう》東江分校《あがりえぶんこう》に入学《にゅうがく》しました》

私《わたし》は生《う》まれつき弱視《じゃくし》でした。黒板《こくばん》の字《じ》も一番前《いちばんまえ》に座《すわ》っても見《み》えないし、新聞《しんぶん》の見出《みだ》しは見《み》えたけど中《なか》の文章《ぶんしょう》は読《よ》めないほどの視力《しりょく》でした。

尋常小学校《じんじょうしょうがっこう》という名前《なまえ》は、私《わたし》が入学《にゅうがく》する年《とし》に「国民学校《こくみんがっこう》」と変《か》わりました。国語《こくご》の教科書《きょうかしょ》も変《か》わり「サイタ　サイタ　サクラ　ガ　サイタ」だった教科書《きょうかしょ》の最初《さいしょ》のページは、私《わたし》が入学《にゅうがく》した年《とし》から「アカイ　アカイ　アサヒ　アサヒ」となりました。国民学校《こくみんがっこう》という名《な》にふさわしく、戦争《せんそう》に備《そな》えた教育《きょういく》を始《はじ》めました。

国語《こくご》や算数《さんすう》の時間《じかん》は減《へ》らされ、代《か》わりに体操《たいそう》の時間《じかん》が週《しゅう》2時間《じかん》から週《しゅう》6時間《じかん》になりました。体《からだ》を鍛《きた》えて兵隊《へいたい》になるためです。敵《てき》の姿《すがた》もよく見《み》えない私《わたし》は大変《たいへん》肩身《かたみ》の狭《せま》い思《おも》いをしました。

《45年《ねん》3月《がつ》、4年生《ねんせい》の修了式《しゅうりょうしき》の日《ひ》から、名護《なご》は激《はげ》しい空襲《くうしゅう》を受《う》けます。一時《いちじ》、金武村《きんそん》(現金武町《げんきんちょう》)で暮《く》らした後《あと》、大宜味村喜如嘉《おおぎみそんきじょか》に移《うつ》り住《す》んでいた山田《やまだ》さんは地域《ちいき》の住民《じゅうみん》と一緒《いっしょ》に山奥《やまおく》へ避難《ひなん》しました》

3月《がつ》23日《にち》は4年生《ねんせい》の修了式《しゅうりょうしき》をするはずでした。しかしその日《ひ》、名護《なご》は米軍機《べいぐんき》による空襲《くうしゅう》が始《はじ》まりました。みんな逃《に》げ回《まわ》り、修了式《しゅうりょうしき》に出《で》られず、同級生《どうきゅうせい》たちもどこに逃《に》げたか当時《とうじ》は分《わ》かりませんでした。その後《ご》、艦砲射撃《かんぽうしゃげき》もありました。

私《わたし》たち家族《かぞく》は国民学校校長《こくみんがっこうこうちょう》だった父《ちち》の転勤《てんきん》で大宜味村《おおぎみそん》の喜如嘉《きじょか》に移《うつ》り住《す》んでいました。遠《とお》い所《ところ》から聞《き》こえていた大砲《たいほう》の音《おと》も近《ちか》くで聞《き》こえてきたので、学校《がっこう》が管理《かんり》していた林《はやし》の中《なか》にある炭焼《すみや》き窯《がま》に避難《ひなん》しました。

山田親幸さん(83)
大宜味村喜如嘉の谷底での沖縄戦体験を語る山田親幸さん＝那覇市松尾の沖縄県視覚障害者福祉センター

《上陸《じょうりく》した米軍《べいぐん》が大宜味村《おおぎみそん》にも迫《せま》ってきました。山田《やまだ》さんの家族《かぞく》は、山《やま》の中《なか》に造《つく》った小屋《こや》で避難生活《ひなんせいかつ》を続《つづ》けます》

米兵《べいへい》がどんどん近《ちか》づいてきたので4月《がつ》12日《にち》ごろに谷底《たにぞこ》に移《うつ》り住《す》みました。水《みず》が流《なが》れている所《ところ》より1メートルほど上《うえ》の部分《ぶぶん》を水平《すいへい》に削《けず》って造《つく》った壕《ごう》の中《なか》に竹《たけ》の葉《は》で屋根《やね》を作《つく》り、竹《たけ》の少《すこ》し太《ふと》い部分《ぶぶん》を床《ゆか》にした小屋《こや》でした。

山《やま》の上《うえ》に昼間《ひるま》は米軍《べいぐん》がいて、夜《よる》には帰《かえ》るというサイクル

沖縄本島北部に向けて山道を走行する米軍のシャーマン中戦車=1945年4月(沖縄県公文書館所蔵)

でしたので、昼間《ひるま》は大声《おおごえ》を出《だ》さずに過《す》ごしていました。私《わたし》の所《ところ》は6畳《じょう》の広《ひろ》さに家族《かぞく》9人《にん》が寝《ね》ていました。狭《せま》くて、あおむけで寝《ね》ることはできません。1歳《さい》の妹《いもうと》・和子《かずこ》と母《はは》は別《べつ》の小《こ》屋《や》を順番《じゅんばん》に回《まわ》って寝《ね》かせてもらっていました。

小屋《こや》の中《なか》でも米軍《べいぐん》の艦砲射撃《かんぽうしゃげき》の音《おと》が聞《き》こえていました。遠《とお》くの方《ほう》からパーランクーのような音《おと》が複数《ふくすう》聞《き》こえ、それから約《やく》5秒《びょう》後《ご》に地面《じめん》に砲弾《ほうだん》が落《お》ちる「ドシン」という振動《しんどう》が続《つづ》きました。南部《なんぶ》の方《ほう》とは違《ちが》い、そういう音《おと》が落《お》ち着《つ》いて聞《き》けたのがやんばるでの戦争《せんそう》でした。

避難生活 弱視の身で体験

《戦争《せんそう》が始《はじ》まると住居《じゅうきょ》に加《くわ》え、着《き》る物《もの》や食《た》べ物《もの》にも変《へん》化《か》がありました》

服《ふく》については身《み》なりが悪《わる》いと気《き》にする人《ひと》はいないので、時《とき》にはパンツ1枚《まい》で過《す》ごしました。服《ふく》にしらみが大発生《だいはっせい》しましたが、目《め》が悪《わる》い私《わたし》でも黒地《くろじ》のパンツにいる白《しろ》いしらみは見《み》つけることができ、自分《じぶん》で退治《たいじ》することができました。

食事《しょくじ》は、これも食《た》べられるのかと思《おも》う物《もの》まで食《た》べ尽《つ》くしました。ツワブキの葉《は》を食《た》べておなかを壊《こわ》したこともあります。毒《どく》のあるソテツの実《み》を毒抜《どくぬ》きをして食《た》べていました。

沖縄戦《おきなわせん》が始《はじ》まる前《まえ》、村人《むらびと》たちは毒抜《どくぬ》きしたソテツを用《よう》意《い》していましたが、転勤族《てんきんぞく》だった私《わたし》たちは畑《はたけ》も田《た》んぼもなく準備《じゅんび》ができませんでした。周囲《しゅうい》の人《ひと》たちに頼《たの》んでソテツを譲《ゆず》ってもらい、暇《ひま》だった私《わたし》たち子《こ》どもが毒抜《どくぬ》き作業《さぎょう》をしていました。時間《じかん》をかけて毒《どく》を抜《ぬ》き、小《ちい》さく刻《きざ》んで濃《こ》いみそと一緒《いっしょ》に食《た》べる。決《けっ》しておいしくはなかったです。

沖縄戦《おきなわせん》が始《はじ》まってすぐのころは14歳《さい》の次男《じなん》・親次《しんじ》と2キロほど離《はな》れた川《かわ》にカニやエビを捕《と》りに行《い》っていました。目《め》が悪《わる》い私《わたし》は外《そと》に出《で》るときには家族《かぞく》が必《かなら》ず一緒《いっしょ》でした。低空《ていくう》飛行《ひこう》で米軍《べいぐん》の軽飛行機《けいひこうき》がやってきて、慌《あわ》ててワラビがたくさん生《は》えている所《ところ》に飛《と》び込《こ》んだこともありました。しかし、食料《しょくりょう》がなく栄養不足《えいようぶそく》になってくると外《そと》に出《で》る体力《たいりょく》も気力《きりょく》もなくなり、いつしか行《い》かなくなりました。

《過酷《かこく》な環境《かんきょう》の中《なか》で、今《いま》でも鮮明《せんめい》に覚《おぼ》えている出来事《できごと》があります》

大雨《おおあめ》の時《とき》、川《かわ》からごうごうとすごい音《おと》がしました。大《おお》きな声《こえ》を出《だ》しても米軍《べいぐん》に気付《きづ》かれないほどです。だから大雨《おおあめ》の時《とき》には家族《かぞく》の歌会《うたかい》が開《ひら》かれました。最初《さいしょ》は軍歌《ぐんか》を歌《うた》い、学校《がっこう》で学《まな》んだ歌《うた》も歌《うた》いました。子《こ》どもだった私《わたし》は、うとうとしていつの間《ま》にか寝《ね》ている——という生活《せいかつ》が唯一《ゆいいつ》の楽《たの》しみでした。

一番嫌《いちばんいや》なことは子守《こもり》でした。日中《にっちゅう》、両親《りょうしん》やいとこは米《こめ》やソテツを譲《ゆず》ってもらうため外出《がいしゅつ》していました。そのときは7歳《さい》の妹《いもうと》・文子《ふみこ》が和子《かずこ》を、2歳《さい》になるいとこの子《こ》を私《わたし》がおんぶしました。空腹《くうふく》のため泣《な》く子《こ》に竹《たけ》の若芽《わかめ》の柔《やわ》らかい根元《もと》をかませるなどしましたが、なかなか泣《な》きやみません。子《こ》どもと一緒《いっしょ》に泣《な》くこともありました。米軍《べいぐん》がいる山《やま》の上《うえ》に聞《き》こえるのではないかと気《き》が気《き》でなりませんでした。

外出《がいしゅつ》している家族《かぞく》が敵《てき》の捕虜《ほりょ》になっていないか、小銃《しょうじゅう》で撃《う》たれていないかなどを考《かんが》え、毎日不安《まいにちふあん》でした。夕方《ゆうがた》になり米《べい》軍《ぐん》が山《やま》から下《お》りたころ、戻《もど》ってきた家族《かぞく》の声《こえ》でほっとして泣《な》

沖縄本島における沖縄戦と山田親幸さんの歩み

（●は山田さんの出来事）

1934年7月15日	●名護町幸喜で山田親幸さんが10人きょうだいの5番目に生まれる
1936年	●金武村並里に家族で移住する
1941年4月	●名護町東江に引っ越す 名護国民学校東江分校に入学する
12月8日	日本軍がハワイ真珠湾を攻撃。太平洋戦争が始まる
1942年4月	●大宜味村喜如嘉に家族で移住、喜如嘉国民学校に編入する
1945年3月23日	米軍による沖縄本島攻撃 沖縄戦がはじまる
4月1日	米軍が沖縄本島に上陸
4月7日頃	●家族で喜如嘉国民学校裏の炭焼き窯に避難する
4月12日頃	●家族、親戚11人と喜如嘉の谷底に避難する
6月22日	第32軍牛島満司令官が摩文仁で自決する（23日の説もある）
1945年7月13日	●米軍が住民に「谷底から出るように」と通告する
7月15日	●国民学校校長の父を残して下山
7月16日	●親戚に連れられて父も下山し、再会を果たす

写真：沖縄県公文書館所蔵

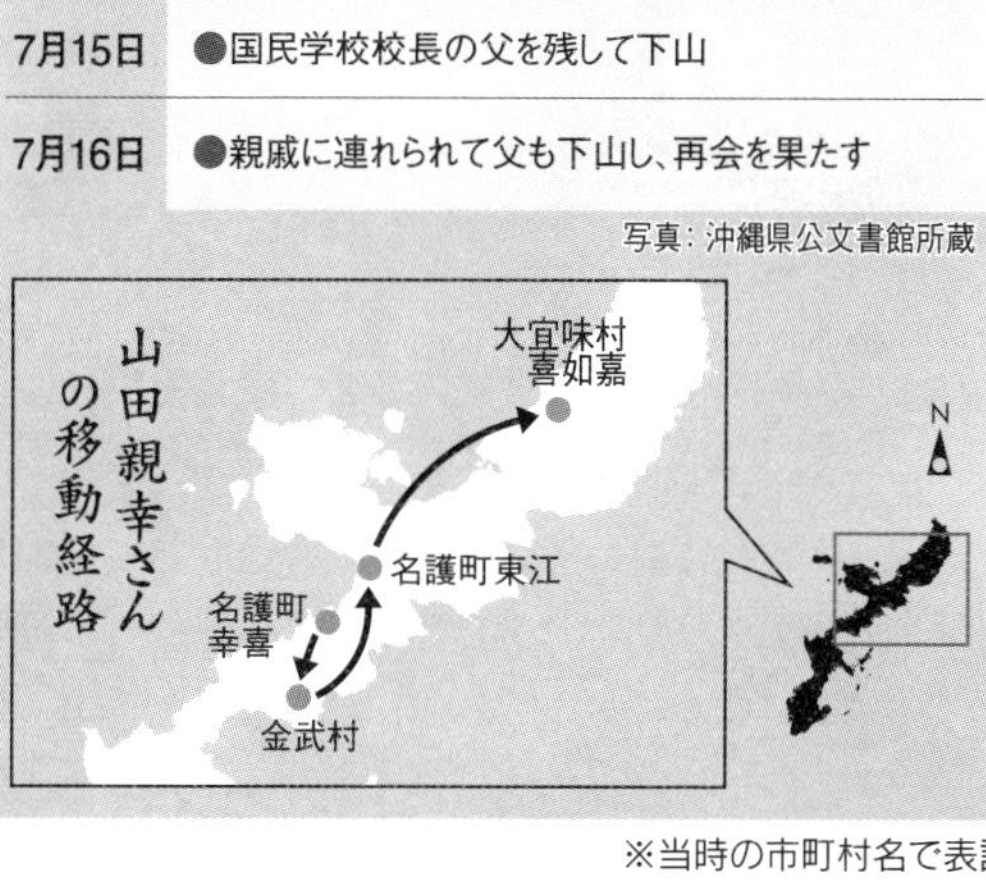

※当時の市町村名で表記

き出《だ》すこともありました。子守《こもり》は本当《ほんとう》につらい仕事《しごと》でした。

《山中《さんちゅう》での避難生活《ひなんせいかつ》が長引《ながび》き、深刻《しんこく》な食料《しょくりょう》不足《ぶそく》になりました》

6月《がつ》上旬《じょうじゅん》ごろ食料《しょくりょう》が底《そこ》をつき、食料泥棒《しょくりょうどろぼう》をしようかどうしようかと家族全員《かぞくぜんいん》で集《あつ》まって話《はな》し合《あ》いました。年上順《としうえじゅん》に意見《いけん》を述《の》べていくが「泥棒《どろぼう》してまで生《い》きようと思《おも》わない」という結論《けつろん》になりました。不思議《ふしぎ》なことにその直後《ちょくご》、周《まわ》りが食料《しょくりょう》のお裾分《すそわ》けをしてくれて食《く》いつないでいけました。この会議《かいぎ》は2回《かい》ありました。

《4カ月《げつ》の避難生活《ひなんせいかつ》に終止符《しゅうしふ》を打《う》つ日《ひ》が来《き》ました》

7月《がつ》13日《にち》に米軍《べいぐん》が「48時間以内《じかんいない》に谷底《たにぞこ》から出《で》るように」と通告《つうこく》を出《だ》してきました。その時《とき》も家族会議《かぞくかいぎ》をしました。父《ちち》は「校長《こうちょう》の立場上《たちばじょう》、捕虜《ほりょ》にはなれないからここに残《のこ》る。みんなは山《やま》を下《お》りなさい」と話《はな》しました。私《わたし》の誕生日《たんじょうび》の15日《にち》に父《ちち》を谷底《たにぞこ》に残《のこ》し、集落内《しゅうらくない》に下《お》りました。しかし父《ちち》も連《つ》れてこないといけないということで翌日《よくじつ》には親戚《しんせき》が谷底《たにぞこ》に戻《もど》り連《つ》れてきました。こうして山田家《やまだけ》と喜如嘉《きじょか》住民《じゅうみん》の避難《ひなん》生活《せいかつ》は終《お》わりました。

《戦争《せんそう》を生《い》き抜《ぬ》いた山田《やまだ》さんは自身《じしん》の経験《けいけん》を踏《ふ》まえ戦争《せんそう》は反対《はんたい》だと話《はな》します》

戦争《せんそう》というのは命《いのち》も奪《うば》うが障《しょう》がい者《しゃ》も生《う》む。特《とく》に障《しょう》がい

メモ　障がい者の沖縄戦体験

沖縄県教育委員会《おきなわけんきょういくいいんかい》が2017年《ねん》3月《がつ》に出版《しゅっぱん》した新《あたら》しい「沖縄県史《おきなわけんし》」の各論編《かくろんへん》6「沖縄戦《おきなわせん》」には、障《しょう》がい者《しゃ》の戦争体験《せんそうたいけん》が載《の》っています。目《め》の不自《ふじ》由《ゆう》な人《ひと》が親族《しんぞく》に手《て》を引《ひ》かれ逃《に》げた話《はなし》や、耳《みみ》が不自由《ふじゆう》で砲撃音《ほうげきおん》が聞《き》こえず、スパイの疑《うたが》いをかけられた人《ひと》の体験《たいけん》などを紹介《しょうかい》しています。障《しょう》がい者《しゃ》は大変厳《たいへんきび》しい戦争体験《せんそうたいけん》を強《し》いられました。戦場《せんじょう》に置《お》き去《ざ》りにされた人《ひと》もいるのです。戦後《せんご》も苦《くる》しい生活《せいかつ》が続《つづ》きます。行政《ぎょうせい》の支援《しえん》が始《はじ》まるのは1950年代《ねんだい》からです。障《しょう》がい者《しゃ》の戦争体験《せんそうたいけん》の記録《きろく》はまだ十分《じゅうぶん》とは言《い》えません。沖縄戦《おきなわせん》の姿《すがた》を明《あき》らかにするためにも、体験者《たいけんしゃ》の証言収集《しょうげんしゅうしゅう》と研究《けんきゅう》が必要《ひつよう》です。

者《しゃ》は弱《よわ》いですから、戦争《せんそう》の犠牲《ぎせい》になることが多《おお》い。戦争《せんそう》によって障《しょう》がいを負《お》う人《ひと》もいるし、亡《な》くなる人《ひと》もいる。全然戦《ぜんぜんせん》争《そう》で得《とく》することはない。命《いのち》も、財産《ざいさん》も文化財《ぶんかざい》も環境《かんきょう》も奪《うば》われる。戦争《せんそう》につながることは今《いま》でも反対《はんたい》です。

―聞いて学んだ―

平和の尊さを学んだ

宇垣真暉さん（上山中2年）

今《いま》、自分《じぶん》たちが当《あ》たり前《まえ》のように過《す》ごせているのは幸《しあわ》せなことで、平和《へいわ》でいるおかげで今《いま》の暮《く》らしができているのだと感《かん》じました。食《た》べ物《もの》がないとか、住《す》んでいる所《ところ》に困《こま》るということが戦争《せんそう》の時《とき》は当《あ》たり前《まえ》だったと知《し》りました。

6畳《じょう》のスペースに家族《かぞく》9人《にん》で過《す》ごしていたという話《はなし》は本当《ほんとう》に驚《おどろ》きました。自分《じぶん》で食《た》べ物《もの》を取《と》りに行《い》くというのも平和《へいわ》の時代《じだい》に生《い》きている自分《じぶん》には想像《そうぞう》できません。平和《へいわ》であることの尊《とうと》さを山田《やまだ》さんの話《はなし》から一番学《いちばんまな》びました。

戦争の愚かさを実感

仲里聡真さん（上山中2年）

最後《さいご》の「戦争《せんそう》は得《とく》するものはない。失《うしな》うものばかりだ」という言葉《ことば》が一番印象《いちばんいんしょう》に残《のこ》っています。話《はなし》を聞《き》いて同《おな》じことを感《かん》じたので、本当《ほんとう》に重《おも》みがありました。

戦時中《せんじちゅう》に有毒《ゆうどく》で普通《ふつう》なら食《た》べられないソテツをどうにか工夫《くふう》して食《た》べていたエピソードに衝撃《しょうげき》を受《う》けました。そうでもしないと生《い》きていけない厳《きび》しい環境《かんきょう》だったのだと感《かん》じました。山田《やまだ》さんは弱視《じゃくし》で、周《まわ》りを見《み》るのも難《むずか》しい状況《じょうきょう》で食《た》べ物《もの》を探《さが》しに行《い》ったと話《はな》していて、強《つよ》く生《い》きる意思《いし》を持《も》っていたと感《かん》じました。

―記者も学んだ―

「戦争《せんそう》は人《ひと》の命《いのち》も奪《うば》うが、障《しょう》がい者《しゃ》を生《う》む」。この言葉《ことば》が一番印象《いちばんいんしょう》に残《のこ》っています。「戦争《せんそう》さえなければ障《しょう》がい者《しゃ》になることはなかった」という人《ひと》がどれくらいいたのかを調《しら》べ、後世《こうせい》に語《かた》り継《つ》ぐことも戦争《せんそう》の悲惨《ひさん》さを伝《つた》えることになるのかもしれません。

沖縄戦史《おきなわせんし》の中《なか》で記録《きろく》されている障《しょう》がいがある人《ひと》の戦争体験談《せんそうたいけんだん》はごくわずかです。体験者《たいけんしゃ》の高齢化《こうれいか》が進《すす》む中《なか》で、山田《やまだ》さんのような体験者《たいけんしゃ》の声《こえ》を集《あつ》めるのも同時《どうじ》に急務《きゅうむ》だとあらためて感《かん》じました。（宮城美和《みやぎみわ》、29歳）

129 県立第一高等女学校・15歳／翁長安子さん(88)

那覇《なは》市《し》三原《みはら》に住《す》む翁長《おなが》(旧姓《きゅうせい》善平《よしひら》)安子《やすこ》さんは1945年《ねん》3月《がつ》、首里《しゅり》安国寺《あんこくじ》の永岡敬淳《ながおかけいじゅん》住職《じゅうしょく》が隊長《たいちょう》を務《つと》めていた沖縄特設警備隊《おきなわとくせつけいびたい》第《だい》223中隊《ちゅうたい》(通称《つうしょう》・永岡《ながおか》隊《たい》)に看護要員《かんごよういん》として加《くわ》わりました。当時《とうじ》県立第一高《けんりつだいいちこう》等女学校《とうじょがっこう》の生徒《せいと》で、まだ15歳《さい》でした。激《はげ》しい戦火《せんか》の中《なか》を生《い》き抜《ぬ》き、一人《ひとり》で南部《なんぶ》に避難《ひなん》しました。翁長《おなが》さんの話《はなし》を県立首里高校《しゅりこうこう》1年《ねん》の田島結奈《たじまゆな》さん(16)と井上実《いのうえみ》歩子《ほこ》さん(16)が聞《き》きました。

「馬乗り」から脱出、被弾

《翁長《おなが》さんは1929年《ねん》、真和志村《まわしそん》(現那覇市《げんなはし》)に生《う》まれました。45年《ねん》2月《がつ》、真和志村民《まわしそんみん》は大宜味村押川《おおぎみそんおしかわ》に疎《そ》開《かい》するようにと命令《めいれい》が出《だ》されます。しかし翁長《おなが》さんは真和志《まわし》にとどまりました》

兄《あに》2人《ふたり》が兵隊《へいたい》だったので、私《わたし》もお国《くに》のために役立《やくだ》ちたいと思《おも》ってました。親友《しんゆう》の金城《きんじょう》貞子《さだこ》さんと信子《のぶこ》お姉《ねえ》さんの姉妹《しまい》もお父《とう》さまが小学校《しょうがっこう》の校長先生《こうちょうせんせい》をされていたため疎《そ》開《かい》しなかった。それで私《わたし》も「一緒《いっしょ》に頑張《がんば》ろう」と思《おも》ったのね。でも貞子《さだこ》さんは集合《しゅうごう》の伝令《でんれい》が出《で》て、南風原《はえばる》の陸軍病院《りくぐんびょういん》に行《い》きました。

一緒《いっしょ》に頑張《がんば》ろうと誓《ちか》った親友《しんゆう》と離《はな》れ、寂《さび》しかったです。そんな時《とき》、安国寺《あんこくじ》の住職《じゅうしょく》である永岡敬淳隊長《ながおかけいじゅんたいちょう》が率《ひき》いる永岡《ながおか》隊《たい》が、炊事《すいじ》などをする看護要員《かんごよういん》を募集《ぼしゅう》しているとの話《はなし》を聞《き》きました。信子姉《のぶこねえ》さんがその看護要員《かんごよういん》に誘《さそ》われていて、私《わたし》も「信子姉《のぶこねえ》さんと共《とも》に従軍《じゅうぐん》しよう」と決《き》めました。

《永岡隊《ながおかたい》に集《あつ》まったのは20歳前後《はたちぜんご》の女性《じょせい》8人《にん》。15歳《さい》は、翁長《おなが》さんただ1人《ひとり》でした》

私《わたし》は炊事係《すいじがかり》として働《はたら》いたけど体《からだ》が小《ちい》さいから、おにぎりを握《にぎ》っても小《ちい》さいし、うまくできない。敵《てき》に見《み》つかりにくいから水《みず》くみや飯運《めしはこ》びをやりました。私《わたし》がいた首里《しゅり》は全軍《ぜんぐん》を指揮《しき》する第《だい》32軍司令部《ぐんしれいぶ》があったので、米軍《べいぐん》からの攻撃《こうげき》が激《はげ》しかった。残《のこ》ったのは県立一中《けんりついっちゅう》(現首里高校《げんしゅりこうこう》)の鉄筋《てっきん》コンクリートの校舎《こうしゃ》と教会《きょうかい》ぐらい。弾《たま》が飛《と》び交《か》い、米軍《べいぐん》が通過《つうか》する中《なか》を、何回《なんかい》も死《し》んだふりしながらご飯《はん》を運《はこ》びました。

《米軍《べいぐん》の猛攻《もうこう》を受《う》け、第《だい》32軍《ぐん》司令部《しれいぶ》が5月《がつ》27日《にち》に首里《しゅり》から撤退《てったい》を始《はじ》めました。でも永岡隊《ながおかたい》は郷土部隊《きょうどぶたい》だから最後《さいご》まで首里《しゅり》を守《まも》り抜《ぬ》けと伝令《でんれい》が出《で》ます。翁長《おなが》さんは安国寺《あんこくじ》にある壕《ごう》にとどまっていました》

29日《にち》の明《あ》け方《がた》、水《みず》くみに出《で》ると、哨兵《しょうへい》が「トンボ（偵察機《ていさつき》）

翁長安子さん（88）
沖縄戦の体験談を語る翁長安子さん＝那覇市の首里高校

が来《く》るぞー」と叫《さけ》ぶやいなや、いつもより早《はや》く偵察機《ていさつき》が飛《と》んできました。日本軍《にほんぐん》が撤退《てったい》しているか確認《かくにん》するためだったんでしょうね。大急《おおいそ》ぎで壕《ごう》に駆《か》け込《こ》んだけど、すぐさま戦《せん》車砲《しゃほう》がボーンと響《ひび》きました。どんどん戦車《せんしゃ》が近《ちか》づいてくる音《おと》がして、火炎放射器《かえんほうしゃき》が壕《ごう》の入《い》り口《くち》を焼《や》き始《はじ》めました。

炎《ほのお》と煙《けむり》はようやく収《おさ》まったけど、息苦《いきぐる》しくてたまらない。壕《ごう》の上《うえ》でギリギリッ、ギリギリッと音《おと》がしました。永岡《ながおか》隊長《たいちょう》が「馬乗《うまの》りされたな」とおっしゃいました。馬乗《うまの》りとは米軍《べいぐん》が壕《ごう》の上《うえ》に乗《の》って、穴《あな》を掘《ほ》って爆薬《ばくやく》を入《い》れること。トンネルを掘《ほ》るときにする作業《さぎょう》を、私《わたし》たちがいる壕《ごう》でもしたのよ。ガラガラッと岩《いわ》が崩《くず》れ始《はじ》めた音《おと》は聞《き》いたけど、その後《ご》はよく覚《おぼ》えてません。

私《わたし》たち女性《じょせい》の側《がわ》には大《おお》きな金庫《きんこ》があったから岩《いわ》が崩《くず》れても助《たす》かったけど、脱出《だっしゅつ》しないといけない。永岡隊長《ながおかたいちょう》のベルトを握《にぎ》って踏《ふ》み出《だ》して出口《でぐち》に来《き》たら、辺《あた》り一面《いちめん》は首《くび》や手足《てあし》のちぎれた死体《したい》がごろごろ。注意深《ちゅういぶか》く一歩《いっぽ》二歩《にほ》と歩《ある》いたけど死体《したい》を踏《ふ》んで転《ころ》んで、崖《がけ》から転《ころ》げ落《お》ちてしまいました。

《崖《がけ》から落《お》ちながらも一命《いちめい》を取《と》り留《と》めた翁長《おなが》さん。しかし、周《まわ》りには誰《だれ》もいません。這《は》いながら本島南部《ほんとうなんぶ》を

目指《めざ》します》

現在首里《げんざいしゅり》にある「一中健児之塔《いっちゅうけんじのとう》」の近《ちか》くまで行《い》くと、米兵《べいへい》に遭遇《そうぐう》しました。死《し》んだふりをして通《とお》り過《す》ぎるのを待《ま》ち、泉《いずみ》の水《みず》を飲《の》むと、背中《せなか》に激《はげ》しい痛《いた》みが。その時《とき》、初《はじ》めて背中《せなか》を撃《う》たれていると知《し》りました。

這《は》って避難《ひなん》していると、日本兵《にほんへい》にスパイの疑《うたが》いをかけられました。「永岡隊《ながおかたい》の善平安子《よしひらやすこ》です」と名乗《なの》ると、日本兵《にほんへい》から永岡隊《ながおかたい》は国場川《こくばがわ》を渡《わた》ったと教《おし》えてもらいました。私《わたし》はけがしているから、水《みず》の中《なか》は歩《ある》けない。壊《こわ》れかけた一日橋《いちにちばし》を渡《わた》り津嘉山《つかざん》、東風平《こちんだ》とキビを杖《つえ》にして歩《ある》いていると、夜《よる》が明《あ》けてきました。

《翁長《おなが》さんが疲《つか》れて眠《ねむ》っていると、知《し》り合《あ》いのおじさんが起こしてくれました。そして八重瀬岳《やえせだけ》の野戦病院《やせんびょういん》を紹介《しょうかい》してくれました》

病院《びょういん》で一晩横《ひとばんよこ》になって、永岡隊《ながおかたい》が目的地《もくてきち》として決《き》めていた場所《ばしょ》に行《い》ったけど、その場所《ばしょ》には空《あ》いた壕《ごう》はなく、既《すで》に永岡隊《ながおかたい》は糸洲《いとす》（現糸満市《げんいとまんし》）の方《ほう》に向《む》かっていました。途中《とちゅう》で同《おな》じく首里《しゅり》から避難《ひなん》してきた兵隊《へいたい》さん2人《ふたり》に遭遇《そうぐう》しました。肩《かた》を抱《かか》え合《あ》って、1人《ひとり》はかかとが大《おお》きくえぐれていました。大《おお》きなウジ虫《むし》がもこもこ動《うご》いていて。勇気《ゆうき》を出《だ》してススキでウジ虫《むし》をはらいました。2人《ふたり》の兵隊《へいたい》さんと糸洲《いとす》の壕《ごう》へやっとの思《おも》いでたどり着《つ》きました。

米軍の猛攻撃で水玉模様に穴が空いた地面や裂かれた木々=1945年、那覇市首里（沖縄県公文書館所蔵）

隊長「生きて、戦を伝えて」

《糸洲《いとす》の壕《ごう》に着《つ》いた翁長《おなが》さん。3日後《みっかご》に永岡隊長《ながおかたいちょう》が糸満《いとまん》の轟《とどろき》の壕《ごう》に着《つ》いたと連絡《れんらく》が来《き》ます》

永岡隊長《ながおかたいちょう》に会《あ》いに轟《とどろき》の壕《ごう》へ行《い》きました。永岡隊長《ながおかたいちょう》は涙《なみだ》を流《なが》して「女《おんな》の子《こ》がよくぞ生《い》き延《の》びて」と頭《あたま》を力強《ちからづよ》くなでてくれました。私《わたし》も父親《ちちおや》に会《あ》えたような気持《きも》ちで、涙《なみだ》があふれてきました。

その後《ご》、米軍《べいぐん》の攻撃《こうげき》がいっそう激《はげ》しくなりました。後《あと》で聞《き》いたのですが、アメリカのバックナー中将《ちゅうじょう》が日本軍《にほんぐん》の弾《たま》で死《し》んだそうです。ありったけの弾《たま》や爆弾《ばくだん》が降《ふ》ってきて、多《おお》くの民間人《みんかんじん》が亡《な》くなりました。やっとのことで逃《に》げて生《い》きながらえたのに。弾《たま》は人《ひと》を選《えら》ばない。落《お》ちたら無差別《むさべつ》に人《ひと》を殺《ころ》す。それが戦争《せんそう》です。

山城《やましろ》の壕《ごう》（糸満《いとまん》）に移動《いどう》して、6月《がつ》22日《にち》に永岡隊長《ながおかたいちょう》が「総《そう》攻撃《こうげき》があるから女性《じょせい》は壕《ごう》から出《で》なさい」と言《い》われました。隊長《たいちょう》は数珠《じゅず》を私《わたし》に掛《か》けてくれて「生《い》きて、この戦《いくさ》を伝《つた》えるんだ」と。そう言《い》われると生《い》きないといけない。私《わたし》は壕《ごう》を出《で》

沖縄戦と翁長安子さんの歩み

（●は翁長さんの出来事）

1929年	**●翁長安子さんが真和志村（現那覇市）に生まれる**
1944年10月10日	米軍機が沖縄本島、先島を襲撃。那覇市の90%が焼失する（10・10空襲）
1945年3月	**●沖縄特設警備隊第223中隊（永岡隊）に看護要員として従軍**
5月27日	第32軍、首里を放棄し、南部へと撤退し始める
5月29日	**●安国寺で馬乗り攻撃に遭う。一人ぼっちになり、南部へ避難する** **●八重瀬岳の野戦病院で手当を受け、負傷兵2人と糸満へ。永岡隊長と再会**
6月22日	第32軍牛島司令官が摩文仁で自決（23日説もある）
6月22日	**●山城の壕で米軍に捕らわれる。その後、石川の収容所に移動する**
1946年1月	真和志村民、摩文仁に移動を命じられる
2月27日	魂魄の塔が建立される

写真：沖縄県公文書館所蔵

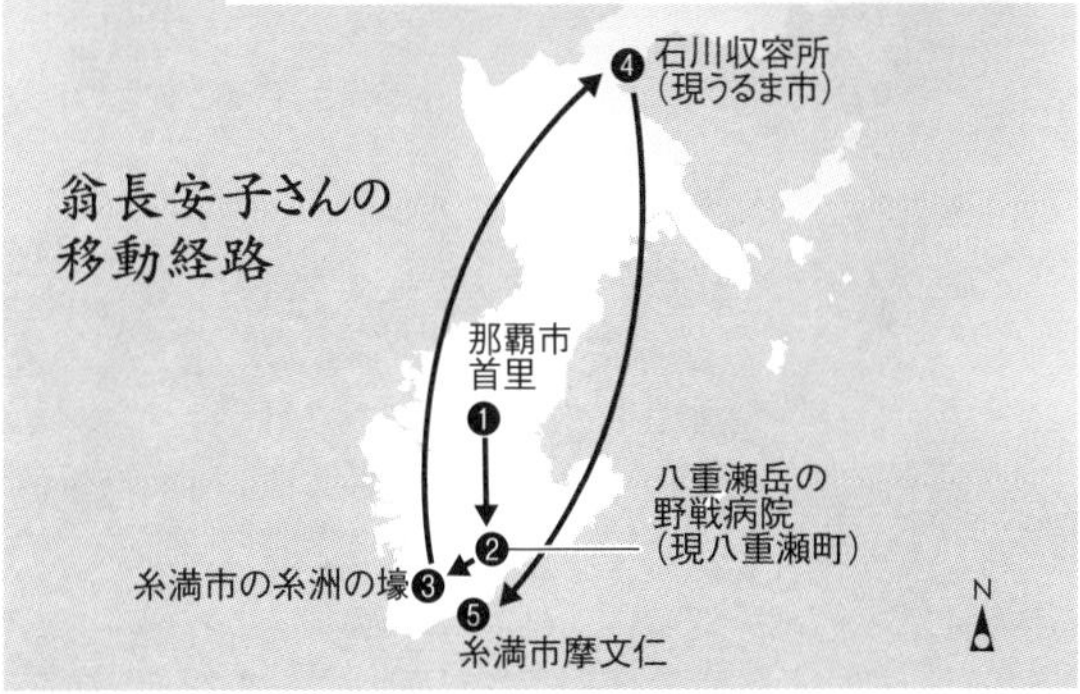

て捕虜《ほりょ》となりました。

米軍《べいぐん》のトラックに乗《の》せられ道《みち》を進《すす》むと、道端《みちばた》と海岸《かいがん》沿《ぞ》いには腐乱《ふらん》死体《したい》があふれてました。脇《わき》には死《し》んだお母《かあ》さんのおっぱいを吸《す》ってる赤《あか》ちゃん。首《くび》のない子《こ》を抱《かか》えて歩《ある》くおばあさん。ああ、沖縄《おきなわ》の人《ひと》はなぜこんな目《め》に遭《あ》わないといけないんだろう。戦争《せんそう》の間《あいだ》、何度《なんど》もむごい場面《ばめん》を目《め》にしていたけれど、あの光景《こうけい》と死臭《ししゅう》は忘《わす》れられません。

《翁長《おなが》さんは石川収容所《いしかわしゅうようじょ》に収容《しゅうよう》されます》

石川《いしかわ》はテントはあったけど、若《わか》い人《ひと》は外《そと》で眠《ねむ》らされました。そして6キロ、7キロ離《はな》れた所《ところ》までイモを掘《ほ》りに行《い》かされました。イモ掘《ほ》りか米兵《べいへい》の衣類《いるい》の洗濯《せんたく》をしないとご飯《はん》がもらえない。イモ掘《ほ》りで行動《こうどう》が遅《おそ》いと米兵《べいへい》にムチで尻《しり》をたたかれました。悔《くや》しくて、悲《かな》しくて「死《し》んでおけば良《よ》かった」と思《おも》って、1人《ひとり》の時《とき》は泣《な》いてましたね。

やがて真和志《まわし》村民《そんみん》は摩文仁《まぶに》村《そん》(現糸満市《げんいとまんし》)米須《こめす》に行《い》くよう知《し》らせがあり、別《わか》れていた母親《ははおや》や知《し》り合《あ》いと一緒《いっしょ》に暮《く》らせるようになりました。けれど親友《しんゆう》の金城貞子《きんじょうさだこ》さん、信子《のぶこ》姉《ねえ》さんは亡《な》くなっていました。2人《ふたり》のお母《かあ》さんは最期《さいご》を知《し》ろうと必死《ひっし》に探《さが》し回《まわ》っていて、私《わたし》も何度《なんど》かお供《とも》をしました。

摩文仁《まぶに》は激戦地《げきせんち》で、多《おお》くの人《ひと》が亡《な》くなった場所《ばしょ》。至《いた》るところに遺骨《いこつ》が野《の》ざらしにされていました。学校《がっこう》ができたけど、勉強《べんきょう》は二《に》の次《つぎ》で遺骨収集《いこつしゅうしゅう》に励《はげ》みました。2人一組《ふたりひとくみ》になってカマスを持《も》って、拾《ひろ》ったお骨《こつ》は海岸近《かいがんちか》くに納《おさ》めていたけど、予想以上《よそういじょう》にあって納骨堂《のうこつどう》を建《た》てることになりました。それが戦後初《せんごはじ》めて造《つく》られた魂魄《こんぱく》の塔《とう》です。

メモ　糸満市米須の「魂魄の塔」

糸満市米須《いとまんしこめす》にあり、沖縄戦後初《おきなわせんごはじ》めて造《つく》られた慰霊《いれい》の塔《とう》です。「霊魂《れいこん》と共《とも》に生《い》きる」という意味《いみ》を込《こ》め「魂魄《こんぱく》」と名付《なづ》けられました。米《こめ》須《す》に集《あつ》められた真和志村民《まわしそんみん》が、野《の》ざらしだった遺骨《いこつ》を収集《しゅうしゅう》したのがきっかけです。最初《さいしょ》は米須海岸《こめすかいがん》にある洞窟《どうくつ》に納《おさ》めていましたが、予《よ》想以上《そういじょう》に遺骨《いこつ》が集《あつ》まり、米軍《べいぐん》が提供《ていきょう》したセメントや周囲《しゅうい》にあった石《いし》を積《つ》み上《あ》げて1946年《ねん》2月《がつ》に慰霊碑《いれいひ》を建《た》てました。最終的《さいしゅうてき》には約《やく》3万《まん》5000体《たい》の遺骨《いこつ》を納《おさ》めました。75年《ねん》に戦没《せんぼつ》者中央納骨所《しゃちゅうおうのうこつしょ》(那覇市《なはし》)に遺骨《いこつ》が移《うつ》され、さらに79年《ねん》には国立沖縄戦没者墓苑《こくりつおきなわせんぼつしゃぼえん》(糸満《いとまん》市《し》)に移《うつ》されました。

「慰霊祭《いれいさい》をいつまでするんだ」と言《い》う人《ひと》もいるけれど、戦《せん》争《そう》で亡《な》くなった多《おお》くの人《ひと》は骨《ほね》を拾《ひろ》われることもなく野《の》ざらしにされ、海《うみ》の底《そこ》で沈《しず》んでいる。私《わたし》は目《め》の黒《くろ》いうちは祈《いの》り続《つづ》け、慰霊祭《いれいさい》にも行《い》きたい。子《こ》や孫《まご》に戦争《せんそう》を繰《く》り返《かえ》してもらわないためにも「この戦《いくさ》を伝《つた》えるんだ」との信念《しんねん》で動《うご》いてます。

—聞いて学んだ—

弾は人を選ばない

田島結奈さん（首里高1年）

翁長安子《おながやすこ》さんの話《はなし》を聞《き》き、私《わたし》たちは沖縄戦《おきなわせん》についてもっと学《まな》ぶべきだと感《かん》じました。小学生《しょうがくせい》のころから、平《へい》和《わ》学習《がくしゅう》などで戦争《せんそう》について学《まな》んできましたが、体験者《たいけんしゃ》から直接《ちょくせつ》聞《き》かなければ感《かん》じられないこと、分《わ》からないことが多《おお》くありました。一番印象《いちばんいんしょう》に残《のこ》った言葉《ことば》は「弾《たま》は人《ひと》を選《えら》ばない」という言葉《ことば》です。安子《やすこ》さんが見《み》た地獄絵図《じごくえず》、それは想像《そうぞう》を超《こ》える悲《かな》しく恐《おそ》ろしいもので、二度《にど》とあってはなりません。私《わたし》たちが多《おお》くを学《まな》び平和《へいわ》な世《よ》を築《きず》かなくてはと強《つよ》く思《おも》いました。

身震いする体験談

井上実歩子さん（首里高1年）

今回《こんかい》、戦争体験談《せんそうたいけんだん》を聞《き》いて、とてもがくぜんとしました。私《わたし》は今《いま》まで戦争《せんそう》の体験談《たいけんだん》を直接《ちょくせつ》聞《き》いたことがなく、初《はじ》めてのことだったのですが、本《ほん》や動画《どうが》とはまた違《ちが》う独特《どくとく》の緊張感《きんちょうかん》があり、途中《とちゅう》身震《みぶる》いしてしまうこともありました。とても印象的《いんしょうてき》だったのは捕虜《ほりょ》の際《さい》のお話《はなし》も聞《き》けたことです。テントがあっても外《そと》で寝《ね》かされたり、想像以上《そうぞういじょう》の生活《せいかつ》でとても驚《おどろ》きました。今回《こんかい》の体験《たいけん》をきっかけに多《おお》くの慰霊碑《いれいひ》に足《あし》を運《はこ》び、もっと学《まな》び考《かんが》えていきたいです。

—記者も学んだ—

翁長《おなが》さんの証言《しょうげん》を二度《にど》、直接伺《ちょくせつうかが》いました。最初《さいしょ》はご自宅《じたく》で、翁長《おなが》さんは時《とき》に涙《なみだ》を浮《う》かべ、声《こえ》を絞《しぼ》り出《だ》して3時間以上《じかんいじょう》も話《はな》してくれました。高校生《こうこうせい》を前《まえ》にした時《とき》も予定時間《よていじかん》を優《ゆう》に超《こ》えました。「この体験《たいけん》、気持《きも》ちは3時間《じかん》で分《わ》かるものではない」。翁長《おなが》さんのように体験《たいけん》を語《かた》り継《つ》いでいる方《かた》もいれば、悲《かな》しみや恐怖《きょうふ》を今《いま》も心《こころ》に抑《おさ》え込《こ》んでいる方《かた》もいます。沖縄戦《おきなわせん》は今《いま》も続《つづ》いています。翁長《おなが》さんのその目《め》、手《て》、声《こえ》、動作《どうさ》の一《ひと》つ一《ひと》つがそのことを示《しめ》していました。（玉城文《たまきあや》、35歳《さい》）

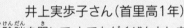

玉城村《たまぐすくそん》(現在《げんざい》の南城市《なんじょうし》玉城《たまぐすく》)で生《う》まれ育《そだ》った上江《うえ》洲《ず》初枝《はつえ》さんは、家族《かぞく》が熊本《くまもと》に疎開《そかい》するなか、高齢《こうれい》だった祖母《そぼ》と共《とも》に沖縄《おきなわ》に残《のこ》り、沖縄戦《おきなわせん》では墓《はか》に身《み》を隠《かく》して戦火《せんか》を逃《のが》れました。上江洲《うえず》さんの話《はなし》を那覇市立石《なはしりついし》嶺中学校《みねちゅうがっこう》1年《ねん》の高良真央《たからまお》さん(13)と小出華蓮《こいでかれん》さん(13)が聞《き》きました。

祖母を背負い、墓を転々

《上江洲《うえず》さんは、1927年12月《がつ》、玉城村船越《たまぐすくそんふなこし》で生《う》まれました。玉城国民学校高等科《たまぐすくこくみんがっこうこうとうか》になると父《ちち》・昌幸《しょうこう》さんの仕事《しごと》の関係《かんけい》で、家族《かぞく》で横浜《よこはま》に引《ひ》っ越《こ》しました》

横浜《よこはま》にいた時《とき》は戦争《せんそう》の影《かげ》を感《かん》じることなく、平穏《へいおん》な毎日《まいにち》を過《す》ごしました。初《はじ》めて体験《たいけん》する本土《ほんど》の冬《ふゆ》はとても寒《さむ》く、学校《がっこう》では教室《きょうしつ》ごとにストーブがありました。先生《せんせい》が、南国《なんごく》出身《しゅっしん》の私《わたし》に気《き》を遣《つか》ってくださって、いつもストーブの前《まえ》に座《すわ》らせてくれて、何《なん》とか冬《ふゆ》を乗《の》り切《き》ることができました。

横浜《よこはま》の学校《がっこう》は沖縄《おきなわ》と違《ちが》い、英語《えいご》の授業《じゅぎょう》もありました。同級生《どうきゅうせい》が「This is a pen」と流《りゅう》ちょうに英語《えいご》を話《はな》していたのに驚《おどろ》きました。沖縄《おきなわ》ではクラスの中《なか》で優秀《ゆうしゅう》な成績《せいせき》の生徒《せいと》に与《あた》えられる優等賞《ゆうとうしょう》をもらっていたのですが、横浜《よこはま》では下《した》から数《かぞ》えた方《ほう》が早《はや》いほどの成績《せいせき》でした。馬鹿《ばか》にされないように本屋《ほんや》に通《かよ》い、必死《ひっし》に勉強《べんきょう》しました。

バレーボールクラブにも入《はい》っていました。休《やす》み時間《じかん》は運動場《うんどうじょう》に出《で》て、友人《ゆうじん》たちとよく遊《あそ》んでいました。チャイムが鳴《な》り、置《お》いて行《い》かれそうになったときに「おーい、待《ま》ってよ」と言《い》うと、同級生《どうきゅうせい》から「女《おんな》の子《こ》はちょっと待《ま》ってと言《い》うのよ。男《おとこ》の子《こ》みたいね」と笑《わら》われたのを覚《おぼ》えています。

《戦争《せんそう》の気配《けはい》が沖縄《おきなわ》にも色濃《いろこ》く迫《せま》っていた44年《ねん》、上江《うえ》洲《ず》さん一家《いっか》は故郷《こきょう》の沖縄《おきなわ》に戻《もど》ります》

17歳《さい》の年《とし》に沖縄《おきなわ》に戻《もど》ってきました。その頃《ころ》の沖縄《おきなわ》は、戦争《せんそう》に備《そな》えて若者《わかもの》は日本軍《にほんぐん》の陣地《じんち》や物資保管《ぶっしほかん》のための壕《ごう》を造《つく》る作業《さぎょう》を任《まか》されていました。

学校《がっこう》に通《かよ》うこともなく、勉強《べんきょう》もせずに、バーキ（竹《たけ》で作《つく》った籠《かご》）に土《つち》をためてどこかに運《はこ》ぶといった作業《さぎょう》が朝《あさ》から夕方《ゆうがた》まで続《つづ》きました。少《すこ》しもつらいと感《かん》じることはありませんでした。壕造《ごうづく》りを頑張《がんば》っていれば、日本《にほん》は戦争《せんそう》に勝《か》てるものだとばかり思《おも》っていたので、一生懸命《いっしょうけんめい》、お国《くに》のためにと精《せい》を出《だ》していました。

上江洲初枝さん（90）

沖縄戦の体験を語る上江洲初枝さん＝那覇市首里鳥堀町

《4月《がつ》ごろ、家族《かぞく》は戦火《せんか》を避《さ》けるため熊本《くまもと》に疎開《そかい》することになりました。上江洲《うえず》さんは80歳《さい》を超《こ》える高齢《こうれい》の祖母《そぼ》と沖縄《おきなわ》に残《のこ》る決意《けつい》をしました》

祖母《そぼ》は小《ちい》さなころから私《わたし》のことを大変《たいへん》かわいがってくれました。ある日《ひ》、脇目《わきめ》もふらずに畑仕事《はたけしごと》をしていたら、祖母《そぼ》が手招《てまね》きして「うっとぅんちゃーに見《み》しらんけーよ」（弟《おとうと》たちには見《み》せたらいけないよ）と言《い》って、当時《とうじ》はとても貴重《きちょう》だった卵《たまご》をくれたこともありました。

家族《かぞく》が熊本《くまもと》に疎開《そかい》することになった時《とき》に、祖母《そぼ》は「わんねー、るーぬしまや、はなりぶくねーらん。いったーびけーやてぃん、いくしましどぅ」（私《わたし》は故郷《こきょう》を離《はな》れたくない。あなたたちだけでも行《い》きなさい）と言《い》っていました。

私《わたし》は、戦場《せんじょう》になる沖縄《おきなわ》に祖母《そぼ》を1人残《ひとりのこ》しては疎開《そかい》なんてできないと思《おも》いました。母《はは》は娘《むすめ》を残《のこ》していくことが耐《た》えられず、泣《な》きながら説得《せっとく》していましたが、私《わたし》の決意《けつい》は固《かた》く、祖母《そぼ》と2人《ふたり》で沖縄《おきなわ》に残《のこ》りました。

もしかしたら、家族《かぞく》と離《はな》れることを寂《さび》しいという気持《きも》ちもあったかもしれません。ですが、父《ちち》と母《はは》がほかの人《ひと》から「年寄《としよ》りを残《のこ》していくなんて非情《ひじょう》だ」と後《うし》ろ指《ゆび》を指《さ》されないように、一生懸命《いっしょうけんめい》祖母《そぼ》を守《まも》ろうという気持《きも》ちの方《ほう》が大《おお》きかったと思《おも》います。

《上江洲《うえず》さんの家族《かぞく》が疎開《そかい》した後《あと》、沖縄《おきなわ》をアメリカ軍《ぐん》の機動部隊《きどうぶたい》が襲《おそ》い、艦載機《かんさいき》が軍事施設《ぐんじしせつ》から住宅《じゅうたく》まで無差別《むさべつ》に爆撃《ばくげき》と機銃掃射《きじゅうそうしゃ》を加《くわ》えました。10・10空襲《くうしゅう》です》

10・10空襲《くうしゅう》の日《ひ》は、家《いえ》で過《す》ごしていました。すさまじい爆音《ばくおん》に驚《おどろ》いて、外《そと》に飛《と》び出《で》ると、那覇《なは》の方面《ほうめん》が赤々《あかあか》と燃《も》え上《あ》がっていました。爆弾《ばくだん》が落《お》とされるたびに火花《ひばな》が舞《ま》い上《あ》がっていて、恐怖《きょうふ》を覚《おぼ》えました。

その後《ご》、私《わたし》の家《いえ》は日本兵《にほんへい》の食料《しょくりょう》などの備蓄倉庫《びちくそうこ》として使《つか》われました。空襲《くうしゅう》が激《はげ》しくなってくると、もう家《いえ》も危険《きけん》だと思《おも》い、足《あし》が不自由《ふじゆう》な祖母《そぼ》を背負《せお》って母方《ははかた》の実家《じっか》の方《ほう》に身《み》を寄《よ》せました。母方《ははかた》の実家《じっか》は５００坪《つぼ》（約《やく》１６００平方《へいほう》メートル）を超《こ》える広《ひろ》さで、敷地内《しきちない》に防空壕《ぼうくうごう》がありました。私《わたし》と祖母《そぼ》は親戚《しんせき》たちを含《ふく》め約《やく》10人《にん》ぐらいで壕《ごう》に隠《かく》れました。

しんめー鍋《なーび》でイモを炊《た》いて過《す》ごしていました。そこもいよいよ危《あぶ》なくなってくると、稲嶺墓《いなんばか》と呼《よ》ばれていた場所《ばしょ》へ移動《いどう》しました。私《わたし》たちの墓《はか》には既《すで》に別《べつ》の家族《かぞく》が隠《かく》れていたので、誰《だれ》の墓《はか》かも分《わ》かりませんが、身《み》を隠《かく》しました。中《なか》は意《い》外《がい》に広《ひろ》く、親戚《しんせき》も含《ふく》め20人《にん》ぐらいが隠《かく》れていたと思《おも》います。

沖縄南部の日本軍の拠点へ爆撃する前に上空を旋回する米軍機＝1945年5月（沖縄県公文書館所蔵）

《その後《あと》、別《べつ》の墓《はか》へ移動《いどう》を繰《く》り返《かえ》します》

稲嶺墓《いなんばか》の所《ところ》も危険《きけん》になり、別《べつ》の場所《ばしょ》へ移動《いどう》することになりました。どこから弾《たま》が飛《と》んでくるのか常《つね》に不安《ふあん》でしたが、幸《さいわ》い次《つぎ》の移動先《いどうさき》まで被害《ひがい》に遭《あ》うことはありませんでした。次《つぎ》に身《み》を隠《かく》した仲栄真墓《なかえまばか》は、入《い》り口《ぐち》や周《まわ》りに木《き》が生《お》い茂《しげ》っていたことから、墓《はか》自体《じたい》がうまく隠《かく》れていました。

昼間《ひるま》に出歩《である》くと危険《きけん》なので、夜《よる》に近《ちか》くの畑《はたけ》から食料《しょくりょう》を取《と》ってきて、飢《う》えをしのぎました。食料《しょくりょう》といっても、ほかの人《ひと》たちが取《と》った後《あと》のイモの欠片《かけら》などです。栄養《えいよう》も足《た》りず、一《いっ》緒《しょ》にいた祖母《そぼ》が体調《たいちょう》を崩《くず》して下痢《げり》気味《ぎみ》になり、だんだん口《くち》数《かず》も少《すく》なくなっていきました。

墓《はか》の近《ちか》くを移動《いどう》している人《ひと》たちが艦砲《かんぽう》に当《あ》たり、肉片《にくへん》が飛《と》んできたこともありました。この状態《じょうたい》がいつまで続《つづ》くのかと、戦争《せんそう》の状況《じょうきょう》もよく分《わ》からず、毎日《まいにち》震《ふる》えながら墓《はか》に隠《かく》れていました。

戦後、疎開の家族と再会

《上江洲《うえず》さんや親戚《しんせき》は墓《はか》に隠《かく》れていたところ、米兵《べいへい》が

沖縄本島における沖縄戦と上江洲初枝さんの歩み

（●は上江洲さんの出来事）

1927年12月25日	●玉城村船越（現南城市）で上江洲初枝さんが生まれる
1934年	●玉城尋常高等小学校に入学する
1941年	●父・昌幸さんの仕事の関係で家族で横浜に引っ越しする
1944年2月	●家族で地元・沖縄に戻る
4月頃	●上江洲さんは祖母と沖縄に残り家族は熊本に疎開する。
10月10日	（10・10空襲）米軍による沖縄本島への大規模空襲
11月	●上江洲さんは実家を離れ、祖母と母方の家の敷地内（玉城村船越）にある防空壕に身を潜める
1945年1月	●防空壕から玉城村の稲嶺家の墓に移動する
3月	●稲嶺墓から玉城村仲栄真家の墓に移動する
4月1日	米軍が沖縄本島に上陸
6月頃	●墓に隠れていたところ、米軍から投降を呼びかけられる。知念村知念の収容所に移る

沖縄県公文書館所蔵

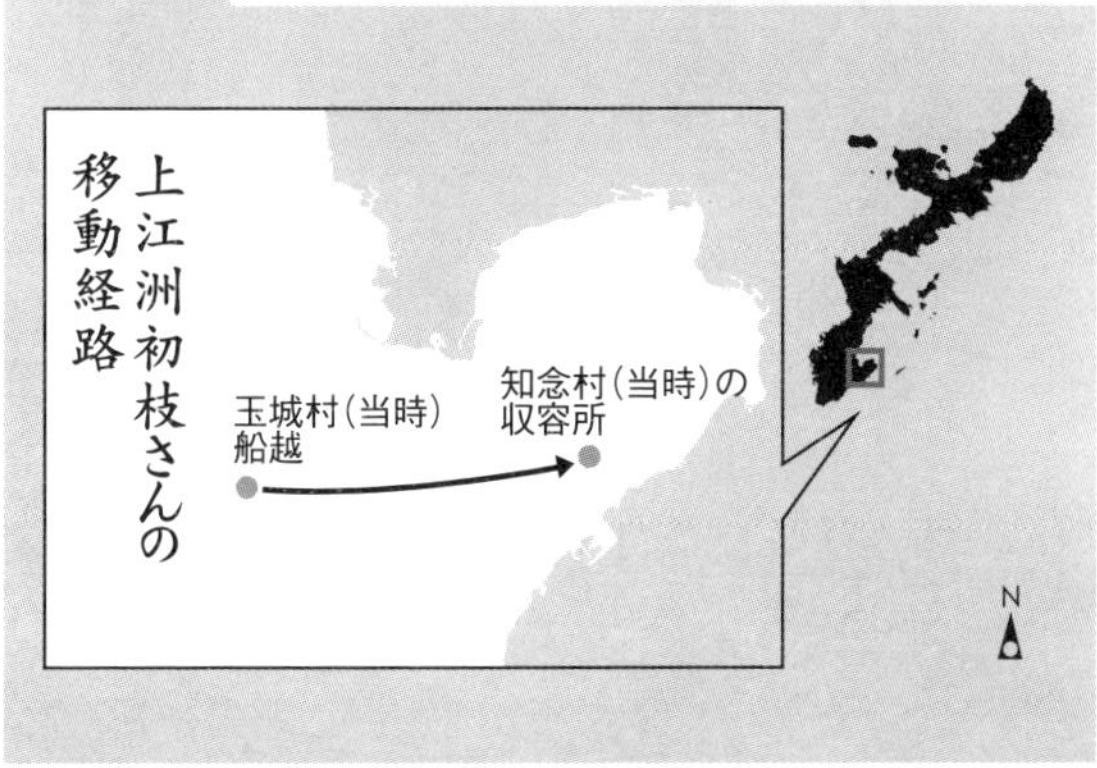

投降《とうこう》を呼《よ》び掛《か》けました》

6月《がつ》ごろだと思《おも》います。墓《はか》の中《なか》に身《み》を隠《かく》していると、青《あお》い目《め》をした米兵《べいへい》が、あめ玉《だま》を持《も》って片言《かたこと》の日本語《にほんご》で「デテコーイ」「デテキナサーイ」と墓《はか》の入《い》り口《ぐち》の方《ほう》から呼《よ》び掛《か》けていました。戦争《せんそう》が始《はじ》まるころから、周《まわ》りの大人《おとな》たちに「鬼畜米英《ちくべいえい》」と頭《あたま》にたたき込《こ》まれていたので、ああ、いよいよ殺《ころ》されるに違《ちが》いないと思《おも》いました。手《て》に持《も》っているあめ玉《だま》も、もしかしたら毒《どく》なのかもしれないと思《おも》いました。

米兵《べいへい》は、持《も》っていたあめ玉《だま》を自《みずか》らの口《くち》に入《い》れて、安全《あんぜん》だということを示《しめ》していました。それを見《み》て、一緒《いっしょ》に墓《はか》に隠《かく》れていた叔父《おじ》が「大丈夫《だいじょうぶ》そうだ」というので、みんなで墓《はか》から出《で》ることにしました。

その後《あと》はトラックに乗《の》せられて知念村知念《ちねんそんちねん》の収容所《しゅうようじょ》に連《つ》れて行《い》かれました。日本《にほん》が戦争《せんそう》に負《ま》けるとは夢《ゆめ》にも思《おも》っていませんでしたが、たくさんの捕虜《ほりょ》になった人《ひと》たちを見《み》て、日本《にほん》は負《ま》けたんだと実感《じっかん》しました。

《上江洲《うえず》さんは、戦時中《せんじちゅう》を振《ふ》り返《かえ》って若者《わかもの》たちに勉強《べんきょう》ができる環境《かんきょう》のありがたさを訴《うった》えます》

私《わたし》は、ほかの人《ひと》たちと比《くら》べると大怪我《おおけが》もしていませんし、長《なが》く逃《に》げ回《まわ》ったわけでもないので、つらい戦争体験《せんそうたいけん》はしていません。疎開《そかい》した家族《かぞく》も全員無事《ぜんいんぶじ》で、その後再会《ごさいかい》することができ、運《うん》が良《よ》かったのだと思《おも》います。ただ振《ふ》り返《かえ》れば、もっと勉強《べんきょう》をしたかったなと思《おも》います。学校《がっこう》にも通《かよ》って、本《ほん》もたくさん読《よ》みたかったです。

メモ　避難民収容所

具志頭村《ぐしかみそん》（現八重瀬町《げんやえせちょう》）のギーザバンタから港川《みなとがわ》付近《ふきん》で米軍《べいぐん》に収容《しゅうよう》された人々《ひとびと》は、玉城村《たまぐすくそん》（現南城市玉城《げんなんじょうしたまぐすく》）百名《ひゃくな》で米軍《べいぐん》の情報機関《じょうほうきかん》CICよって、軍人《ぐんじん》と一般住民《いっぱんじゅうみん》に分《わ》けられました。軍人《ぐんじん》は現在《げんざい》の金武町《きんちょう》にあった屋嘉捕虜収容所《やかほりょしゅうようじょ》に送《おく》られ、住民《じゅうみん》は知念村《ちねんそん》（現南城市知念《げんなんじょうしちねん》）志喜屋《しきや》に置《お》かれた志喜屋避難民収容所《しきやひなんみんしゅうようじょ》に入《はい》りました。志喜屋《しきや》を中心《ちゅうしん》として各字《かくあざ》に避難民収容所《ひなんみんしゅうようじょ》ができました。玉城村垣花《たまぐすくそんかきのはな》、仲村渠《なかんだかり》、百名《ひゃくな》と知念村久手堅《ちねんそんくでけん》、知念《ちねん》、具志堅《ぐしけん》、山里《やまざと》も避難民収容所《ひなんみんしゅうようじょ》となりました。区長《くちょう》が米軍《べいぐん》から任命《にんめい》され、班《はん》を編成《へんせい》して食料《しょくりょう》などの配給《はいきゅう》が行《おこな》われるようになりました。（1994年発行《ねんはっこう》「知念村史第三巻《ちねんそんしだいさんかん》　戦争体験記《せんそうたいけんき》」より）

勉強《べんきょう》ができるということは、当《あ》たり前《まえ》だけど当《あ》たり前《まえ》ではありません。学生《がくせい》時代《じだい》は、見《み》るもの、聞《き》くものすべてが吸《きゅう》収《しゅう》できる貴重《きちょう》な時間《じかん》です。だから今《いま》、勉強《べんきょう》できることに感《かん》謝《しゃ》して時間《じかん》を大切《たいせつ》に過《す》ごしてください。

―聞いて学んだ―

命を大切にしていく

小出華蓮さん（石嶺中1年）

戦時中《せんじちゅう》の生活《せいかつ》は疎開《そかい》した家族《かぞく》と離《はな》れ、沖縄《おきなわ》に残《のこ》った祖《そ》母《ぼ》と2人《ふたり》で昼間《ひるま》は墓《はか》に身《み》を隠《かく》し、夜《よる》に移動《いどう》しながら畑《はたけ》に食料《しょくりょう》を取《と》りに行《い》くという生活《せいかつ》だったと聞《き》きました。今《いま》の私《わたし》たちの生活《せいかつ》は、当《あ》たり前《まえ》のようにバランスの良《よ》い食事《しょくじ》を取《と》れて、ずっと仲間《なかま》が隣《となり》にいます。その上《うえ》、学校《がっこう》にも通《かよ》うことができ、ふかふかのベッドで眠《ねむ》ったり、自分《じぶん》の家《いえ》でゆっくり過《す》ごしたりすることができます。話《はなし》を聞《き》いて、今《いま》できていること全《すべ》てに感謝《かんしゃ》してこれからも命《いのち》を大切《たいせつ》にしたいと思《おも》いました。

今に感謝し過ごしたい

高良真央さん（石嶺中1年）

上江洲《うえず》さんは高校生《こうこうせい》の年齢《ねんれい》で戦争《せんそう》を体験《たいけん》していて、壕《ごう》を掘《ほ》るなど、学校《がっこう》どころではなかったと言《い》っていました。親《おや》やきょうだいが本土《ほんど》に疎開《そかい》して、離《はな》れてしまっても寂《さび》しさを感《かん》じる暇《ひま》さえないぐらい恐怖《きょうふ》が勝《まさ》っていたというのが印象《いんしょう》に残《のこ》っています。壮絶《そうぜつ》な戦争《せんそう》を体験《たいけん》したにもかかわらず「無傷《むきず》だし、そんなに大《たい》変《へん》じゃなかったよ」という言葉《ことば》に、考《かんが》えさせられました。私《わたし》は家族《かぞく》といられること、学校《がっこう》に通《かよ》えること、一《ひと》つ一《ひと》つに感謝《かんしゃ》して過《す》ごしていきたいと強《つよ》く思《おも》いました。

―記者も学んだ―

「ごめんね。語《かた》るほど、つらい体験《たいけん》はしていないのよ」と話《はな》す上江洲《うえず》さんの言葉《ことば》が胸《むね》を衝《つ》きます。家族《かぞく》と離《はな》れ祖母《そぼ》と沖縄《おきなわ》に残《のこ》ることを選《えら》び、艦《かん》砲《ぽう》の雨《あめ》が降《ふ》る中《なか》、墓《はか》に身《み》を隠《かく》した話《はなし》を聞《き》いた後《のち》の一言《ひとこと》でした。それぞれの体験《たいけん》に差異《さい》はあれど、耐《た》え難《がた》い体験《たいけん》だったことに変《か》わりはありません。傷《きず》を癒《い》やすことは決《けっ》してできませんが、ただ「今《いま》が一番楽《いちばんたの》しい」という上《う》江洲《えず》さんの笑顔《えがお》を守《まも》りたい。目《め》の前《まえ》にある平和《へいわ》を享受《きょうじゅ》するだけではなく、平和《へいわ》を損《そこ》なう全《すべ》てに抗《あらが》いたいと思《おも》います。（新垣若菜《あらかきわかな》、32歳《さい》）

浦添村《うらそえそん》（現浦添市《げんうらそえし》）当山《とうやま》で生《う》まれ育《そだ》った冨名腰《ふなこし》（旧《きゅう》姓石原《せいいしはら》）静子《しずこ》さんは両親《りょうしん》と3人《にん》の妹《いもうと》たちと暮《く》らしていました。戦争《せんそう》が近《ちか》づいてくると、浦添国民学校《うらそえこくみんがっこう》に通《かよ》っていた静子《しずこ》さんの生活《せいかつ》はだんだんと変《か》わっていきました。家《いえ》の近《ちか》くにあったガマ（洞窟《どうくつ》）は、近所《きんじょ》の人《ひと》と協力《きょうりょく》して避難用《ひなんよう》の防空壕《ぼうくうごう》として造《つく》りました。冨名《ふな》腰《こし》さんの体験《たいけん》を浦添市立浦西中学校《うらそえしりつうらにしちゅうがっこう》3年《ねん》の新垣百《あらかきもも》花《か》さん（14）と豊見山尚杜《とみやまなおと》さん（14）が聞《き》きました。

壕の中で母絶命、涙出ず

《1944年《ねん》8月末《がつまつ》、浦添国民学校《うらそえこくみんがっこう》は宮崎県《みやざきけん》へ疎開《そかい》する児童《じどう》を募《つの》っていました。友達《ともだち》と一緒《いっしょ》に疎開《そかい》したかった静子《しずこ》さんは、疎開《そかい》に反対《はんたい》している両親《りょうしん》や祖母《そぼ》には内緒《ないしょ》で荷物《にもつ》を詰《つ》めました》

当時《とうじ》、私《わたし》は浦添国民学校《うらそえこくみんがっこう》の4年生《ねんせい》でした。両親《りょうしん》や祖母《そぼ》は「絶対行《ぜったいい》ってはだめ」と疎開《そかい》に反対《はんたい》していましたが、仲良《なかよ》しの友達《ともだち》と離《はな》れ離《ばな》れになるなんて嫌《いや》でした。夜《よる》、家族《かぞく》が寝静《ねしず》まった頃《ころ》にこっそり荷物《にもつ》を詰《つ》めたんです。結局見《けっきょくみ》つかってしまい、疎開《そかい》できずに当山《とうやま》に残《のこ》ることになりました。

それから約《やく》1カ月後《げつご》の10月10日《がつとおか》、米軍《べいぐん》による空襲《くうしゅう》がありました。丘《おか》の上《うえ》から那覇《なは》の方角《ほうがく》を見《み》ると、街《まち》が赤《あか》く燃《も》えていました。空襲《くうしゅう》の後《あと》、日本軍《にほんぐん》が私《わたし》の住《す》む当山《とうやま》にやってきました。私《わたし》たちが一生懸命造《いっしょうけんめいつく》った防空壕《ぼうくうごう》は軍《ぐん》の野戦病院《やせんびょういん》として使《つか》われることになりました。私《わたし》たちは避難《ひなん》する場所《ばしょ》を取《と》られてしまったのです。

《空襲後《くうしゅうご》、日本軍《にほんぐん》は地上戦《ちじょうせん》に備《そな》えて続々《ぞくぞく》と沖縄《おきなわ》へやってきました。静子《しずこ》さんの祖父《そふ》の大《おお》きな家《いえ》に兵隊《へいたい》が同居《どうきょ》するようになりました》

防空壕《ぼうくうごう》だけでなく、民家《みんか》も軍《ぐん》のために使《つか》われるようになりました。私《わたし》の祖父《そふ》の家《いえ》は村《むら》の中《なか》でも大《おお》きい家《いえ》だったので、一番座《いちばんざ》に8人《にん》の兵隊《へいたい》が住《す》むようになりました。彼《かれ》らのご飯《はん》は近《ちか》くにあった炊事場《すいじば》で作《つく》られました。飯《はん》ごうの中身《なかみ》は、お米《こめ》の上《うえ》にらっきょうが入《はい》っているだけでした。

　１９４５年初《ねんはじ》めの空襲《くうしゅう》で自宅《じたく》が焼《や》けてしまってからは、私《わたし》たちも祖父《そふ》の家近《いえちか》くの防空壕《ぼうくうごう》に住《す》むようになりました。少《すく》ない食事《しょくじ》の兵隊《へいたい》たちをかわいそうに思《おも》った母《はは》のカマダは、彼《かれ》らに豆腐《とうふ》や野菜炒《やさいいた》めなどを分《わ》け与《あた》えていました。もらった兵隊《へいたい》は他《ほか》の兵隊《へいたい》に見《み》つからないように、ヤギ小屋《ごや》で食《た》べていました。「ありがとう」と涙《なみだ》を流《なが》す兵隊《へいたい》もいました。

　兵隊《へいたい》との生活《せいかつ》は約半年続《やくはんとしつづ》き、妹《いもうと》のようにかわいがってくれました。米軍《べいぐん》が近《ちか》づいてきて、兵隊《へいたい》たちが祖父《そふ》の家《いえ》を離《はな》れる時《とき》、九州出身《きゅうしゅうしゅっしん》の20代半《だいなか》ばの兵隊《へいたい》が私《わたし》に時計《とけい》を手渡《てわた》しました。「お守《まも》りとして持《も》っておいて」と言《い》われましたが、今《いま》はもうどこにあるか分《わ》かりません。

　日本軍《にほんぐん》が家《いえ》から出《で》て行《い》く前日《ぜんじつ》、兵隊《へいたい》は自分《じぶん》の手帳《てちょう》や米《べい》軍《ぐん》に知《し》られてはいけない物《もの》を燃《も》やしていきました。


《1945年《ねん》4月1日《がつついたち》、米軍《べいぐん》が沖縄本島《おきなわほんとう》の中部西海岸《ちゅうぶにしかいがん》

冨名腰静子さん(83)

沖縄戦の体験を語る冨名腰静子さん＝浦添市当山

メモ　浦添における軍民混在

　浦添村《うらそえそん》には1944年《ねん》8月頃《がつごろ》から日本軍《にほんぐん》の第《だい》62師団《しだん》が駐屯《ちゅうとん》するようになりました。各学校《かくがっこう》は兵舎《へいしゃ》となり、民家《みんか》を利用《りよう》して授業《じゅぎょう》が行《おこな》われる所《ところ》もありました。急増《きゅうぞう》する兵隊《へいたい》を収容《しゅうよう》できない地域《ちいき》では、民家《みんか》も兵舎《へいしゃ》として利用《りよう》されました。

　兵隊《へいたい》の食事《しょくじ》は炊事場《すいじば》で作《つく》られ、みそ汁《しる》や玄米《げんまい》ご飯《はん》などを兵隊《へいたい》が当番制《とうばんせい》で兵舎《へいしゃ》まで運《はこ》んでいました。

　日本軍《にほんぐん》は各部隊《かくぶたい》に「慰安所《いあんじょ》」を設置《せっち》しました。浦添村《うらそえそん》の18字《あざ》のうち、小湾《こわん》、屋富祖《やふそ》、安波茶《あはちゃ》、仲間《なかま》、西原《にしはら》、経塚《きょうづか》、沢岻《たくし》に計《けい》14カ所《しょ》が設置《せっち》され、民家《みんか》などが利用《りよう》されました。(参考《さんこう》「浦添市史《うらそえしし》」戦争体験記録《せんそうたいけんきろく》)

に上陸《じょうりく》します。米軍《べいぐん》から逃《に》げるため、静子《しずこ》さん一家《いっか》と祖父《そふ》、祖母《そぼ》は経塚《きょうづか》の方《ほう》へ逃《に》げました》

米軍《べいぐん》が(宜野湾《ぎのわん》の)嘉数《かかず》から迫《せま》っているということを聞《き》き、祖父《そふ》の家《いえ》の近《ちか》くにあった防空壕《ぼうくうごう》へ逃《に》げ込《こ》みました。防《ぼう》空壕《くうごう》の中《なか》には日本軍《にほんぐん》の兵隊《へいたい》もいました。兵隊《へいたい》は「戦車《せんしゃ》が通《とお》るから子《こ》どもを泣《な》かすなよ」と忠告《ちゅうこく》しました。そして「声《こえ》を出《だ》したら殺《ころ》すよ」と言《い》って、銃剣《じゅうけん》を私《わたし》の首《くび》に突《つ》き付《つ》けたのです。私《わたし》はぶるぶる震《ふる》えながら、米軍《べいぐん》が通《とお》り過《す》ぎるのを待《ま》ちました。

米軍《べいぐん》の戦車《せんしゃ》は当山《とうやま》の石畳《いしだたみ》辺《あた》りで日本軍《にほんぐん》の攻撃《こうげき》に遭《あ》いました。しばらくして見《み》に行《い》くと、ひっくり返《かえ》った戦車《せんしゃ》の中《なか》から日本兵《にほんへい》たちが食糧《しょくりょう》や物資《ぶっし》を取《と》り出《だ》していました。

祖父《そふ》は「ここにいてはいけない」と考《かんが》え、攻撃《こうげき》を避《さ》けて経《きょう》塚《づか》の方《ほう》を目指《めざ》しました。経塚《きょうづか》へ向《む》かっている途中《とちゅう》にも、負《ふ》傷《しょう》した多《おお》くの兵隊《へいたい》を見《み》ました。「水《みず》をくれ」とせがむ兵隊《へいたい》を助《たす》けることもできず、「ごめんなさい」と何度《なんど》も頭《あたま》を下《さ》げました。

《経塚《きょうづか》にある防空壕《ぼうくうごう》を目指《めざ》し、経塚橋《きょうづかばし》を通《とお》っている時《とき》、米軍《べいぐん》の戦闘機《せんとうき》に攻撃《こうげき》されました。なんとか防空壕《ぼうくうごう》にたどり着《つ》きましたが、その数日後《すうじつご》、当山《とうやま》に戻《もど》るため

日本兵がひそんでいる民家への米軍戦車の攻撃＝1945年4月(沖縄県公文書館所蔵)

防空壕《ぼうくうごう》から出《で》たところで、再《ふたた》び米軍機《べいぐんき》の攻撃《こうげき》に遭《あ》います》

当山《とうやま》から仲間《なかま》を経由《けいゆ》して経塚橋《きょうづかばし》を通《とお》っている時《とき》、米軍《べいぐん》のグラマン戦闘機《せんとうき》がパラパラと機関銃《きかんじゅう》を撃《う》ちながら、私《わたし》たちの真上《まうえ》を通《とお》り過《す》ぎました。私《わたし》たちは橋《はし》の下《した》に隠《かく》れましたが、戦闘機《せんとうき》は再《ふたた》びこちらに戻《もど》ってきました。攻撃《こうげき》から逃《に》げ惑《まど》い、やっとの思《おも》いで経塚《きょうづか》にあった防空壕《ぼうくうごう》に避難《ひなん》しました。

避難《ひなん》してから2、3日後《にちご》、祖父《そふ》が「死《し》ぬなら自分《じぶん》の家《いえ》で死《し》のう」と決断《けつだん》し、当山《とうやま》に戻《もど》ることになりました。防空壕《ぼうくうごう》から出《で》て間《ま》もなく、米軍《べいぐん》の戦闘機《せんとうき》から攻撃《こうげき》を受《う》けました。祖父《そふ》と、祖父《そふ》がおんぶしていたいとこが機関銃《きかんじゅう》に撃《う》たれ、死《し》んでしまいました。祖母《そぼ》も背中《せなか》を撃《う》たれましたが、何《なん》とか防空《ぼうくう》壕《ごう》に戻《もど》ることができました。背中《せなか》を負傷《ふしょう》した祖母《そぼ》が「火《ひ》が

沖縄本島における沖縄戦と冨名腰静子さんの歩み

(●は冨名腰さんの出来事)

1934年4月	●冨名腰静子さん生まれる
1941年12月8日	太平洋戦争始まる
1940年	●静子さん、浦添国民学校に入学
1944年5月	浦添村勢理客に日本軍部隊入る
8月末	浦添の小学生、宮崎県へ疎開開始
10月10日	10・10空襲で延べ約1400の米軍機が奄美、沖縄本島、先島を攻撃
1945年初め	●静子さん自宅が空襲で焼失
4月1日	米軍が北谷村や読谷村の海岸に上陸
4月5日	米軍が浦添村西原に進攻
4月19日	米軍、宜野湾・浦添の防衛線を突破
	●静子さん一家は現在の経塚の碑付近にある壕へ向かう
4月25日	前田高地に陣取る日本軍に対し、米軍の猛烈な攻撃が開始
	●静子さんの祖父と母親、いとこが米軍の攻撃を受け死亡
	●静子さん、経塚の壕で米軍に捕まり、牧港の収容所へ収容される。
	●胡屋の病院へ送られ、祖母と妹のヨシ子さんが亡くなる
5月中旬	●静子さんとツル子さん、ハル子さんはコザ孤児院に収容される
6月22日	日本軍第32軍の司令官・牛島満が摩文仁で自決(23日説もある)
1946年	●静子さん、父と再会。孤児院を出る

写真：沖縄県公文書館所蔵

冨名腰静子さんの移動経路

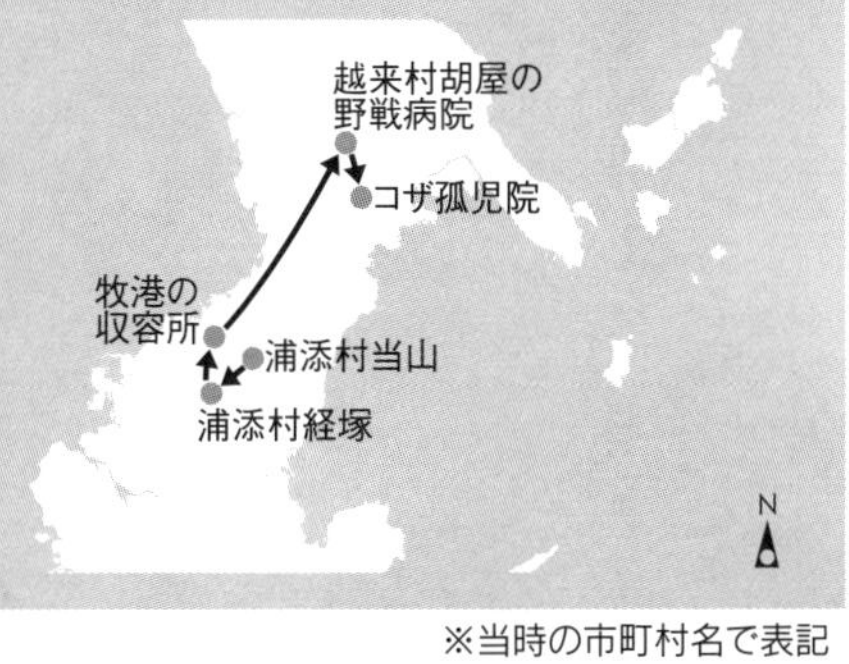

※当時の市町村名で表記

入《はい》っているからどうにかして」と言《い》うので、背中《せなか》をさすってあげました。

その翌日《よくじつ》、米軍《べいぐん》が防空壕《ぼうくうごう》の前《まえ》まで来《き》て「出《で》てきなさい」と命《めい》じました。壕《ごう》の中《なか》にいた人《ひと》は誰《だれ》も出《で》ようとしなかったので、手《しゅ》りゅう弾《だん》が投《な》げ込《こ》まれ、死者《ししゃ》とけが人《にん》が出《で》ました。母《はは》は手《しゅ》りゅう弾《だん》によって死《し》にました。母《はは》が死《し》んだことは理解《りかい》していましたが、その時《とき》は涙《なみだ》も出《で》ませんでした。父《ちち》は防空《ぼうくう》壕《ごう》の前《まえ》に穴《あな》を掘《ほ》って、母《はは》を埋葬《まいそう》しました。

しまいには催涙《さいるい》ガスが投《な》げ込《こ》まれ、苦《くる》しくて息《いき》ができませんでした。私《わたし》と次女《じじょ》のツル子《こ》はあまりの苦《くる》しさに耐《た》えられず、外《そと》に出《で》てしまい、私《わたし》たちの後《あと》を追《お》って、壕《ごう》に隠《かく》れていた他《ほか》の人《ひと》たちも続々《ぞくぞく》と出《で》てしまい、一緒《いっしょ》に米軍《べいぐん》に捕《つか》まりました。

孤児院へ父が迎えに

《防空壕《ぼうくうごう》から出《で》ると、静子《しずこ》さんたちは牧港《まきみなと》の収容所《しゅうようじょ》へ連《つ》れて行《い》かれました。負傷《ふしょう》した祖母《そぼ》、四女《よんじょ》のヨシ子《こ》、催涙《さいるい》ガスを受《う》けた静子《しずこ》さんら姉妹と父は越来村《ごえくそん》（現沖縄《げんおきなわ》市《し》）胡屋《ごや》の病院《びょういん》に移動《いどう》し、治療を受けました。退院後《たいいんご》、静子《しずこ》さんたちは孤児院《こじいん》へ、父《ちち》は嘉間良《かまら》の収容所《しゅうようじょ》へ移《うつ》り離《はな》れ離《ばな》れになりました》

壕《ごう》から出《で》た人々《ひとびと》は砲撃《ほうげき》によってできた大《おお》きな穴《あな》の中《なか》に入《い》れられ、米軍《べいぐん》たちが穴《あな》の回《まわ》りに立《た》って私《わたし》たちを見下《みお》ろしていました。「生《い》き埋《う》めにされるんだ」と思《おも》いましたが、トラックに乗《の》せられて牧港《まきみなと》の収容所《しゅうようじょ》へ連《つ》れて行《い》かれました。到着《とうちゃく》するとすぐにＤＤＴ（殺虫剤《さっちゅうざい》）を頭上《ずじょう》からかけられました。

5月中旬《がっちゅうじゅん》になっても、負傷《ふしょう》した祖母《そぼ》と四女《よんじょ》のヨシ子《こ》、催涙《さいるい》ガスを受《う》けた私《わたし》と次女《じじょ》のツル子《こ》はまともに話《はなし》もできませんでした。そのため家族《かぞく》みんなで胡屋《ごや》にある病院《びょういん》へと連《つ》れて行《い》かれました。けがをしていた祖母《そぼ》と衰弱《すいじゃく》していたヨシ子《こ》は病院《びょういん》で亡《な》くなりました。

回復《かいふく》には1カ月《げつ》ほどかかり、症状《しょうじょう》が良《よ》くなると私《わたし》とツル子《こ》、三女《さんじょ》のハル子《こ》が孤児院《こじいん》に連《つ》れて行《い》かれました。孤児院《こじいん》で一番年上《いちばんとしうえ》だった私《わたし》は、年下《としした》の子《こ》の朝《あさ》の身支度《みじたく》を手伝《てつだ》ったり、ご飯《はん》を食《た》べさせてあげたりしました。その後《ご》、先《さき》に収容所《しゅうようじょ》から出《で》て、越来《ごえく》にいた叔父《おじ》（父の兄）と一緒《いっしょ》に住《す》んでいた父《ちち》が迎《むか》えに来《き》てくれました。

戦後《せんご》は父《ちち》が懸命《けんめい》に私《わたし》たち姉妹《しまい》を育《そだ》ててくれました。亡《な》くなった母親《ははおや》代《が》わりもしてくれた父《ちち》には感謝《かんしゃ》しかありません。戦争中《せんそうちゅう》は何度《なんど》も悲惨《ひさん》な光景《こうけい》を見《み》ました。実《じつ》の母《はは》が死《し》んだ時《とき》も泣《な》けなかったなんて、今《いま》は後悔《こうかい》しています。そんな

戦争《せんそう》には絶対反対《ぜったいはんたい》です。もう二度《にど》と起《お》きてほしくない。次《つぎ》の世代《せだい》の子《こ》どもたちにも語《かた》り継《つ》いでほしいです。

―聞いて学んだ―

戦争ない世界にしたい

新垣百花さん（浦西中3年）

富名腰静子《ふなこししずこ》さんから直接話《ちょくせつはなし》を聞《き》いて、改《あらた》めて戦争《せんそう》の悲惨《ひさん》さが分《わ》かりました。米軍《べいぐん》が上陸《じょうりく》する前《まえ》に、空襲《くうしゅう》で多《おお》くの人《ひと》たちが死《し》んだということは初《はじ》めて知《し》りました。兵隊《へいたい》に水《みず》をあげられなくて後悔《こうかい》したという話《はなし》が特《とく》に印象《いんしょう》に残《のこ》りました。

これからの日本《にほん》はいつ戦争《せんそう》が起《お》きてもおかしくない状況《じょうきょう》だと思《おも》います。富名腰《ふなこし》さんが言《い》っていた「戦争《せんそう》は絶対《ぜったい》に反対《はんたい》」という話《はなし》を次世代《じせだい》に語《かた》り継《つ》いでいきたいです。戦争《せんそう》を二度《にど》としない世界《せかい》にしていきたいと思《おも》います。

母の死、泣けないのは悲しい

豊見山尚杜さん（浦西中3年）

今《いま》まで、沖縄《おきなわ》に米軍《べいぐん》が上陸《じょうりく》してからの戦争《せんそう》の話《はなし》しか聞《き》いたことがありませんでした。富名腰静子《ふなこししずこ》さんの話《はなし》を聞《き》いて、地上戦《ちじょうせん》の始《はじ》まる前《まえ》の出来事《できごと》を初《はじ》めて聞《き》くことができました。

富名腰《ふなこし》さんが「お母《かあ》さんが目《め》の前《まえ》で撃《う》たれて倒《たお》れているけど、その時《とき》は泣《な》けなかった」と話《はな》していたことが印象《いんしょう》に残《のこ》っています。実《じつ》の母親《ははおや》が死《し》んで泣《な》けないなんて、とても悲《かな》しいことだと思《おも》いました。自分《じぶん》の地域《ちいき》であった戦争体験《せんそうたいけん》について、これから語《かた》り継《つ》いでいきたいと思《おも》います。

―記者も学んだ―

戦争《せんそう》が本格化《ほんかくか》すると、軍隊《ぐんたい》と住民生活《じゅうみんせいかつ》の境《さかい》がなくなり、密接《みっせつ》になっていくことを改《あらた》めて知《し》ることができました。当時《とうじ》、全国《ぜんこく》から多《おお》くの兵士《へいし》が地上戦《ちじょうせん》に備《そな》え、沖縄《おきなわ》にやってきました。当山《とうやま》にやってきた日本軍《にほんぐん》は住民《じゅうみん》たちの防空壕《ぼうくうごう》や居住空間《きょじゅうくうかん》を奪《うば》いました。

静子《しずこ》さんは日本軍《にほんぐん》の兵士《へいし》について「妹《いもうと》のようにかわいがってくれた」と振《ふ》り返《かえ》る一方《いっぽう》、銃剣《じゅうけん》を突《つ》きつけられた恐怖《きょうふ》も話《はな》しました。軍隊《ぐんたい》とは何《なに》を守《まも》るものなのか、問《と》い直《なお》していきたいです。（下地美夏子《しもじみかこ》、28歳《さい》）

上間幸仁《うえまこうじん》さんは羽地村《はねじそん》（現在《げんざい》の名護市羽地《なごしはねじ》）の屋我《やが》地島《じじま》で生《う》まれ育《そだ》ちました。上間《うえま》さんの母《はは》は沖縄戦《おきなわせん》が始《はじ》まった1945年《ねん》4月《がつ》、米軍《べいぐん》の艦砲射撃《かんぽうしゃげき》で負傷《ふしょう》し、亡《な》くなりました。遺《のこ》された生後《せいご》3カ月《げつ》の妹《いもうと》も栄養不《えいようぶ》足《そく》のために亡《な》くなってしまいます。上間《うえま》さんの話《はなし》を県《けん》立首里東高校《りつしゅりひがしこうこう》3年《ねん》の桃原亜子《とうばるあこ》さん（17）と大城萌音《おおしろもね》さん（18）が聞《き》きました。

母死亡、人怖く墓に避難

《母《はは》は、上間《うえま》さんを産《う》んだ後《あと》に離婚《りこん》し、その後再婚《ごさいこん》しました。太平洋戦争《たいへいようせんそう》が始《はじ》まり、義父《ぎふ》は軍隊《ぐんたい》に召集《しょうしゅう》されました。沖縄戦《おきなわせん》が始《はじ》まった45年《ねん》、現在《げんざい》の小学校《しょうがっこう》に当《あ》たる国民学校《こくみんがっこう》の児童《じどう》だった上間《うえま》さんは、母《はは》と妹《いもうと》2人《ふたり》、弟《おとうと》1人《ひとり》、祖父《そふ》らと一緒《いっしょ》に屋我地島《やがじじま》で暮《く》らしていました》

当時《とうじ》、学校《がっこう》では日本《にほん》は神《かみ》の国《くに》だから必《かなら》ず戦争《せんそう》に勝《か》つと教《おし》えられていました。41年《ねん》12月8日《がつようか》の日本軍《にほんぐん》の真珠湾攻撃《しんじゅわんこうげき》の後《あと》には、屋我地島《やがじじま》でも（お祝《いわ》いの）ちょうちん行列《ぎょうれつ》がありました。

家《いえ》から学校《がっこう》へ行《い》く途中《とちゅう》、日本《にほん》の敵《てき》だった中国《ちゅうごく》の蒋介石《しょうかいせき》、イギリスのチャーチル、アメリカのルーズベルトの3体《たい》のわら人形《にんぎょう》がありました。日本兵《にほんへい》の指導《しどう》で、登校《とうこう》と下校《げこう》の時《とき》は、わら人形《にんぎょう》のお腹《なか》を竹《たけ》やりで突《つ》いていました。

米兵《べいへい》が落下傘《らっかさん》で高《たか》い所《ところ》から降《お》り、気絶《きぜつ》したときには柔《やわ》らかい部分《ぶぶん》を竹《たけ》やりで突《つ》けとも教《おし》えられました。銃《じゅう》を構《かま》える米兵《べいへい》を竹《たけ》やりで突《つ》けとは、本当《ほんとう》にばかなことをしていたなと思《おも》います。運天港《うんてんこう》で日本軍《にほんぐん》の魚雷艇《ぎょらいてい》を保管《ほかん》する場所《ばしょ》を確保《かくほ》するための作業《さぎょう》にも行《い》きました。

《44年《ねん》10月10日《がつとおか》の「10・10空襲《くうしゅう》」では、屋我地島《やがじじま》にあるハンセン病療養所《びょうりょうようじょ》「国頭愛楽園《くにがみあいらくえん》」（今《いま》の沖縄愛楽園《おきなわあいらくえん》）が大《おお》きな被害《ひがい》を受《う》けました。その後《ご》も空襲《くうしゅう》が繰《く》り返《かえ》されました》

10月10日《がつとおか》の空襲《くうしゅう》では最初《さいしょ》、日本軍《にほんぐん》の兵隊《へいたい》さんも米軍機《べいぐんき》のことを味方《みかた》か敵《てき》か分《わ》かっていませんでした。兵隊《へいたい》さんたちは運動場《うんどうじょう》に出《で》て米軍機《べいぐんき》に向《む》かい万歳《ばんざい》しました。攻撃《こうげき》してきた時《とき》に初《はじ》めて敵機《てっき》だと分《わ》かって逃《に》げました。当時《とうじ》の日本《にほん》は、どれだけ秘密主義《ひみつしゅぎ》だったのだろうかと思《おも》います。（戦争《せんそう》の情勢《じょうせい》を）国民《こくみん》や兵隊《へいたい》に知《し》らせていませんでした。

その後《ご》も米軍機《べいぐんき》は（国頭村《くにがみそん》の）奥間《おくま》を攻撃《こうげき》した後《あと》、屋我地島《やがじじま》に飛《と》んできて、愛楽園《あいらくえん》に機銃《きじゅう》で攻撃《こうげき》しました。近《ちか》くにある運天港《うんてんこう》を日本軍《にほんぐん》が使《つか》っていたので将校《しょうこう》の家《いえ》と間違《まちが》えたのだと思《おも》います。愛楽園《あいらくえん》は患者《かんじゃ》さんも防空壕造《ぼうくうごうづく》りに大変《たいへん》忙《いそが》しかったようです。

上間幸仁さん(84)

戦争体験を語る上間幸仁さん＝那覇市首里

《45年《ねん》4月《がつ》、米軍《べいぐん》は沖縄本島《おきなわほんとう》へ上陸《じょうりく》し、屋我地島《やがじじま》へも艦砲射撃《かんぽうしゃげき》や空襲《くうしゅう》がありました。身《み》の危険《きけん》を感《かん》じる中《なか》、上間《うえま》さんの母《はは》は、幼《おさな》い子《こ》どものうち2歳《さい》の男児《だんじ》を近所《きんじょ》に住《す》む親《しん》せきに預《あず》けに行《い》きましたが、帰《かえ》り道《みち》で艦砲射撃《かんぽうしゃげき》を受《う》けました》

私《わたし》はその日《ひ》、山《やま》の方《ほう》へ行《い》っており、軍艦《ぐんかん》が（島北部《しまほくぶ》の）済《す》む

戦前に家族・親せきで記念撮影した上間幸仁さん（前列左）と祖父の渡嘉敷仁王さん（同右）、母・キヨさん（後列右）、妹の艶子さん（同中央）、いとこのキクさん。この後に生まれた妹の弘子さんが沖縄戦の際、生後3カ月でなくなった＝1940年前後（上間さん提供）

井出《いで》に近《ちか》づいているのが見《み》えました。「珍《めずら》しい船《ふね》が来《き》ているな」と思《おも》いました。棒《ぼう》みたいなものから火《ひ》が出《で》たと思《おも》ったら近《ちか》くで爆発《ばくはつ》があり、耳《みみ》がおかしくなりました。

危《あぶ》ないから逃《に》げようと移動《いどう》していた途中《とちゅう》で、近所《きんじょ》のおばさんから「あんたのお母《かあ》さんは亡《な》くなったよ」と言《い》われました。私《わたし》は「お母《かあ》さんの所《ところ》へ行《い》く」と言《い》いましたが、おばさんは「行《い》かないで。捕《つか》まるよ」と言《い》って私《わたし》を止《と》め、母《はは》がいる所《ところ》へ行《い》かせませんでした。おばさんも足《あし》をけがしており、四《よ》つんばいで移動《いどう》していました。

母《はは》がいる場所《ばしょ》に行《い》かせてもらえず、そのまま山《やま》の方《ほう》へ逃《に》げました。その時《とき》の気持《きも》ちは何《なん》とも言《い》えません。母《はは》が亡《な》くなったことをじかに聞《き》いているわけですから。

母乳もらえず妹も失う

《母親《ははおや》が亡《な》くなった後《あと》、上間《うえま》さんは生後《せいご》3カ月《げつ》の妹《いもうと》を預《あず》かります。泣《な》きやまない妹《いもうと》を抱《だ》き、お墓《はか》に身《み》を潜《ひそ》めます》

地域《ちいき》の住民《じゅうみん》が集《あつ》まった場《ば》で妹《いもうと》は、おなかをすかせて泣《な》きました。住民《じゅうみん》からは「こんな子《こ》どもがいたら皆《みな》が一緒《いっしょ》に米《べい》軍《ぐん》に見《み》つかって殺《ころ》される。だから殺《ころ》せ」と言《い》われました。

「あんたがやらなかったら私《わたし》がやる」と言《い》う人《ひと》もいました。私《わたし》は「大変《たいへん》だ。ここから逃《に》げないといけない」と思《おも》い、赤《あか》ちゃんと一緒《いっしょ》に人《ひと》がいない所《ところ》へ逃《に》げ、墓《はか》にたどり着《つ》きました。墓《はか》の中《なか》に入《はい》ると真《ま》っ暗《くら》でした。今《いま》なら怖《こわ》くて絶対《ぜったい》に入《はい》れません。でも、あの時《とき》は人間《にんげん》が怖《こわ》かったのです。墓《はか》の中《なか》は誰《だれ》も邪魔《じゃま》をする人《ひと》がおらず、安心《あんしん》していました。

1944年10月10日以降、米軍の空襲を受けた屋我地島のハンセン病療養所「国頭愛楽園」の周辺=1945年（沖縄県公文書館所蔵）

雨《あめ》が降《ふ》り、お墓《はか》の前《まえ》にある茶《ちゃ》わんに水《みず》がたまっていました。茶《ちゃ》わんの中《なか》に、持《も》っていたタオルを入《い》れて水《みず》で濡《ぬ》らし、妹《いもうと》に水《みず》をあげました。妹《いもうと》はのどが乾《かわ》いていたのでしょうね。水《みず》を吸《す》いました。でも、繰《く》り返《かえ》すと吸《す》わなくなりました。私《わたし》もその水《みず》を少《すこ》し飲《の》みました。妹《いもうと》と2人《ふたり》で泣《な》きました。

暗闇《くらやみ》で「お母《かあ》さん、あの世《よ》があるなら連《つ》れに来《き》てちょうだい」と願《ねが》いました。でも、いくら呼《よ》んでもお母《かあ》さんは来《こ》ない。あの時《とき》、あの世《よ》はないんじゃないかと思《おも》いました。戦争《せんそう》がなければこんなことにはならなかったと思《おも》い、戦争《せんそう》を恨《うら》みました。

《墓《はか》で生後《せいご》3カ月《げつ》の妹《いもうと》と一夜《いちや》を明《あ》かした上間《うえま》さんは翌日《よくじつ》、家《いえ》に帰《かえ》って何《なに》か食《た》べ物《もの》を妹《いもうと》にあげようと思《おも》い、探《さが》しました》

屋我地島における沖縄戦と上間幸仁さんの歩み

（●は上間さんの出来事）

1933年12月17日	●羽地村（現在の名護市羽地）の屋我地島で上間幸仁さんが生まれる
1941年	●屋我地国民学校へ入学
1941年12月8日	日本軍による真珠湾攻撃で太平洋戦争が開戦する
	●日本軍が真珠湾攻撃を成功させたことを祝い、屋我地島でもちょうちん行列が行われる
1944年10月10日	「10・10空襲」で沖縄本島各地が被害を受ける中、屋我地島北部のハンセン病療養所「国頭愛楽園（今の沖縄愛楽園）」は日本軍の兵舎に間違われて攻撃を受け、大きな被害を受けた。その後もたびたび空襲などの攻撃を受けた
1945年4月1日	米軍が沖縄本島に上陸
4月	●上間さんの母が米軍の艦砲射撃を受けて亡くなる。生まれて3カ月の妹と一緒に島内の墓に逃げ込み、一晩を過ごす。母乳が出る人を捜すが見つけられず
	●母が亡くなってから約1週間後、生まれて3カ月の妹が栄養不足で亡くなる
1945年4月21日	米軍が国頭愛楽園内に入り、ハンセン病療養所であることを確認すると島への攻撃を止めた
1945年6月22日	第32軍の牛島満司令官が自決（23日説もある）。沖縄戦で日本軍の組織的な戦闘が終わる

写真：沖縄県公文書館所蔵

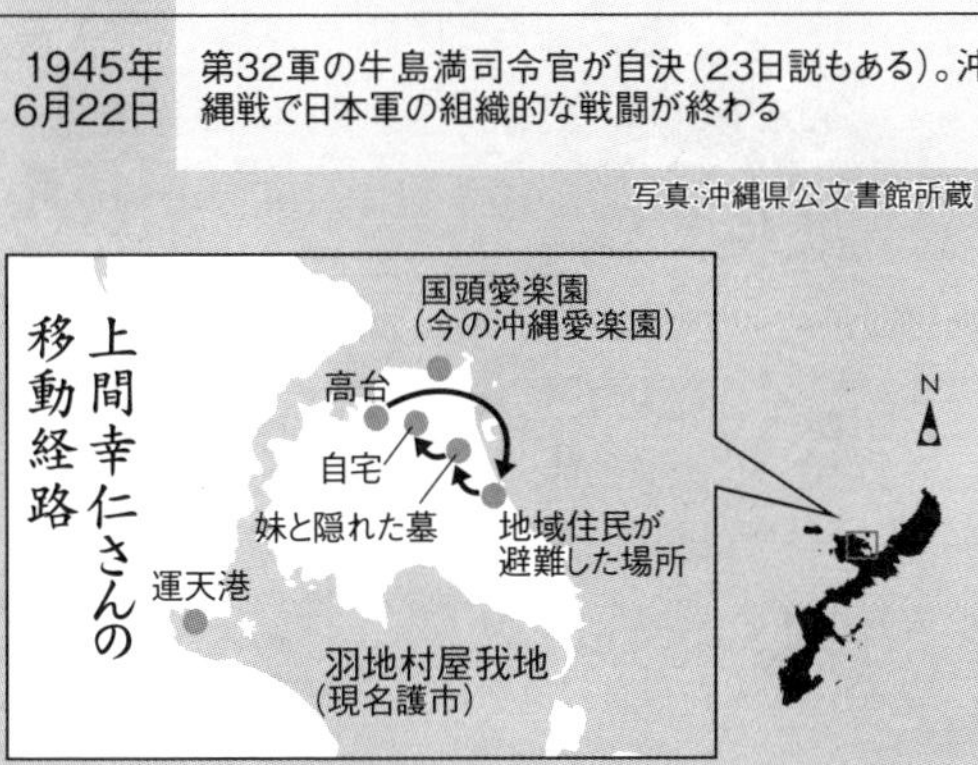

イモを炊《た》いてガーゼでこして汁《しる》をあげましたが、妹《いもうと》は飲《の》みませんでした。集落中《しゅうらくじゅう》を回《まわ》り母乳《ぼにゅう》をもらえる所《ところ》はないか探《さが》しました。1人《ひとり》だけ協力《きょうりょく》してもらえる人《ひと》がいましたが「食《た》べるものがないからおっぱいが出《で》ない。ごめんね」と言《い》われました。

妹《いもうと》は、顔《かお》はげっそりしておなかだけ大《おお》きくなっていきました。水《みず》だけを飲《の》ませて1週間《しゅうかん》ぐらいは生《い》きていましたが、目《め》の前《まえ》で亡《な》くなりました。早《はや》くお母《かあ》さんの所《ところ》へ行《い》ってね、と願《ねが》いました。とてもつらかったです。

《米軍《べいぐん》は1945年《ねん》4月下旬《がつげじゅん》、国頭愛楽園《くにがみあいらくえん》が日本軍《にほんぐん》の施設《しせつ》ではなく、ハンセン病療養所《びょうりょうようじょ》であることを確認《かくにん》しました。その後《ご》は、国頭愛楽園《くにがみあいらくえん》を含《ふく》めて屋我地島《やがじじま》を攻撃《こうげき》しなくなりました》

米軍《べいぐん》が島《しま》へ上陸《じょうりく》してくる時《とき》は、戦車《せんしゃ》のようなものが海《うみ》から入《はい》ってきました。ジープも島《しま》を走《はし》り、珍《めずら》しく見《み》ていました。(米軍車両《べいぐんしゃりょう》の跡《あと》で)砂浜《すなはま》は穴《あな》だらけになりました。屋我地《やがじ》島《じま》には赤十字《せきじゅうじ》の印《しるし》を空《そら》へ向《む》けて掲《かか》げて攻撃《こうげき》しないようにしていました。

メモ　沖縄愛楽園

屋我地島《やがじじま》にあるハンセン病療養所《びょうりょうようじょ》「沖縄愛楽園《おきなわあいらくえん》」は1938年《ねん》2月《がつ》28日《にち》、国頭愛楽園《くにがみあいらくえん》として開園《かいえん》しました。44年《ねん》の「10・10空襲《くうしゅう》」の際《さい》に初《はじ》めて米軍機《べいぐんき》の爆撃《ばくげき》を受《う》けました。「沖縄県史《おきなわけんし》」によると同園《どうえん》には療養所《りょうようじょ》であることを示《しめ》す標識《ひょうしき》がなく、朝《あさ》8時《じ》過《す》ぎから7時間《じかん》余《よ》も空襲《くうしゅう》が続《つづ》きました。園内《えんない》の建物《たてもの》72棟《とう》のうち治療室《ちりょうしつ》や寮舎《りょうしゃ》など26棟《とう》が全壊《ぜんかい》、焼失《しょうしつ》しました。「10・10空襲《くうしゅう》」以降《いこう》も、同園《どうえん》は米軍《べいぐん》から繰《く》り返《かえ》し攻撃《こうげき》を受《う》けました。米軍《べいぐん》は45年《ねん》4月《がつ》21日《にち》、屋我地島《やがじじま》に進攻《しんこう》し、同園《どうえん》が療養所《りょうようじょ》であることを確認《かくにん》すると攻撃《こうげき》をやめました。

戦後《せんご》の長《なが》い間《あいだ》、こういうこと(戦争体験《せんそうたいけん》)は全《まった》く話《はな》してきませんでした。人前《ひとまえ》で話《はな》すことはタブーにしていました。しかし、あったことは話《はな》しておかないといけないと思《おも》うようになりました。こういうことは、二度《にど》とあってはいけないと私《わたし》は思《おも》います。

戦前《せんぜん》の日本《にほん》は全部《ぜんぶ》、隠蔽主義《いんぺいしゅぎ》でした。最近《さいきん》の(国《くに》が)情報《じょうほう》を隠蔽《いんぺい》する状況《じょうきょう》は、少《すこ》しずつ昔《むかし》に似《に》てきていると思《おも》います。

今《いま》は、18歳《さい》から選挙権《せんきょけん》がありますが、その1票《ぴょう》1票《ぴょう》が世《よ》の中《なか》を決《き》めていきます。
戦争《せんそう》は、いったん始《はじ》まると誰《だれ》にも止《と》められません。戦争《せんそう》をさせない、しないためにその1票《ぴょう》を大事《だいじ》にしてほしいと思《おも》います。

—聞いて学んだ—

戦争の残虐さ学ぶ

桃原亜子さん（首里東高3年）

上間《うえま》さんのお話《はなし》を聞《き》いて目《め》の前《まえ》で大切《たいせつ》な人《ひと》が亡《な》くなる辛《つら》さ、悲《かな》しさを痛感《つうかん》しました。そして戦争《せんそう》というのは大切《たいせつ》なものを全《すべ》て奪《うば》っていく残酷《ざんこく》なことだと改《あらた》めて学《まな》びました。

命《いのち》の大切《たいせつ》さ、当《あ》たり前《まえ》の毎日《まいにち》を過《す》ごせていることへの感謝《かんしゃ》、一生懸命《いっしょうけんめい》に頑張《がんば》ることの大切《たいせつ》さが分《わ》かりました。戦争《せんそう》が二度《にど》と繰《く》り返《かえ》すことがないよう私《わたし》たち若《わか》い世代《せだい》が次《つぎ》の世代《せだい》に受《う》け継《つ》ぐべきだと思《おも》いました。今《いま》ある幸《しあわ》せを大切《たいせつ》に悔《く》いのない生《い》き方《かた》をしていきたいです。

夢や希望奪う戦争

大城萌音さん（首里東高3年）

上間《うえま》さんの話《はなし》を聞《き》いて、改《あらた》めて戦争《せんそう》の悲惨《ひさん》さを知《し》りました。戦争《せんそう》はたくさんの人《ひと》の夢《ゆめ》や希望《きぼう》を奪《うば》い、絶望《ぜつぼう》を与《あた》えてしまう怖《こわ》いものです。二度《にど》と戦争《せんそう》を起《お》こさないためにも、たくさん勉強《べんきょう》し、平和《へいわ》について私《わたし》たち自身《じしん》が考《かんが》え学《まな》んでいく必要《ひつよう》があると思《おも》いました。

上間《うえま》さんのおっしゃっていた「時間《じかん》は二度《にど》と戻《もど》らない」という言葉《ことば》を胸《むね》に刻《きざ》み、今《いま》を大切《たいせつ》にしていきたいです。そして、二度《にど》と戻《もど》らないからこそ今《いま》できることに全力《ぜんりょく》で取《と》り組《く》みたいと思《おも》います。

—記者も学んだ—

証言《しょうげん》の終盤《しゅうばん》、上間幸仁《うえまこうじん》さんは「本当《ほんとう》はこういうことは話《はな》したくない。戦後《せんご》の長《なが》い間《あいだ》、話《はな》してこなかった」と明《あ》かしました。それでも二度《にど》と同《おな》じことを次《つぎ》の世代《せだい》に体験《たいけん》させたくないとの思《おも》いから証言《しょうげん》していただきました。

戦争体験者《せんそうたいけんしゃ》が高齢化《こうれいか》する中《なか》、じかに証言《しょうげん》を聞《き》ける機会《きかい》はどんどん貴重《きちょう》になっています。つらい体験《たいけん》を語《かた》っていただいた上間《うえま》さんの思《おも》いを胸《むね》に刻《きざ》み、戦争《せんそう》を繰《く》り返《かえ》さないためにどのような新聞報道《しんぶんほうどう》をするべきか模索《もさく》し続《つづ》けたいと思《おも》います。

（古堅一樹《ふるげんかずき》、36歳《さい》）

133

パラオ コロール市、台湾・6歳／上原和彦さん(79)

上原和彦《うえはらかずひこ》さん＝南城市《なんじょうし》＝は1938年《ねん》6月7日《がつなのか》、西太平洋《にしたいへいよう》のパラオ共和国《きょうわこく》コロール市《し》で生《う》まれました。太平洋戦争《たいへいようせんそう》が激《はげ》しくなると、母《はは》と姉《あね》2人《ふたり》、弟《おとうと》、妹《いもうと》の6人《にん》で父《ちち》・宏《ひろし》さんのふるさと沖縄《おきなわ》を目指《めざ》しました。米《べい》軍《ぐん》によって船《ふね》が沈没《ちんぼつ》させられたり、母《はは》や姉《あね》を病気《びょうき》で亡《な》くしたりしました。南洋群島《なんようぐんとう》から遠《とお》い沖縄《おきなわ》を目指《めざ》した上原《うえはら》さんの戦争体験《せんそうたいけん》を南城市立大里中学校《なんじょうしりつおおざとちゅうがっこう》3年《ねん》の米元遥子《よねもとようこ》さん(14)と高島皓乃《たかしまひろの》さん(14)が聞《き》きました。

逃れた台湾、母と姉妹 病死

《上原《うえはら》さんの父《ちち》・宏《ひろし》さんは、那覇《なは》の垣花《かきのはな》で漁師《りょうし》をしていました。不漁《ふりょう》が続《つづ》いていたため、1933年《ねん》に親戚《しんせき》と共《とも》にパラオに渡《わた》りました。そこで宏《ひろし》さんは母《はは》・ヤスさんと出会《であ》い、5人《にん》の子宝《こだから》に恵《めぐ》まれました。太平洋戦《たいへいようせん》争《そう》が進《すす》む中《なか》、宏《ひろし》さんが防衛隊《ぼうえいたい》に徴用《ちょうよう》されます。戦禍《せんか》から逃《のが》れるため、上原《うえはら》さんと母《はは》、姉《あね》2人《ふたり》、弟《おとうと》、妹《いもうと》の6人《にん》で沖縄《おきなわ》を目指《めざ》しました》

1944年《ねん》8月《がつ》18日《にち》、日本軍《にほんぐん》の巡洋艦《じゅんようかん》に乗《の》ってパラオ港《こう》を出港《しゅっこう》しました。船《ふね》に何日《なんにち》乗《の》っていたかは覚《おぼ》えていませんが、しばらくするとフィリピンのマニラに着《つ》きました。兵隊《へいたい》だったおじがマニラにおり、母《はは》と一緒《いっしょ》に会《あ》いました。家族《かぞく》でマニラの街《まち》を散歩《さんぽ》したのを覚《おぼ》えています。マニラでは2泊《はく》しました。その後《ご》は民間船《みんかんせん》に乗《の》り換《か》えて、沖縄《おきなわ》を目指《めざ》しました。

ルソン島《とう》を過《す》ぎたあたりだったと思《おも》います。何《なに》が起《お》こるかも分《わ》からず、僕《ぼく》らは甲板《かんぱん》の上《うえ》で休《やす》んでいました。しばらくすると「トンボ」と呼《よ》ばれる米軍《べいぐん》の飛行機《ひこうき》が飛《と》んでくるのが見《み》えました。船長《せんちょう》さんは驚《おどろ》いて、近《ちか》くの島《しま》に船《ふね》を止《と》めて、南洋《なんよう》から乗《の》ってきた人々《ひとびと》を一斉《いっせい》に下《お》ろしました。

砂浜《すなはま》で立《た》っていると、米軍《べいぐん》の飛行機《ひこうき》4機《き》が飛《と》んできました。みんなで熱帯林《ねったいりん》に隠《かく》れました。ドンドンと爆弾《ばくだん》の音《おと》が響《ひび》いていました。1時間《じかん》ぐらいたったでしょうか。静《しず》かになり、おそるおそる砂浜《すなはま》の方《ほう》に戻《もど》ると、乗《の》ってきた船《ふね》の姿《すがた》は跡形《あとかた》もありません。

浜《はま》には爆弾《ばくだん》で太《ふと》ももを失《うしな》い、血《ち》を流《なが》して倒《たお》れている男《おとこ》の人《ひと》がいました。既《すで》に亡《な》くなっていました。数時間《すうじかん》たって潮《しお》が満《み》ち始《はじ》めると、地獄《じごく》のような光景《こうけい》が現《あらわ》れ始《はじ》めたのです。潮《しお》に乗《の》って、船員《せんいん》たちの死体《したい》が浜《はま》に打《う》ち上《あ》げられ始《はじ》めました。僕《ぼく》らは衣類《いるい》もお金《かね》も食料《しょくりょう》も全《すべ》て船《ふね》に乗《の》せていたので、とても心配《しんぱい》になりました。

上原和彦さん(79)

パラオで生まれ、台湾での戦争体験を語る上原和彦さん＝南城市立大里中学校

《乗《の》っていた民間船《みんかんせん》を米軍機《べいぐんき》の攻撃《こうげき》によって失《うしな》った上《うえ》原《はら》さん。島《しま》で身動《みうご》きが取《と》れない中《なか》、夜《よる》になると日本軍《にほんぐん》の駆逐艦《くちくかん》が救助《きゅうじょ》にやってきました。駆逐艦《くちくかん》に乗《の》せられてたどり着《つ》いたのは台湾《たいわん》の高雄港《たかおこう》でした》

着《つ》いたのは8月下旬《がつげじゅん》か9月上旬《がつじょうじゅん》の夜明《よあ》けごろだったと思《おも》います。東《ひがし》の空《そら》が明《あか》るくなっていました。港《みなと》に着《つ》いて体中《からだじゅう》に消毒液《しょうどくえき》をかけられました。南方《なんぽう》から来《き》たので伝染病《でんせんびょう》とかにかかっていないか心配《しんぱい》していたようです。何日《なんにち》かすると一《いっ》

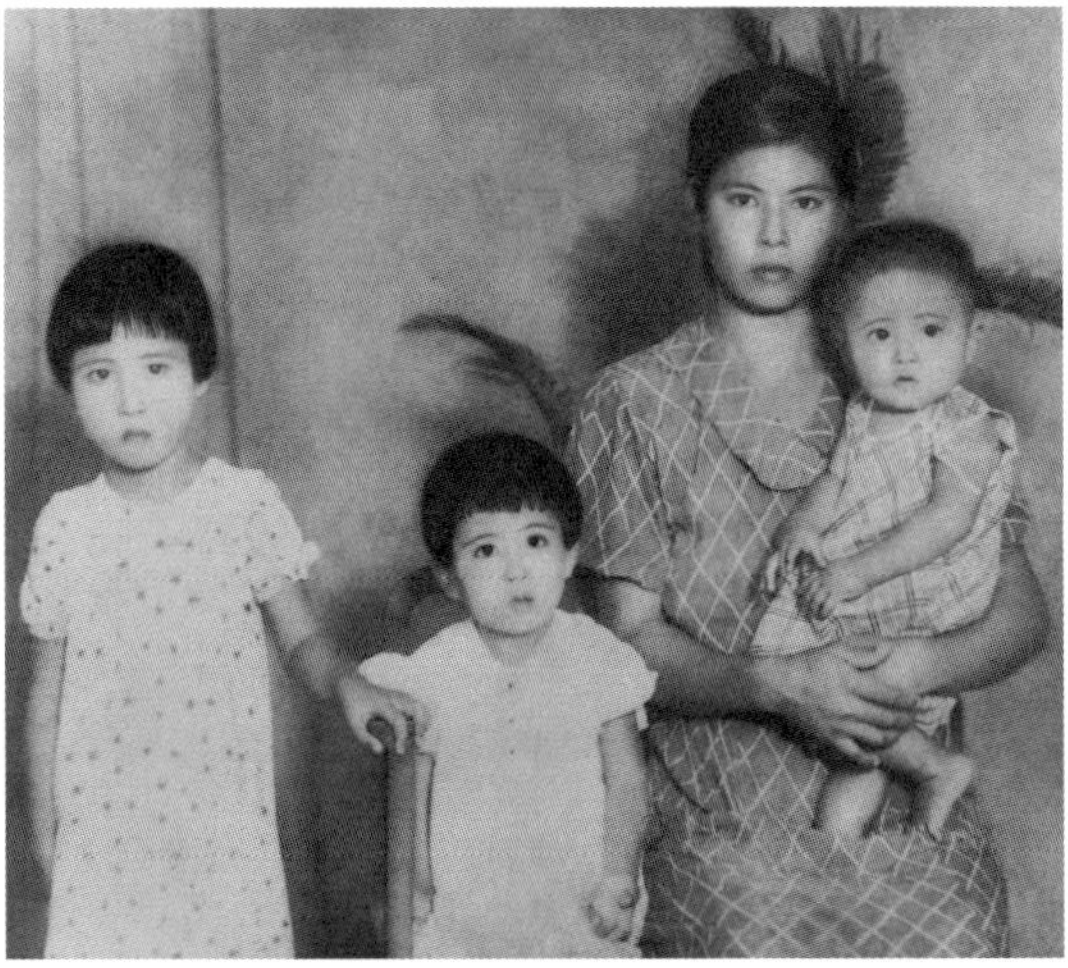

母親に抱かれている上原和彦さん(右端)

軒家《けんや》をあてがってもらって家族《かぞく》で暮《く》らすことができました。ここまでは家族《かぞく》にはけがや病気《びょうき》などはありませんでした。

その後《ご》、しばらくすると、高雄《たかお》の北《きた》の方《ほう》に移動《いどう》して、丸太《まるた》のような家《いえ》で暮《く》らしました。44年《ねん》12月《がつ》ごろ、姉《あね》が高熱《こうねつ》を出《だ》して倒《たお》れてしまいました。2日間《ふつかかん》、母《はは》が看病《かんびょう》しましたが、結局《けっきょく》亡《な》くなってしまいました。姉《ねえ》さんが埋葬《まいそう》されたのは鉄道《てつどう》の終着駅《しゅうちゃくえき》のような場所《ばしょ》でした。レールが敷《し》かれていて、近《ちか》くには機関車《きかんしゃ》もありました。台湾《たいわん》で亡《な》くなった人《ひと》もその近《ちか》くに埋葬《まいそう》されていました。

ある日《ひ》、埋葬地《まいそうち》に花《はな》と水《みず》を供《そな》えに行《い》きました。手《て》を合《あ》わせて帰《かえ》ろうと思《おも》った時《とき》、米軍《べいぐん》のグラマン戦闘機《せんとうき》がブンブンいって飛《と》んできました。はっきりと星《ほし》のマークと白《しろ》い線《せん》が見《み》え、僕《ぼく》をめがけて機銃掃射《きじゅうそうしゃ》してきました。驚《おどろ》いて、近《ちか》くの機関車《きかんしゃ》の下《した》に潜《もぐ》り込《こ》んで隠《かく》れると、レールに弾丸《だんがん》が当《あ》たってピュンピュンと跳《は》ねていました。飛《と》び上《あ》がるぐらい怖《こわ》かったけど、表《おもて》には僕一人《ぼくひとり》しかいない。僕《ぼく》を狙《ねら》っていると思《おも》うと本当《ほんとう》に恐《おそ》ろしくて、いまでもその時《とき》の状況《じょうきょう》が思《おも》い浮《う》かびます。

《約《やく》3カ月後《げつご》、今度《こんど》は母《はは》・ヤスさんが高熱《こうねつ》を出《だ》し、亡《な》くなってしまいます。母《はは》を亡《な》くしてからはきょうだい4人《にん》だけで暮《く》らす日々《ひび》が始《はじ》まりました》

2カ月《げつ》ぐらいは子《こ》どもたちだけで暮《く》らしました。僕《ぼく》の仕事《しごと》は湯飲《ゆの》み茶碗《ぢゃわん》に玄米《げんまい》を入《い》れて、木《き》の枝《えだ》でつついて食《た》べられるようにすることでした。満足《まんぞく》にご飯《はん》は食《た》べられませんでした。

しばらくすると、母《はは》のいとこが僕《ぼく》たちを引《ひ》き取《と》りにやってきました。母《はは》のいとこは僕《ぼく》たちより2週間《しゅうかん》ぐらい先《さき》に病院船《びょういんせん》でパラオを出発《しゅっぱつ》していました。たまたま台湾《たいわん》に来《き》ていたそうです。

母《はは》のいとこは「ヤスさんが夢枕《ゆめまくら》に立《た》っていた。子《こ》どもたちを沖縄《おきなわ》に連《つ》れて行《い》ってほしいと言《い》っていた」と話《はな》していたのを覚《おぼ》えています。

母《はは》のいとこは美濃《みの》（高雄市中部《たかおしちゅうぶ》）というところに連《つ》れてきてくれました。そこは学校《がっこう》みたいな場所《ばしょ》で、立派《りっぱ》な建物《たてもの》がありました。僕《ぼく》と姉《あね》は母《はは》のいとこのところで暮《く》らし、弟《おとうと》たちは台湾《たいわん》の人《ひと》の家《いえ》に預《あず》けられました。

おそらくご飯《はん》が少《すく》ないので、一家族《いちかぞく》ではまかなえなかったからだと思《おも》います。

しばらくすると、妹《いもうと》も栄養失調《えいようしっちょう》で亡《な》くなりました。この時《とき》は本当《ほんとう》にひもじくて、台湾《たいわん》の人《ひと》からおにぎりをもらったり、あぜ道《みち》でカエルを捕《つか》まえて食《た》べたりしました。川《かわ》でどじょうやフナを捕《つか》まえて泥《どろ》を吐《は》かせるなど、なんとか食《しょく》料《りょう》を見《み》つけていました。

飢えしのぎ帰郷、父と再会

《その後《ご》、上原《うえはら》さんたちは台中《たいちゅう》、台北《たいぺい》へと移動《いどう》します。

日本《にほん》の敗戦《はいせん》も台湾《たいわん》で迎《むか》えました。46年《ねん》11月《がつ》3日《みっか》、ようやく父《ちち》・宏《ひろし》さんのいる久米島《くめじま》へとたどり着《つ》き、再会《さいかい》を果《は》たすことができました》

台北《たいぺい》からは米軍《べいぐん》の船《ふね》で出《で》ました。米兵《べいへい》からはちょうどたばこの箱《はこ》と同《おな》じぐらいの大《おお》きさのビスケットを手渡《てわた》されました。しばらくすると中城村久場崎《なかぐすくそんくばさき》に着《つ》きました。その後《ご》

戦争と上原和彦さんの歩み

(●は上原さんの出来事)

1922年	パラオのコロール市に日本の南洋庁が設置される。
1933年	●上原さんの父・宏さんがパラオへ渡る
1938年6月7日	●パラオのコロール市で上原和彦さん生まれる
1941年12月8日	太平洋戦争が開戦
1944年3月	パラオでも米軍の空襲が始まる
8月18日	●上原さん家族はパラオ港を出港。沖縄を目指す
8月下旬～9月下旬ごろ	●上原さん、台湾高雄に到着
1946年10月下旬ごろ	●中城村久場に到着。インヌミ引揚民収容所に収容される
11月3日	●久米島に到着。父・宏さんと再会を果たす

写真:沖縄県公文書館所蔵

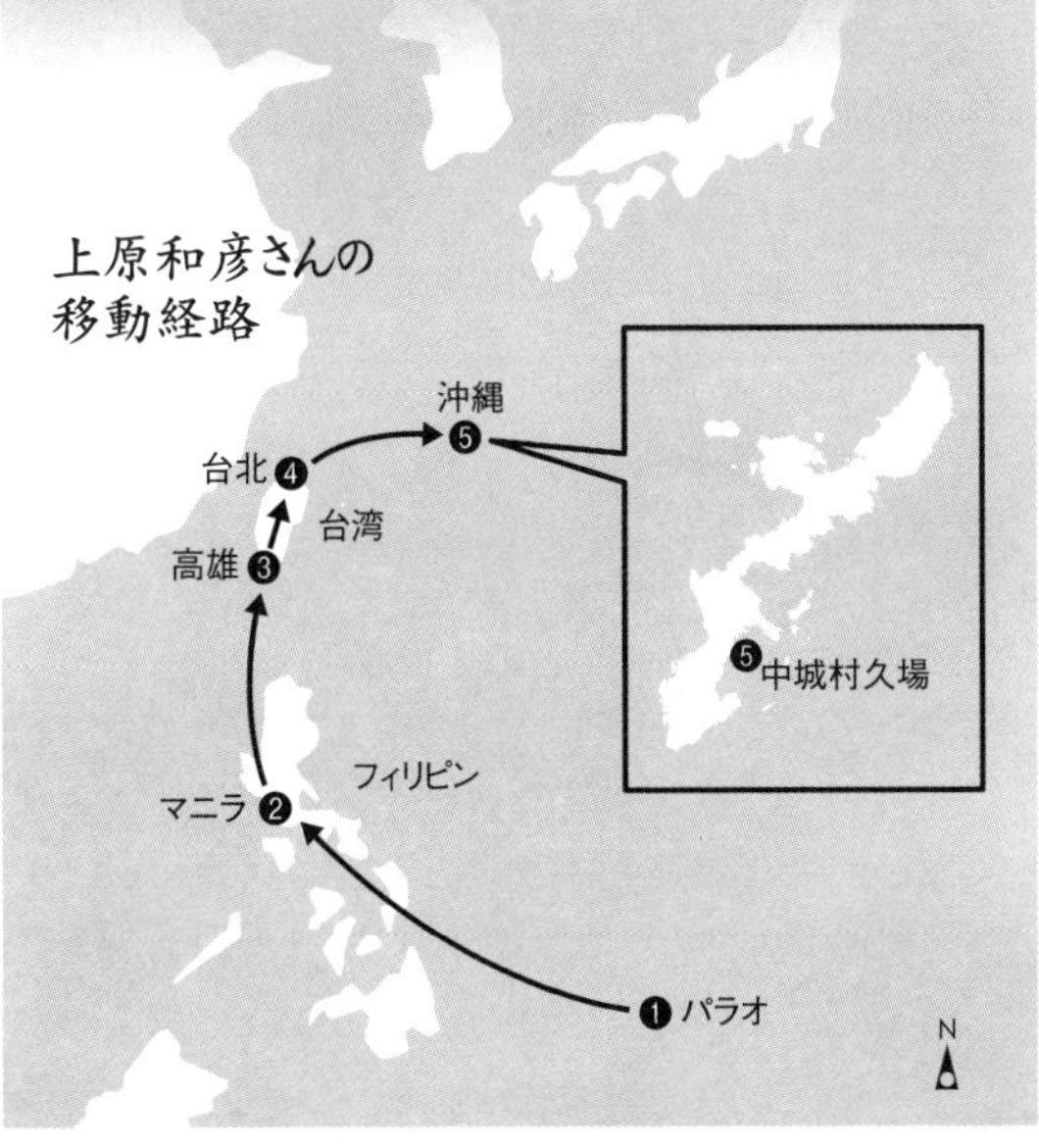

は米軍《べいぐん》のトラックで、現在《げんざい》の沖縄市《おきなわし》にあったインヌミと呼《よ》ばれる収容所《しゅうようじょ》に入《い》れられました。収容所《しゅうようじょ》では本島内《ほんとうない》に家《いえ》がある人《ひと》は帰《かえ》ることができました。いとこのおばさんは本《もと》部町《ぶちょう》に家《いえ》があったので、そこで別《わか》れました。僕《ぼく》たちきょうだいはしばらくたってから慶良間《けらま》方面《ほうめん》に向《む》かう船《ふね》で久米島《くめじま》へと向《む》かいました。

久米島《くめじま》に着《つ》いたのは今《いま》でも鮮明《せんめい》に覚《おぼ》えています。1946年《ねん》の11月《がつ》3日《みっか》でした。この日《ひ》は地域《ちいき》の運動会《うんどうかい》で島《しま》に着《つ》くと誰《だれ》も集落《しゅうらく》にいませんでした。僕《ぼく》が着《つ》いたことを島《しま》の人《ひと》に伝《つた》えてもらうとおじいさんが迎《むか》えに来《き》てくれました。父《ちち》も、イカ漁《りょう》を終《お》えたその足《あし》で戻《もど》って来《き》てくれて抱《だ》き合《あ》って再会《さいかい》を喜《よろこ》びました。

父《ちち》は防衛隊《ぼうえいたい》としてパラオに残《のこ》っていましたが、僕《ぼく》たちより早《はや》く沖縄《おきなわ》に戻《もど》ることができたそうです。亡《な》くなった人《ひと》もパラオに残《のこ》っていた人《ひと》の方《ほう》が少《すく》なかったと説明《せつめい》してくれました。

久米島《くめじま》ではあいうえおの五十音《ごじゅうおん》も習《なら》っていないのに2年生《ねんせい》に編入《へんにゅう》させられました。マラリアにかかってしまうこともありました。布団《ふとん》を何枚《なんまい》かぶってもとても寒《さむ》かったのを覚《おぼ》えています。父《ちち》とおじが看病《かんびょう》してくれて、何《なん》とか九死《きゅうし》に一生《いっしょう》を得《え》ました。

ひもじい生活《せいかつ》が続《つづ》きました。ソテツの実《み》を取《と》って、水《みず》に浸《ひた》して毒《どく》を抜《ぬ》き、臼《うす》でひいて粉《こな》にして食《た》べました。中学《ちゅうがく》まではほとんど勉強《べんきょう》はせず、家族《かぞく》のために魚《さかな》を捕《と》って暮らしました。大変《たいへん》な生活《せいかつ》でしたが、戦争《せんそう》の時《とき》よりはましで、耐《た》えることができました。

戦争《せんそう》は繰《く》り返《かえ》してはいけません。僕《ぼく》も家族《かぞく》を失《うしな》いまし

メモ　パラオの戦争

日本《にほん》の委任統治領《いにんとうちりょう》だったパラオには日本《にほん》軍《ぐん》の連合艦《れんごうかん》の基地《きち》がありました。1937年《ねん》にパラオに住《す》んでいた日本人《にほんじん》は1万《まん》1391人《にん》いました。このうち沖縄県出身者は4799人《にん》で4割《わり》を占《し》めていました。44年《ねん》3月《がつ》に米軍《べいぐん》によるパラオの空襲《くうしゅう》が始《はじ》まり、サイパン、グアムを攻《こう》略《りゃく》した米軍《べいぐん》はパラオにも激《はげ》しい砲撃《ほうげき》を加《くわ》えた後《のち》、9月《がつ》15日《にち》、ペリリュー島《とう》に上陸《じょうりく》し、日米《にちべい》両軍《りょうぐん》が地上戦《ちじょうせん》を展開《てんかい》しました。日本軍《にほんぐん》は抵《てい》抗《こう》しましたが、11月《がつ》24日《にち》にペリリュー地区《ちく》の日本軍《にほんぐん》の隊長《たいちょう》の中川州男《なかがわくにお》大佐《たいさ》らが自決《じけつ》し、米軍《べいぐん》は27日《にち》に作戦《さくせん》を終了《しゅうりょう》しました。その後《ご》も日本軍《にほんぐん》の敗残兵《はいざんへい》による戦闘《せんとう》が続《つづ》きました。

た。戦前《せんぜん》に戻《もど》っているような雰囲気《ふんいき》もありますが、決《けっ》して悲惨《ひさん》な戦争《せんそう》を繰《く》り返《かえ》さないように、若《わか》い皆《みな》さんで考《かんが》えて行《こう》動《どう》してほしいです。

―聞いて学んだ―

過酷な環境知ることできた

高島皓乃さん（大里中3年）

朝《あさ》ご飯《はん》や給食《きゅうしょく》を普通《ふつう》に食《た》べることができる今《いま》とは比《くら》べものにならないぐらい過酷《かこく》な環境《かんきょう》だったことを知《し》ることができた。ご飯《はん》を満足《まんぞく》に食《た》べることができなかった上原《うえはら》さんがどういう思《おも》いで生《い》きてきたかを知《し》ることができて勉強《べんきょう》になった。

家族《かぞく》を亡《な》くすことのつらさは上原《うえはら》さんにしか分《わ》からないはずだが、私《わたし》たちに話《はな》してくれたことを考《かんが》え続《つづ》けていきたい。私《わたし》も上原《うえはら》さんの話《はなし》をみんなに伝《つた》えて、悲惨《ひさん》な戦争《せんそう》を起《お》こさせないように平和《へいわ》について考《かんが》え続《つづ》けていきたい。

体験者から学べて良かった

米元遥子さん（大里中3年）

パラオで生《う》まれて、戦争《せんそう》を逃《のが》れるために沖縄《おきなわ》を目指《めざ》してきた上原《うえはら》さんの体験《たいけん》は、私《わたし》たちが暮《く》らしているいまの環境《かんきょう》では考《かんが》えられないことで、言葉《ことば》を失《うしな》いました。

戦争体験《せんそうたいけん》の話《はなし》を聞《き》く機会《きかい》はこれまでにも何度《なんど》かあったが、沖縄以外《おきなわいがい》での戦争《せんそう》の話《はなし》は初《はじ》めてでした。上原《うえはら》さんの体験談《たいけんだん》を胸《むね》に刻《きざ》んで、二度《にど》と戦争《せんそう》が起《お》こらないようにするためにはどうしたらいいかを考《かんが》えたい。戦争《せんそう》を体験《たいけん》してきた人《ひと》から直接《ちょくせつ》、話《はなし》を聞《き》く機会《きかい》は減《へ》っていく中《なか》、今回《こんかい》、学《まな》ぶことができて本当《ほんとう》に良《よ》かったです。

―記者も学んだ―

沖縄以外《おきなわいがい》での戦争体験《せんそうたいけん》を初《はじ》めて生《なま》の声《こえ》で聞《き》いた。船《ふね》や陸路《りくろ》を乗《の》り継《つ》ぐ、過酷《かこく》な道中《どうちゅう》で家族《かぞく》を亡《な》くした上原《うえはら》さんの体験《たいけん》は聞《き》いていて辛《つら》くなった。

上原《うえはら》さんは異国《いこく》の地《ち》で亡《な》くなった母《はは》やきょうだいのことを思《おも》い、いまも心《こころ》を痛《いた》めている。上原《うえはら》さんはいまの社会《しゃかい》の雰囲気《ふんいき》を「戦前《せんぜん》と似始《にはじ》めている」とも指摘《してき》した。戦争体験者《せんそうたいけんしゃ》の声《こえ》に今後《こんご》も耳《みみ》を傾《かたむ》けていきたい。

戦争《せんそう》を繰《く》り返《かえ》させないためにどう報道《ほうどう》していくかを一記者《いちきしゃ》として考《かんが》え続《つづ》けていきたい。

（当間詩朗《とうましろう》、28歳《さい》）

平良輝子《たいらてるこ》さんはブラジルで生《う》まれ、7歳《さい》の時《とき》に家《か》族《ぞく》で沖縄県那覇市《おきなわけんなはし》に移《うつ》り住《す》みます。沖縄戦《おきなわせん》で平良《たいら》さんは妹《いもうと》と大宜味村謝名城《おおぎみそんじゃなぐすく》の山奥《やまおく》に避難《ひなん》し、命《いのち》からがら生《い》き延《の》びます。その間《あいだ》に南部《なんぶ》にいた両親《りょうしん》は亡《な》くなり、今《いま》も遺骨《いこつ》は見《み》つかっていません。平良《たいら》さんの話《はなし》を那覇市立真和志中学校《なはしりつまわしちゅうがっこう》3年《ねん》の小倉愛《おぐらあい》さん(15)、堀川《ほりかわ》朗生《ろい》さん(14)が聞《き》きました。

北部へ避難　山奥で生活

《1944年《ねん》10月10日《がつとおか》の「10・10空襲《くうしゅう》」の日《ひ》、那覇市泉《なはしいずみ》崎《ざき》に両親《りょうしん》と妹《いもうと》と住《す》んでいた平良《たいら》さんは、東町《ひがしまち》の職場《しょくば》に出勤《しゅっきん》する前《まえ》に米軍《べいぐん》の攻撃《こうげき》に気付《きづ》きました》

家《いえ》から今《いま》の漫湖公園《まんここうえん》のあたりの那覇港《なはこう》が燃《も》えているのが見《み》えるんですよね。米軍《べいぐん》の総攻撃《そうこうげき》で火事《かじ》のようになっているわけ。空襲警報《くうしゅうけいほう》も鳴《な》っていました。東町《ひがしまち》の職場《しょくば》に行《い》ったけど誰《だれ》もいない。家《いえ》に帰《かえ》っても誰《だれ》もいない。真玉橋《まだんばし》に父《ちち》の親戚《しんせき》がいるから、そこに行《い》ったら家族《かぞく》が来《き》ていた。翌日《よくじつ》に父《ちち》が家《いえ》に戻《もど》ったらあたりは焼《や》け野原《のはら》だったようで、親戚《しんせき》の家《いえ》の馬小屋《うまごや》を改造《かいぞう》して住《す》むようにしたわけね。その頃《ころ》、東町《ひがしまち》の職場《しょくば》を辞《や》めて(豊見城村《とみぐすくそん》に事務所《じむしょ》があった)軍医《ぐんい》に筆生《ひっせい》(事務員《じむいん》)として雇《やと》われました。

《米軍《べいぐん》は、1945年《ねん》3月《がつ》23日《にち》に大規模《だいきぼ》な空襲《くうしゅう》、24日《にち》に艦砲射撃《かんぽうしゃげき》を始《はじ》め、沖縄本島《おきなわほんとう》は激《はげ》しい戦火《せんか》に巻《ま》き込《こ》まれていきます》

那覇《なは》は死人《しにん》が出《で》たり、亡《な》くなった子《こ》どもをおぶったままのお母《かあ》さんがいたり、ともかく地獄《じごく》でした。本部《もとぶ》の出張所《しゅっちょうじょ》から帰《かえ》ってきた軍医《ぐんい》から「向《む》こうが安全《あんぜん》だから薬品《やくひん》を届《とど》けながら行《い》って、帰《かえ》ってこんでいい」と言《い》われました。29日《にち》に看《かん》護婦《ごふ》と兵隊2人《へいたいふたり》、妹《いもうと》の5人《にん》で、背《せ》のうに入《はい》るだけの薬品《やくひん》を背負《せお》って出発《しゅっぱつ》したんです。真玉橋付近《まだんばしふきん》はまだ大《おお》きな被害《ひがい》はなかったので、両親《りょうしん》は残《のこ》りました。出発前《しゅっぱつまえ》に両親《りょうしん》と「生《い》きていたらこの場《ば》に集《あつ》まろうね」と水杯《みずさかずき》を交《か》わしました。

首里《しゅり》から金武《きん》までは攻撃《こうげき》があって、藪《やぶ》や岩陰《いわかげ》に隠《かく》れながら移動《いどう》しました。金武《きん》には31日《にち》に着《つ》きました。天然《てんねん》の鍾乳《しょうにゅう》洞《どう》には100人《にん》くらい入《はい》っているわけね。私《わたし》たちは入《はい》る余《よ》地《ち》がないから野宿《のじゅく》して。兵隊《へいたい》さんは食《た》べ物《もの》の確保《かくほ》に行《い》くと出《で》て、戻《もど》ってきませんでした。

4月1日《がつついたち》に「敵《てき》が上陸《じょうりく》したからみんな解散《かいさん》」という情報《じょうほう》があって、みんな右往左往《うおうさおう》ですよ。西《にし》に行《い》ったり東《ひがし》に行《い》ったり。どこに行《い》っていいか分《わ》からない。看護婦《かんごふ》と妹《いもうと》と3人《にん》、一番人数《いちばんにんずう》が多《おお》いところを追《お》って行《い》ったわけ。看護婦《かんごふ》さんが「通《とお》りから行《い》くと危《あぶ》ない」と言《い》うので、山《やま》に入《はい》って川伝《かわづた》いにずっと歩《ある》いて羽地《はねじ》に出《で》ました。看護婦《かんごふ》さんは自分《じぶん》の家族《かぞく》が疎開《そかい》しているというので、別《わか》れて妹《いもうと》と2人《ふたり》になったわけね。

平良輝子さん(93)

大宜味村の山奥での避難生活について語る平良輝子さん＝那覇市

《妹《いもうと》と2人《ふたり》になった平良《たいら》さんは羽地《はねじ》から海伝《うみづた》いに歩《ある》き、大宜味村《おおぎみそん》喜如嘉《きじょか》に向《む》かいます》

何日《なんにち》かして、大宜味村《おおぎみそん》に着《つ》きました。そこで米《こめ》の配給《はいきゅう》に私《わたし》たちも並《なら》んだけど「疎開《そかい》している人《ひと》への米《こめ》だからあげられない」と言《い》われてね。私《わたし》が「本部《もとぶ》に行《い》って薬品《やくひん》を届《とど》ける」と言《い》ったら「向《む》こうも危険《きけん》だから喜如嘉《きじょか》に行《い》きなさい」と言《い》われました。

大宜味《おおぎみ》の根路銘《ねろめ》あたりで、お鍋《なべ》が落《お》ちていたんですよね。私《わたし》たちは何《なに》も食《た》べていないから、鍋《なべ》で何《なに》か炊《た》いて食《た》べられるんじゃないかなと思《おも》い、それを取《と》りに行《い》った。その時《とき》、上空《じょうくう》を通《とお》った米軍機《べいぐんき》が私《わたし》を目《め》がけて攻撃《こうげき》してきたけど、2人《ふたり》とも助《たす》かったの。

その鍋《なべ》を取《と》って歩《ある》いて喜如嘉《きじょか》まで来《き》たわけ。そこで歩《ある》くこともできずにへたばっていたら男《おとこ》の人《ひと》が来《き》て、妹《いもうと》をおぶって喜如嘉《きじょか》の隣《となり》部落《ぶらく》の謝名城《じゃなぐすく》の自分《じぶん》の家《いえ》まで連《つ》れて行《い》ってくれたんですよ。「泊《と》まって、お芋《いも》も自由《じゆう》に食《た》べていいですよ。家族《かぞく》が山《やま》で避難《ひなん》しているから」と言《い》って、いなくなったの。疲《つか》れ切《き》っていますからね。やっと睡眠《すいみん》をとれた。

《集落《しゅうらく》から謝名城《じゃなぐすく》の山《やま》に登《のぼ》り、山奥《やまおく》での長《なが》い避難生活《ひなんせいかつ》が始《はじ》まります》

翌日起《よくじつお》きたら部落《ぶらく》はだれもいない。みんな山《やま》の避難小屋《ひなんごや》にいるので、私《わたし》も怖《こわ》くなって山《やま》に登《のぼ》った。もう一足一足《ひとあしひとあし》、妹《いもうと》も衰弱《すいじゃく》しきっているからね。掘《ほ》りかけた横穴《よこあな》が空《あ》いていたから1日《にち》か2日暮《ふつかく》らした時《とき》に、喜如嘉《きじょか》で私《わたし》たちを助《たす》けた人《ひと》が通《とお》りかかって、この方《かた》の山小屋《やまごや》で2週間《しゅうかん》くらい生活《せいかつ》して体《からだ》も回復《かいふく》しました。

2週間後《しゅうかんご》、その方《かた》の奥《おく》さんが妊娠《にんしん》していて、やがて赤《あか》ちゃんが生《う》まれるから出《で》てほしいと言《い》われて、湯飲《ゆの》み1杯《ぱい》のお塩《しお》、芋《いも》5〜6個《こ》、火種《ひだね》をもらって出《で》ました。空《あ》いている避難《ひなん》小屋《ごや》に入《はい》って生活《せいかつ》を始《はじ》めました。ニガナやヨモギなどの野《や》草《そう》と水《みず》で生活《せいかつ》していたんですよね。ほかの避難小屋《ひなんごや》も遠《とお》く離《はな》れていて、2人《ふたり》だけで孤立《こりつ》していました。昼《ひる》も夜《よる》も戦々《せんせん》恐々《きょうきょう》として、ずっと日本《にほん》の勝利《しょうり》を信《しん》じて、教育勅語《きょういくちょくご》や五箇《ごか》条《じょう》の御誓文《ごせいもん》を唱《とな》えていたんです。

大宜味村田嘉里集落を離れる米軍の第27装甲機動偵察隊=1945年7月12日(沖縄県公文書館所蔵)

《7月《がつ》12〜15日《にち》ごろ、大宜味村田嘉里《おおぎみそんたかざと》に米軍《べいぐん》が進攻《しんこう》したことを受《う》け、集落《しゅうらく》への下山《げざん》を求《もと》める声《こえ》が、山一帯《やまいったい》に掛《か》かります》

あれから1カ月以上《げついじょう》はいたんじゃないですかね。男《おとこ》の人《ひと》が来《き》て「山《やま》から下《お》りてこない者《もの》はみんな射殺《しゃさつ》されるから下《お》りてきなさい」と言《い》うんですね。田嘉里《たかざと》という部落《ぶらく》に米軍《べいぐん》がいて山狩《やまが》りするからって。

妹《いもうと》は栄養失調《えいようしっちょう》で衰弱《すいじゃく》していて、あと4、5日《にち》もしない間《ま》に死《し》ぬんじゃないかという状態《じょうたい》でした。私《わたし》は男《おとこ》の方《かた》に妹《いもうと》をおぶってもらおうと思《おも》って部落《ぶらく》まで下《お》りて行《い》ったんですよね。でも男《おとこ》の方《かた》が米軍《べいぐん》のMPに射殺《しゃさつ》されたこともあって、男《おとこ》の人《ひと》はみんな隠《かく》れていました。

また山《やま》に戻《もど》って「もし米軍《べいぐん》に捕《つか》まったら、舌《した》をかんで死《し》のうね」と妹《いもうと》に言《い》って、一足一足《ひとあしひとあし》、部落《ぶらく》に下《お》りてきたんですよね。部落《ぶらく》では私《わたし》を助《たす》けた方《かた》の家《いえ》の廊下《ろうか》に身《み》を寄《よ》せました。

《妹《いもうと》の体力《たいりょく》が回復《かいふく》した頃《ころ》、平良《たいら》さんは1人《ひとり》、南部《なんぶ》に残《のこ》した両親《りょうしん》を探《さが》しに謝名城《じゃなぐすく》を出《で》ます。しかし、移動《いどう》できるのは米軍《べいぐん》が通行《つうこう》を許可《きょか》した所《ところ》だけでした》

沖縄本島における沖縄戦と平良輝子さんの歩み

（●は平良さんの出来事）

1925年3月24日	●両親の移民先のブラジルで平良輝子さんが生まれる
1932年ごろ	●沖縄県那覇市へ
1944年8月22日	●対馬丸に乗っていた末の弟が亡くなる
10月10日	●10・10空襲で那覇市の自宅が全焼し、真玉橋の親戚宅へ
1945年3月23日	米軍が大規模な空襲を開始
3月29日	●本部を目指して北上
4月1日	●金武からさらに北部へ
4月上旬ごろ	●大宜味村謝名城に到着、山奥での避難生活が始まる
6月22日	牛島満司令官が自決し、沖縄戦の組織的戦闘が終了（23日説もある）
7月12日～15日ごろ	●米軍が田嘉里に駐屯し、集落への下山を求める情報で下山
1946年頃	●羽地村から那覇市へ戻る

本島北部で掃討作戦を続ける米軍
（写真：沖縄県公文書館所蔵）

平良輝子さんの移動経路

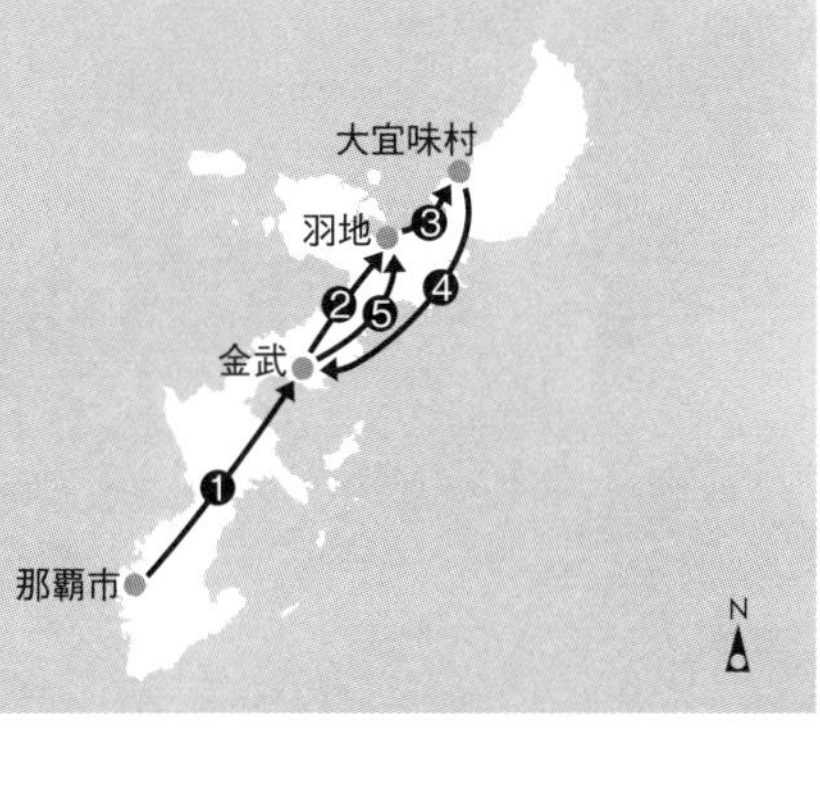

当時《とうじ》、米軍《べいぐん》の許可《きょか》があったのが大保《たいほ》という部落《ぶらく》で、そこまで出《で》るトラックに忍《しの》び込《こ》んで、さらに羽地《はねじ》まで出《で》て行《い》った。羽地《はねじ》から歩《ある》いて、許田《きょだ》を通《とお》って金武《きん》の銀原《ぎんばる》というところまで来《き》たら、遠《とお》い親戚《しんせき》と会《あ》って「あんたたちの親《おや》は亡《な》くなったよ」と言《い》われました。

本当《ほんとう》に悲《かな》しくて、どうしようもないと思《おも》っている時《とき》に、親《しん》戚《せき》は「食糧難《しょくりょうなん》だから居着《いつ》いたら困《こま》る」と。もう本当《ほんとう》につっけんどんに追《お》い出《だ》されるように、そこから出《で》たんですけどね。それでまた羽地《はねじ》まで戻《もど》りました。妹《いもうと》を謝名城《じゃなぐすく》から連《つ》れてきて、父《ちち》の遠縁《とおえん》の親戚《しんせき》のおじいさん、おばあさんと一緒《いっしょ》に暮《く》らしました。

両親、弟の遺骨、見つからず

《1946年《ねん》、小禄村《おろくそん》の高良地区《たからちく》が解放《かいほう》され、平良《たいら》さんは妹《いもうと》や親戚《しんせき》と戻《もど》ります。その後《ご》、飛行学校《ひこうがっこう》に通《かよ》っていた弟《おとうと》2人《ふたり》と満州《まんしゅう》（中国東北地方《ちゅうごくとうほくちほう》）にいた兄《あに》も無事《ぶじ》に帰還《きかん》し、きょうだいで暮《く》らしました》

小禄《おろく》に移動《いどう》できてから、両親《りょうしん》と別《わか》れた真玉橋《まだんばし》まで行《い》き遺《い》骨《こつ》を探《さが》しました。でも大《おお》きいの小《ち》さいの、いろんなお骨《こつ》があって、どれが両親《りょうしん》の骨《ほね》か分《わ》からず、石《いし》と土《つち》を取《と》りました。石《いし》と土《つち》は、お墓《はか》に置《お》いてあります。弟《おとうと》も対馬丸《つしままる》で沈《しず》んでそのままです。

弟《おとうと》や両親《りょうしん》のことを思《おも》って夜《よる》に泣《な》きました。機銃掃射《きじゅうそうしゃ》や艦砲射撃《かんぽうしゃげき》が飛《と》んでくるビュービューという音《おと》や、たくさんの屍《しかばね》の悪夢《あくむ》にもさいなまれました。死《し》のうとも思《おも》ったけど

メモ　山の中の沖縄戦

本島北部《ほんとうほくぶ》の住民《じゅうみん》や中南部《ちゅうなんぶ》から北部《ほくぶ》に避難《ひなん》した人《ひと》の多《おお》くは、戦中《せんちゅう》を山奥《やまおく》の避難小屋《ひなんごや》や壕《ごう》で過《す》ごしました。食糧難《しょくりょうなん》に苦《くる》しみ、栄養失調《えいようしっちょう》や病気《びょうき》で亡《な》くなった人《ひと》もいました。

敗残兵《はいざんへい》になった日本兵《にほんへい》が銃《じゅう》や日本刀《にほんとう》で住民《じゅうみん》を脅《おど》して食糧《しょくりょう》を強奪《ごうだつ》したこともあり、大宜味村渡野喜屋《おおぎみそんとのきや》（現在《げんざい》の大宜味村白浜《おおぎみそんしらはま》）では、米軍《べいぐん》に保護《ほご》された中部《ちゅうぶ》の住民約《じゅうみんやく》30人《にん》が、敗残兵《はいざんへい》に殺《ころ》される「渡野喜屋事件《とのきやじけん》」が起《お》こりました。敗残兵《はいざんへい》を探《さが》していた米軍《べいぐん》が住民《じゅうみん》を殺害《さつがい》した事件《じけん》もありました。

飢餓《きが》と恐怖《きょうふ》の中《なか》にいた避難民《ひなんみん》は、米軍《べいぐん》の投降《とうこう》呼《よ》び掛《か》けで不安《ふあん》を抱《かか》えながらも山《やま》を下《お》りました。

妹《いもうと》がいたおかげで生《い》かされた。信仰《しんこう》にも導《みちび》かれて、平安《へいあん》に過《す》ごしています。戦争《せんそう》で人間《にんげん》は動物《どうぶつ》よりも卑《いや》しくなる。絶《ぜっ》対《たい》戦争《せんそう》はしてはならない。次《つぎ》の世代《せだい》を担《にな》うあなた方《がた》がたくましく朗《ほが》らかに生《い》きてほしいと願《ねが》っています。

―聞いて学んだ―

多様性を尊重する道、選ぶ

小倉愛さん（真和志中3年）

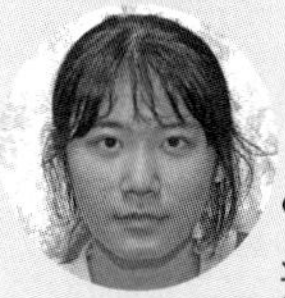

幸《しあわ》せって何《なん》だろう。平良《たいら》さんの戦争体験《せんそうたいけん》を聞《き》き、このことをとても深《ふか》く考《かんが》えた。私《わたし》の幸《しあわ》せは、家族《かぞく》や友人《ゆうじん》と楽《たの》しく過《す》ごすことだ。しかし文化《ぶんか》も国《くに》もそれぞれ違《ちが》うから、人《ひと》によって幸《しあわ》せは違《ちが》う。お金《かね》がないと幸《しあわ》せじゃないという人《ひと》。生《い》きていくための食《た》べ物《もの》があれば幸《しあわ》せな人《ひと》。だから意見《いけん》が合《あ》わなくなると問題《もんだい》になる。人類《じんるい》が幸《しあわ》せになるためには、話《はな》し合《あ》うしかない。絶対《ぜったい》に攻撃《こうげき》しないで話《はな》し合《あ》い、認《みと》め、人々《ひとびと》の多様性《たようせい》を理解《りかい》し、尊重《そんちょう》することが幸《しあわ》せへの道《みち》になる。私《わたし》はこんな道《みち》を歩《あゆ》んでいきたい。

人を狂わせ、傷つける戦争

堀川朗生さん（真和志中3年）

「人《ひと》が動物《どうぶつ》よりも卑《いや》しくなる」という平良《たいら》さんの言葉《ことば》がとても衝撃的《しょうげきてき》だった。祖父《そふ》の話《はなし》から「戦争《せんそう》の時《とき》に、人《ひと》がこんなに残酷《ざんこく》になれるのはなぜか」と疑問《ぎもん》に思《おも》っていた。その答《こた》えが、平良《たいら》さんの言葉《ことば》にあった。この言葉《ことば》は、戦争《せんそう》というものを表《あらわ》していると思《おも》う。死《し》が身近《みぢか》にあり、次《つぎ》は自分《じぶん》の番《ばん》かもしれないという状況下《じょうきょうか》で、日本軍《にほんぐん》による住民《じゅうみん》の虐殺《ぎゃくさつ》や米軍《べいぐん》の無差別《むさべつ》な攻撃《こうげき》などのように人《ひと》は非人道的《ひじんどうてき》になれるのだ。戦争《せんそう》は人《ひと》を狂《くる》わせ、傷《きず》つける。もう二度《にど》と戦争《せんそう》をしてはならない。

―記者も学んだ―

平良《たいら》さんは、今回初《こんかいはじ》めて新聞《しんぶん》に戦争体験《せんそうたいけん》を語《かた》った。若《わか》い世代《せだい》に伝《つた》えたいという強《つよ》い思《おも》いからだ。大宜味《おおぎみ》の山中《さんちゅう》でしのびよる飢《う》えと、いつ敵《てき》が来《く》るか分《わ》からない恐怖《きょうふ》に耐《た》え、生《い》き延《の》びた後《あと》で、親戚《しんせき》から両親《りょうしん》の死《し》を知《し》らされる。戦争《せんそう》が終《お》わってからも戦時中《せんじちゅう》の悪夢《あくむ》にうなされる―。

思《おも》い出《だ》すのも辛《つら》い記憶《きおく》を、時《とき》に目《め》に涙《なみだ》をためながら克明《こくめい》に語《かた》ってくれた。「絶対《ぜったい》に戦争《せんそう》はしないで、自分《じぶん》を大切《たいせつ》にして」。平良《たいら》さんの言葉《ことば》と思《おも》いを次《つぎ》の世代《せだい》につないでいきたい。

（田吹遥子《たぶきようこ》、30歳《さい》）

恩納村《おんなそん》山田《やまだ》出身《しゅっしん》の上原米子《うえはらよねこ》さんは1941年《ねん》、名護町《なごちょう》（現名護市《げんなごし》）の県立第三高等女学校《けんりつだいさんこうとうじょがっこう》に入学《にゅうがく》しました。その年《とし》の12月《がつ》、日本軍《にほんぐん》による真珠湾攻撃《しんじゅわんこうげき》で太平洋《たいへいよう》戦争《せんそう》が勃発《ぼっぱつ》します。楽《たの》しかった学生生活《がくせいせいかつ》は一変《いっぺん》しました。卒業式《そつぎょうしき》もないまま、本部《もとぶ》の八重岳《やえだけ》野戦病院《やせんびょういん》で傷病兵《しょうびょうへい》の看護《かんご》に追《お》われました。野戦病院跡地《やせんびょういんあとち》に最《もっと》も近《ちか》い本部町立伊豆味中学校《もとぶちょうりついずみちゅうがっこう》の全校生徒《ぜんこうせいと》が上原《うえはら》さんの話《はなし》を聞《き》きました。

野戦病院で手榴弾配る

《1945年《ねん》1月《がつ》、看護教育《かんごきょういく》を受《う》けた三高女《さんこうじょ》の学生《がくせい》らは本部町《もとぶちょう》の八重岳野戦病院《やえだけやせんびょういん》へ看護実習《かんごじっしゅう》に行《い》くことになりました。上原《うえはら》さんは3月下旬《がつげじゅん》に動員《どういん》され、24日《か》に野戦病院《やせんびょういん》に到着《とうちゃく》します》

八重岳《やえだけ》は今《いま》は草《くさ》がぼうぼう生《は》えていますけどね、あの時《とき》は（陣地構築《じんちこうちく》に動員《どういん》された）地元《じもと》の小学校《しょうがっこう》4年《ねん》以上《いじょう》の子《こ》どもたちが山《やま》に行《い》って、カヤやススキを刈《か》ってきて「ここの野戦病院《やせんびょういん》を造《つく》ったんだよ」と話《はな》していました。小川《おがわ》も流《なが》れ、水《みず》もずいぶんありました。

《4月1日《がつついたち》に米軍《べいぐん》が本島《ほんとう》に上陸《じょうりく》しました。8日《ようか》以降《いこう》、本部半島《もとぶはんとう》に進攻《しんこう》した米軍《べいぐん》と「宇土部隊《うどぶたい》」と呼《よ》ばれた日《に》本軍《ほんぐん》の激戦《げきせん》となり、負傷《ふしょう》した日本兵《にほんへい》が病院《びょういん》に運《はこ》ばれてきます》

山《やま》の中《なか》にある治療室《ちりょうしつ》に、民家《みんか》から持《も》ってきた雨戸《あまど》に足《あし》を付《つ》けて手術台《しゅじゅつだい》を作《つく》りました。弾《たま》が足《あし》に当《あ》たり、膝坊主《ひざぼうず》をぶらぶらさせた兵隊《へいたい》が手術台《しゅじゅつだい》に運《はこ》ばれてきました。すると麻酔《ますい》をしないまま、糸《いと》のこでがさがさ切《き》るんですよ。膝坊主《ひざぼうず》から切《き》り離《はな》しても「痛《いた》い」と言《い》わない。

切《き》り落《お》としたら「ああ、やっと切《き》れました。膝《ひざ》がぶらさがっていて重《おも》かった。やっと軽《かる》くなった」と冗談《じょうだん》を言《い》っていました。日本《にほん》の兵隊《へいたい》さんは強《つよ》いな、と思《おも》いました。切《き》り落《お》とした部分《ぶぶん》は山《やま》の中《なか》に埋《う》めました。こういう仕事《しごと》もさせられました。

《4月《がつ》16日《にち》、宇土部隊《うどぶたい》の本部《ほんぶ》から「病院《びょういん》の者《もの》は独自《どくじ》の行動《こうどう》で羽地《はねじ》の多野岳《たのだけ》に転進《てんしん》せよ」との撤退命令《てったいめいれい》が出《で》て、八重岳野戦病院《やえだけやせんびょういん》を離《はな》れることになりました》

八重岳《やえだけ》にいたら全滅《ぜんめつ》するから「今晩《こんばん》、撤退《てったい》しなさい。歩《ある》けない患者《かんじゃ》は連《つ》れて行《い》けないから、枕元《まくらもと》に手榴弾《しゅりゅうだん》と乾《かん》パンを配《くば》ってきなさい」と隊長《たいちょう》に言《い》われました。

歩《ある》けない人《ひと》たちは連《つ》れて行《い》けないんですよ。最後《さいご》の兵隊《へいたい》さんに手榴弾《しゅりゅうだん》と乾《かん》パンを配《くば》ったときだったかね。「看護婦《かんごふ》さん、どうしてこんなの配《くば》るんですか」と聞《き》いてきました。「よく分《わ》かりません」と言《い》ったけど、自分《じぶん》たちが置《お》き去《ざ》りにされると分《わ》かっているんですよ。

あとから私《わたし》たちが見《み》たら「海《うみ》ゆかば」を合唱《がっしょう》している。「海《うみ》ゆかば」はね、どこの学校《がっこう》でも朝会《ちょうかい》で必《かなら》ず歌《うた》わせていた。これをみんなで歌《うた》っているんですよ。これを聞《き》いていて、胸《むね》をえぐられる思《おも》いでした。でもどうにもならない。歩《ある》ける

上原米子さん(91)

当時の経験を鮮明に語る上原米子さん＝国頭郡本部町の伊豆味小中学校

メモ　県立第三高等女学校

1920年《ねん》、名護町《なごちょう》（現名護市《げんなごし》）に県立第三高等女学校《けんりつだいさんこうとうじょがっこう》が開校《かいこう》しました。創立当時《そうりつとうじ》は1～2学年《がくねん》合《あ》わせて生徒《せいと》85人《にん》、職員《しょくいん》5人《にん》でしたが、沖縄戦前年《おきなわせんぜんねん》の44年《ねん》には職員《しょくいん》20人《にん》、生徒《せいと》は恩納村《おんなそん》以北《いほく》から1学年《がくねん》110人《にん》の計《けい》440人《にん》が在籍《ざいせき》していました。通学用《つうがくよう》の交通手段《こうつうしゅだん》がない生徒《せいと》が多《おお》く、寄宿舎《きしゅくしゃ》が設《もう》けられていましたが、7月《がつ》に日本軍《にほんぐん》が校舎《こうしゃ》を兵舎《へいしゃ》にすると、寄宿舎《きしゅくしゃ》も病院《びょういん》（病棟《びょうとう》）となりました。

生徒《せいと》らは壕掘《ごうほ》りや看護教育《かんごきょういく》などに専念《せんねん》し、45年《ねん》3月《がつ》以降《いこう》は八重岳野戦病院《やえだけやせんびょういん》（陸軍病院名護分院《りくぐんびょういんなごぶんいん》）に配属《はいぞく》されるようになりました。

患者《かんじゃ》さんを連《つ》れて、山《やま》をいくつか越《こ》えていきました。

《八重岳《やえだけ》を撤退《てったい》した三高女《さんこうじょ》の生徒《せいと》は米軍《べいぐん》の迫撃砲《はくげきほう》や銃撃戦《じゅうげきせん》をくぐり抜《ぬ》けて逃《に》げ惑《まど》いました》

午前《ごぜん》7時《じ》ごろ、いきなりどかんと来《き》たんです。私《わたし》たちが逃《に》げようとしている時《とき》に弾《たま》が飛《と》んできてね。岩《いわ》に当《あ》たって破片《はへん》がぱらぱらと落《お》ちてきた。それから、お腹《なか》から血《ち》を噴《ふ》き出《だ》している人《ひと》もいました。

私《わたし》も右足《みぎあし》の親指《おやゆび》の付《つ》け根《ね》から小指《こゆび》まで破片《はへん》が入《はい》っています。ピンセットで取《と》ろうとしても、骨《ほね》と骨《ほね》の間《あいだ》に挟《はさ》まり、堅《かた》くて取《と》れない。看護婦《かんごふ》のお姉《ねえ》さんが来《き》て、私《わたし》がやりましょうと言《い》うけど動《うご》かないんですね。歩《ある》いているうちに取《と》れるかもしれないから我慢《がまん》しておきなさいと言《い》って、包帯《ほうたい》を巻《ま》いてくれたんです。

同期生《どうきせい》は一生懸命《いっしょうけんめい》私《わたし》を励《はげ》ましてね。「あんたひとりぼっちにしない。みんないるからね。心配《しんぱい》しないで」と慰《なぐさ》めてるんですね。「みんな逃《に》げたから、早《はや》く逃《に》げなさい」といっても聞《き》かないんです。「あんた一人《ひとり》おいて、わたし逃《に》げられない」。そんなこと言《い》って、ずっと残《のこ》ってくれたんですね。

第三高女でなごらん学徒隊だった上原米子さんが描いた絵。八重岳野戦病院から撤退する際に日本兵に銃を向けられた（上原米子さん作・提供）

「死にたくない」反抗した友

《けがをした上原《うえはら》さんは何度《なんど》も死《し》と直面《ちょくめん》します。米軍《べいぐん》の攻撃《こうげき》ではなく、野戦病院《やせんびょういん》で一緒《いっしょ》だった日本兵《にほんへい》が原因《げんいん》でした》

日本兵《にほんへい》でうちの班長《はんちょう》だった軍曹《ぐんそう》は気《き》が弱《よわ》くて、「もう俺《おれ》たちは助《たす》からんから一緒《いっしょ》に死《し》のう」と言《い》って、自分《じぶん》の持《も》っている手榴弾《しゅりゅうだん》を出《だ》してね。その時《とき》に私《わたし》の友達《ともだち》が「班長《はんちょう》！　なぜそんなことをするんですか。わたし死《し》にたくない。班長《はんちょう》、死《し》にたかったら一人《ひとり》でどっか行《い》って死《し》んでください」と。あのころ、子《こ》どもが大人《おとな》に向《む》かって口答《くちごた》えしたら大変《たいへん》でしたけどね。この人《ひと》は偉《えら》いなあ、と思《おも》いました。班長《はんちょう》から手榴弾《しゅりゅうだん》を奪《うば》ってね。気《き》の強《つよ》い子《こ》だった。それで私《わたし》たちは助《たす》かりました。

それから、防衛隊《ぼうえいたい》の人《ひと》がね、「あんた歩《ある》けないんでしょう。これを杖《つえ》にしなさい」と言《い》って、木《き》の枝《えだ》で私《わたし》に杖《つえ》を作《つく》ってくれたんです。杖《つえ》をついて歩《ある》くけど、でこぼこ道《みち》で山道《やまみち》ですからすぐ転《ころ》ぶんです。だから、あとは四《よ》つん這《ば》いになって後《あと》を追《お》っていきました。すると、同《おな》じ仲間《なかま》の兵隊《へいたい》が私《わたし》に銃《じゅう》を向《む》けたんです。「女《おんな》がついてくると邪魔《じゃま》だから、撃《う》つぞ」と。

もうびっくりしました。仲間《なかま》の兵隊《へいたい》にこんなこと言《い》われるのかと、涙《なみだ》がぽろぽろ流《なが》れました。うちの班長《はんちょう》が「この人《ひと》たちは今《いま》まで野戦病院《やせんびょういん》で働《はたら》いていた学生《がくせい》さんだよ。お前《まえ》

沖縄本島における沖縄戦と上原米子さんの歩み

（●は上原さんの出来事）

1926年11月25日	●恩納村山田で上原米子さんが生まれる
1941年4月	●名護町の県立第三高等女学校に入学
12月8日	日本軍による真珠湾攻撃で太平洋戦争が始まる
1942年	●2年生の2学期から英語教育が廃止される。竹やりやなぎなたなど軍国主義教育の徹底
1944年7月〜9月	●校舎が日本軍に接収される。宇土武彦大佐率いる独立混成第44旅団本部の兵舎になる ●三高女の寄宿舎は病院（病棟）となり、生徒は名護町内の旅館に移る
10月10日	「10・10空襲」で米軍による南西諸島への大規模空襲 ●被災した負傷兵らが運び込まれ世話をする
12月	中学校生徒の戦力化が日本軍と県の間で協定策定。女子校上級生に看護訓練を実施し軍属として扱われることが取り決められる
1945年1月28日	看護教育を受けた第一次の生徒らが八重岳野戦病院へ看護実習に行く
3月上旬	第二次の生徒らが八重岳野戦病院へ看護実習
3月23日	●第三高女の卒業式のため生徒らは帰校するが講堂が焼失していたため卒業式は中止
24日	●上原さんが八重岳野戦病院へ動員される
4月1日	米軍が沖縄本島上陸
4月16日	●宇土部隊本部から撤退命令が出て、八重岳野戦病院を離れる

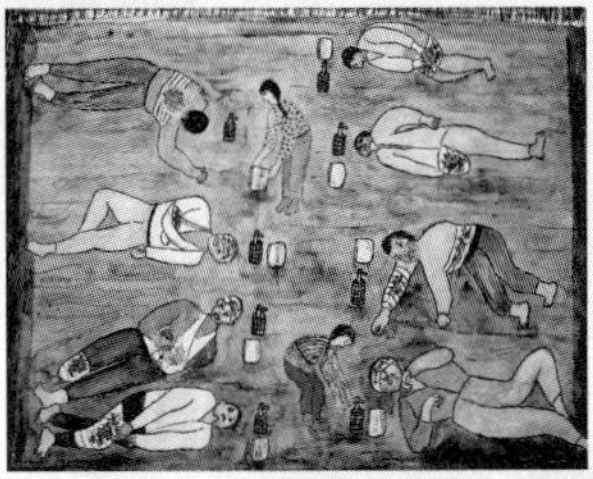

上原さん作・提供

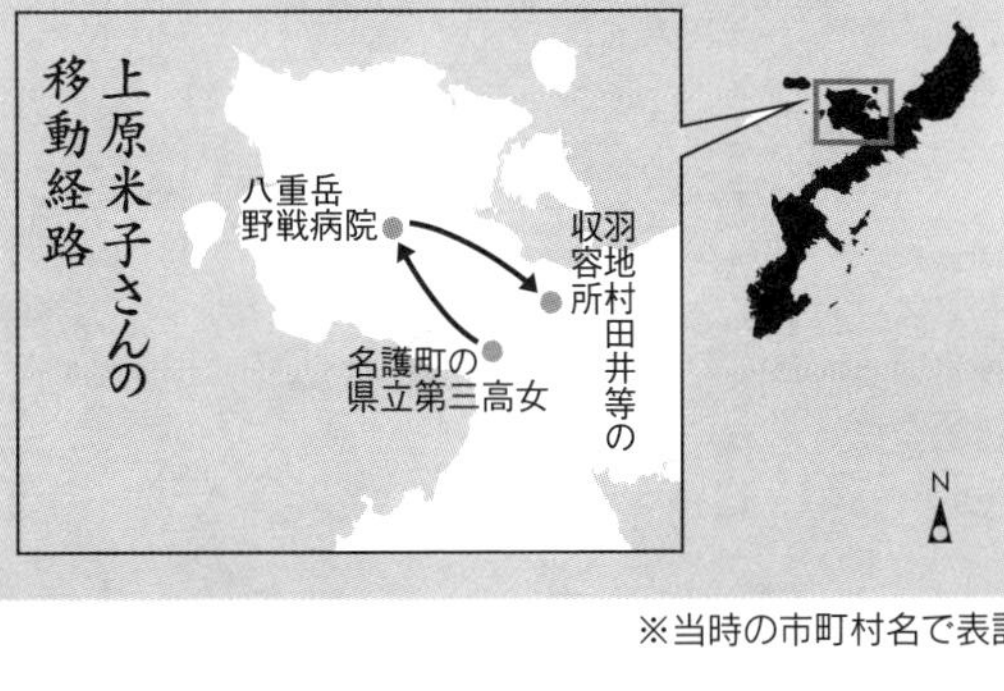

※当時の市町村名で表記

は銃《じゅう》を向《む》けるのか」と言《い》って怒《おこ》ったんですよね。兵隊《へいたい》はぶつぶつ文句《もんく》を言《い》いながら前《まえ》に進《すす》んでいきました。それで、わたしはまた命拾《いのちびろ》いしました。やがて撃《う》たれるところでした。

《けがをしていた上原《うえはら》さんは生《い》きるか死《し》ぬかという戦闘《せんとう》の真《ま》っただ中《なか》で過《す》ごしました。たくさんの人《ひと》の死《し》を見《み》ました》

看護婦《かんごふ》のお姉《ねえ》さんが私《わたし》の足《あし》を見《み》て「おんぶしてあげるから、一緒《いっしょ》に行《い》こう」っておんぶしてくれたんです。だけど前《まえ》に進《すす》んでも兵隊《へいたい》が死《し》んでいる。これを見《み》たときに「こんな目《め》に遭《あ》うなら、下《お》ろしてください。先《さき》に行《い》ってください」と言《い》ったら「大丈夫《だいじょうぶ》よ、私《わたし》が面倒《めんどう》みるよ」と言《い》って迷《まよ》っていました。私《わたし》があんまり頼《たの》んだから「じゃあ、迎《むか》えにくるから、ここでじっとしておきなさい」って、お姉《ねえ》さんは先《さき》に行《い》きました。すると弾《たま》が飛《と》んできて、お姉《ねえ》さんは即死《そくし》してしまった。人《ひと》の運命《うんめい》は紙一重《かみひとえ》だと思《おも》いました。

私《わたし》の友達《ともだち》は日本兵《にほんへい》と一緒《いっしょ》に逃《に》げる途中《とちゅう》でね。小学校《しょうがっこう》5年《ねん》くらいの男《おとこ》の子《こ》が爆風《ばくふう》で飛《と》ばされて、木《き》に引《ひ》っ掛《か》かって血《ち》を流《なが》していているのを見《み》ました。「兵隊《へいたい》さん殺《ころ》してください」と叫《さけ》んでいる。「助《たす》けてください」じゃない。横《よこ》に死体《したい》が転《ころ》がっていて「お父《とう》さんもお母《かあ》さんもこうしてるから、僕《ぼく》も殺《ころ》してください」と叫《さけ》んでいたらしい。

兵隊《へいたい》はね、「この子《こ》はもう亡《な》くなるはずだから見《み》ないふりしていこう」と言《い》って、そこを通《とお》り過《す》ぎたそうです。友達《ともだち》はいつも私《わたし》に言《い》いよった。「あの時《とき》のあの子《こ》どもの叫《さけ》び声《ごえ》、なんとも言《い》えない」って。

《上原《うえはら》さんはその後《ご》、兄《あに》の子《こ》どもと再会《さいかい》し、収容所《しゅうようじょ》に送《おく》られます》

私《わたし》たちは、よその家《いえ》の墓《はか》に1カ月《げつ》以上《いじょう》入《はい》っていました。そのうち食《た》べ物《もの》を探《さが》すため山《やま》からたくさんの人《ひと》が出《で》てきました。学校《がっこう》の先生《せんせい》をしていた兄《あに》の家族《かぞく》のことを聞《き》きましたら、知《し》っているというので、連《つ》れて行《い》ってもらい、兄《あに》の息子《むすこ》に会《あ》うことができました。

その後《ご》、トラックに飛《と》び乗《の》り、本部《もとぶ》の海《うみ》の所《ところ》を通《とお》りました。捕虜《ほりょ》になったら殺《ころ》されると思《おも》ったけどね、連《つ》れて行《い》かれたところは田井等《たいら》の収容所《しゅうようじょ》でした。そこで長《なが》いこと暮《く》らしました。戦争《せんそう》というのはこういうものです。兄《あに》は戦争《せんそう》で亡《な》くなっていました。その子《こ》どもたちは私《わたし》が育《そだ》てました。大黒柱《だいこくばしら》を失《うしな》うのは大変《たいへん》なことです。このことは家族《かぞく》を失《うしな》った人《ひと》しか分《わ》からないですよ。

—聞いて学んだ—

私たち世代が次の語り部に

渡口愛梨さん（伊豆味中2年）

上原《うえはら》さんの体験《たいけん》を聞《き》いて、あらためて戦争《せんそう》の悲惨《ひさん》さを知《し》りました。希望《きぼう》に満《み》ちあふれていた幼《おさな》い子《こ》の命《いのち》を奪《うば》い、日本《にほん》で唯一住民《ゆいいつじゅうみん》を巻《ま》き込《こ》み多《おお》くの命《いのち》を奪《うば》った地上戦《ちじょうせん》。20万人《まんにん》という尊《とうと》い命《いのち》が犠牲《ぎせい》になった沖縄戦《おきなわせん》を、もう二度《にど》と起《お》こしてはいけないと思《おも》います。

近年《きんねん》、戦争体験者《せんそうたいけんしゃ》が減少《げんしょう》している中《なか》、次《つぎ》は私《わたし》たち若《わか》い世代《せだい》が上原《うえはら》さんも言《い》っていたように戦争《せんそう》の怖《こわ》さを伝《つた》える語《かた》り部《べ》になる番《ばん》です。今《いま》ある幸《しあわ》せに感謝《かんしゃ》し、夢《ゆめ》に向《む》かって一歩《いっぽ》ずつ歩《あゆ》んでいきたいです。

学校で学べることに感謝

饒平名小雪さん（伊豆味中2年）

上原《うえはら》さんの話《はなし》を聞《き》いて、私《わたし》と同《おな》じくらいの年《とし》の子《こ》が負傷兵《ふしょうへい》の手当《てあ》てをしたり亡《な》くなった人《ひと》を埋《う》めたりと、今《いま》ではとても考《かんが》えられないようなことをしていたと聞《き》き、あらためて戦争《せんそう》の悲惨《ひさん》さを知《し》りました。学校《がっこう》は勉強《べんきょう》をする場《ば》なのに、英語禁止《えいごきんし》や天皇名《てんのうめい》の暗記《あんき》をさせられたりと戦争《せんそう》が子《こ》どもたちにまで影響《えいきょう》していたと知《し》り、いま学校《がっこう》で勉強《べんきょう》できるのはとてもすごいことだと感《かん》じました。これから今《いま》できていることに感謝《かんしゃ》し、上原《うえはら》さんが話《はな》してくれたことを胸《むね》に刻《きざ》んでおきたいです。

—記者も学んだ—

上原《うえはら》さんは恩納村在住《おんなそんざいじゅう》ですが「その地域《ちいき》の子《こ》どもたちに知《し》ってほしい」との思《おも》いから、八重岳《やえだけ》の麓《ふもと》にある伊豆味中学校《いずみちゅうがっこう》の子《こ》どもたちの所《ところ》へ向《む》かいました。「地域《ちいき》によって戦争《せんそう》は全然違《ぜんぜんちが》うからね」と言《い》い、本部町《もとぶちょう》の友人《ゆうじん》の名前《なまえ》や地名《ちめい》を出《だ》しながら戦争体験《せんそうたいけん》を語《かた》ったので、この地域《ちいき》の沖縄戦《おきなわせん》がどのようなものであったか、想像《そうぞう》できました。沖縄戦《おきなわせん》の全体像《ぜんたいぞう》は知《し》られていても、地域《ちいき》の細《こま》かい部分《ぶぶん》まではあまり知《し》られていないのが実情《じつじょう》です。地域《ちいき》の沖縄戦《おきなわせん》を詳《くわ》しく記録《きろく》し伝《つた》えることが私《わたし》たちの責務《せきむ》だと思《おも》いました。

（阪口彩子《さかぐちあやこ》、32歳《さい》）

八重瀬町《やえせちょう》東風平《こちんだ》小城《こぐすく》出身《しゅっしん》の神谷清吉《かみやせいきち》さんは東風平《こちんだ》国民学校高等科《こくみんがっこうこうとうか》を15歳《さい》で卒業後《そつぎょうご》、東風平青年学校《こちんだせいねんがっこう》に入学《にゅうがく》します。1944年《ねん》、石垣島《いしがきじま》での飛行場建設《ひこうじょうけんせつ》に徴用《ちょうよう》されます。本島《ほんとう》に戻《もど》るとすぐに防衛隊《ぼうえいたい》として召集《しょうしゅう》されます。本島《ほんとう》南部《なんぶ》の戦闘《せんとう》を生《い》き延《の》び、捕虜《ほりょ》となり、ハワイの収容所《しゅうようじょ》に連《つ》れて行《い》かれました。八重瀬町立東風平中学校《やえせちょうりつこちんだちゅうがっこう》3年《ねん》の金城愛翔《きんじょうあいと》さん(14)と佐久川璃玖《さくがわりく》さん(14)が神谷《かみや》さんの話《はなし》を聞《き》きました。

戦場であまりに軽い人命

《1944年夏《ねんなつ》、16歳《さい》だった神谷《かみや》さんは、石垣島《いしがきじま》の陸軍《りくぐん》白保飛行場《しらほひこうじょう》の建設工事《けんせつこうじ》に徴用《ちょうよう》されます》

青年学校《せいねんがっこう》にいるとき、役場《やくば》から飛行場建設《ひこうじょうけんせつ》の案内《あんない》が字《あざ》小城《こぐすく》にありました。私《わたし》の家《いえ》は小城《こぐすく》で一番貧《いちばんまず》しくて、貧《まず》しい人《ひと》が行《い》かされました。小城《こぐすく》からは私《わたし》1人《ひとり》。白保飛行場《しらほひこうじょう》では、ざるのようなものに土《つち》を入《い》れて何往復《なんおうふく》もして運《はこ》んだよ。働《はたら》く人《ひと》の弁当運《べんとうはこ》びもしました。

朝鮮人《ちょうせんじん》もいた。朝鮮人《ちょうせんじん》が「難儀《なんぎ》だ」と言《い》ったら、日本兵《にほんへい》が背骨《せぼね》を棒《ぼう》で打《う》つんです。日本兵《にほんへい》は大変《たいへん》だったよ。

飛行場《ひこうじょう》の近《ちか》くに住《す》み、ご飯《はん》には切《き》り干《ぼ》し芋《いも》が混《ま》ざっていました。「イリムサー」と言《い》って芋《いも》に虫《むし》が入《はい》っていると、ご飯《はん》が臭《くさ》くて食《た》べられなかったよ。約《やく》3カ月後《げつご》、本島《ほんとう》に戻《もど》ることになりました。

《1944年《ねん》10月10日《がつとおか》、南西諸島全域《なんせいしょとうぜんいき》に米軍《べいぐん》の空襲《くうしゅう》がありました。神谷《かみや》さんはちょうどその日《ひ》、本島《ほんとう》に戻《もど》る船《ふね》に乗《の》っていました》

石垣港《いしがきこう》から日本軍《にほんぐん》の船《ふね》で本島《ほんとう》に帰《かえ》る予定《よてい》だったが、既《すで》に満席《まんせき》となっていて、私《わたし》たちは5、6人《にん》で(漁船《ぎょせん》のような小《ちい》さい)ポンポン船《せん》に乗《の》せられました。先《さき》に行《い》った日本軍《にほんぐん》の船《ふね》は、海《うみ》の真《ま》ん中《なか》で攻撃《こうげき》を受《う》けて沈没《ちんぼつ》しました。私《わたし》たちの船《ふね》の横《よこ》に真《ま》っ白《しろ》になった遺体《いたい》や荷物《にもつ》がぶつかっていました。

那覇港《なはこう》に着《つ》いたら空襲《くうしゅう》の直後《ちょくご》で、港《みなと》にあったたるから黒《くろ》砂糖《ざとう》がいっぱい溶《と》けて地面《じめん》の上《うえ》に広《ひろ》がっていたのを覚《おぼ》えています。

《1945年《ねん》3月《がつ》、17歳《さい》の神谷《かみや》さんは防衛隊《ぼうえいたい》に召集《しょうしゅう》されます》

糸満国民学校《いとまんこくみんがっこう》で身体検査《しんたいけんさ》を受《う》けました。私《わたし》は合格《ごうかく》して、真栄里《まえざと》の民家《みんか》に宿泊《しゅくはく》しながら、船舶隊《せんぱくたい》の特攻艇《とっこうてい》を山《やま》から海《うみ》に運《はこ》び出《だ》す任務《にんむ》に就《つ》きました。真栄里《まえざと》のガマから砂浜《すなはま》まで敷《し》かれていたレールを使《つか》って、特攻艇《とっこうてい》に爆弾《ばくだん》を積《つ》んで海《うみ》まで押《お》しました。

神谷清吉さん(90)
防衛隊として召集され、戦闘の第一線に送られた経験を語る神谷清吉さん＝八重瀬町東風平小城の自宅

この任務《にんむ》に就《つ》いたのは10人《にん》くらいでした。ある日《ひ》、誰《だれ》かがどろでぃー(泥《どろ》でまみれた手《て》)で特攻艇《とっこうてい》を押《お》して、船《ふね》に泥《どろ》が付《つ》いてしまった。日本兵《にほんへい》に見《み》られて「誰《だれ》が汚《よご》れた手《て》で触《さわ》ったか」と言《い》われて、誰《だれ》も言《い》わないからみんなたたかれたよ。

特攻艇《とっこうてい》に乗《の》った兵隊《へいたい》は日本刀《にほんとう》を背中《せなか》に下《さ》げて、日《ひ》の丸《まる》の鉢巻《はちま》きをしていました。「行《い》ってきます」ではなく「ゆきます」と言《い》って出発《しゅっぱつ》していきました。半分《はんぶん》は涙《なみだ》を浮《う》かべていたよ。

だけど、特攻艇《とっこうてい》はエンジンから「プンプン」と音《おと》がするから、米軍《べいぐん》の船《ふね》に近《ちか》づくとすぐに見《み》つかってしまいます。だから特攻艇《とっこうてい》は、みんな米軍《べいぐん》の船《ふね》を爆破《ばくは》する前《まえ》に行《い》き先《さき》を変《か》えた。生《い》きて戻《もど》ってきたら隊長《たいちょう》が許《ゆる》さないから、どこかに逃《に》げて敗残兵《はいざんへい》となったと思《おも》いますよ。

《その後《ご》、神谷《かみや》さんは東風平村友寄《こちんだそんともよせ》のガマに駐屯《ちゅうとん》していた部隊《ぶたい》に呼《よ》ばれて、友寄《ともよせ》で待機《たいき》します》

友寄《ともよせ》では防衛隊仲間《ぼうえいたいなかま》の同級生《どうきゅうせい》が夜《よる》、自分《じぶん》の家《いえ》の仏壇《ぶつだん》の様子《ようす》を見《み》に行《い》きました。その夜《よる》は緊急《きんきゅう》の点呼《てんこ》があったから同級生《どうきゅうせい》がいないことに兵隊《へいたい》が気付《きづ》きました。その友達《ともだち》が朝帰《あさかえ》ってくると、兵隊《へいたい》が待《ま》っていて棒《ぼう》で同級生《どうきゅうせい》をたたいたり、バケツで水《みず》を掛《か》けたりしました。見《み》ていて、ちむぐりさん（かわいそう）。私《わたし》は「待《ま》て」と言《い》ってしまいました。すると、ガマの中《なか》に連《つ》れて行《い》かれました。

中《なか》には5人《にん》ほどの兵隊《へいたい》がいて、私《わたし》は「私《わたし》たちウチナーンチュは日本軍《にほんぐん》の加勢《かせい》に来《き》たのに。私《わたし》たちは（階級《かいきゅう》の）星《ほし》もない、鉄《てつ》かぶともないのに、なんでなぐるか」と言《い》ったんだ。自《じ》分《ぶん》の命《いのち》はもうないと思《おも》いました。

すると「あんたは兵隊《へいたい》の御誓文《ごせいもん》（軍人勅諭《ぐんじんちょくゆ》）が分《わ》かるか」と尋《たず》ねられ、私《わたし》は勉強《べんきょう》していたので「一《ひとつ》、軍人《ぐんじん》は忠節《ちゅうせつ》を尽《つ》くすを本分《ほんぶん》とすべし。一《ひとつ》、軍人《ぐんじん》は礼儀《れいぎ》を正《ただ》しくすべし。一《ひとつ》、軍人《ぐんじん》は…」と言《い》った。すると「君《きみ》はこれを書《か》けるか」と言《い》われたので紙《かみ》に書《か》きました。私《わたし》はウチナーンチュだから土地勘《とちかん》があると思《おも》われていたのか、その後伝令《ごでんれい》に命《めい》じられ、1人《ひとり》の少尉《しょうい》についていくよう言《い》われました。

《4月1日《がついたち》、沖縄本島《おきなわほんとう》に上陸《じょうりく》した米軍《べいぐん》は、5月《がつ》13日《にち》、現《げん》在《ざい》の西原町《にしはらちょう》と与那原町《よなばるちょう》の間《あいだ》にある運玉森《うんたまむい》へ攻撃《こうげき》を開《かい》始《し》します。日本軍《にほんぐん》は運玉森《うんたまむい》に陣地《じんち》を造《つく》っていました。

メモ　軍人勅諭

1882年《ねん》1月《がつ》4日《よっか》、明治天皇《めいじてんのう》が軍人《ぐんじん》の心《こころ》構《がま》えを陸海軍人《りくかいぐんじん》に示《しめ》した言葉《ことば》です。天皇《てんのう》による軍《ぐん》の統率《とうそつ》を強調《きょうちょう》し、軍人《ぐんじん》に求《もと》める姿勢《しせい》として忠節《ちゅうせつ》、礼儀《れいぎ》、武勇《ぶゆう》、信義《しんぎ》、質素《しっそ》の五《いつ》つを求《もと》めています。沖縄《おきなわ》では1926年《ねん》に始《はじ》まった現役将校《げんえきしょうこう》による学校教練《がっこうきょうれん》で、軍人精神《ぐんじんせいしん》をたたき込《こ》むために「軍人勅諭《ぐんじんちょくゆ》」の暗唱《あんしょう》などが取《と》り入《い》れられるようになりました。神《かみ》谷《や》さんは、国民学校高等科《こくみんがっこうこうとうか》1年《ねん》と2年《ねん》で勉《べん》強《きょう》したと証言《しょうげん》しています。沖縄戦《おきなわせん》の5年前《ねんまえ》の40年《ねん》には、当時《とうじ》の淵上房太郎知事《ふちがみふさたろうちじ》が「軍人《ぐんじん》勅諭《ちょくゆ》」の実践《じっせん》を一般県民《いっぱんけんみん》にも求《もと》めました。
（『沖縄県《おきなわけん》史各論編第《しかくろんへんだい》6巻《かん》　沖縄戦《おきなわせん》』参考《さんこう》）

神谷《かみや》さんは、戦闘《せんとう》の続《つづ》く運玉森《うんたまむい》に少尉《しょうい》と共《とも》に向《む》かいました》

運玉森《うんたまむい》の山《やま》の斜面《しゃめん》に隠《かく》れていたら、山《やま》の反対側《はんたいがわ》から「パンパンパン」と激《はげ》しい銃声《じゅうせい》が聞《き》こえてきました。雨《あめ》が降《ふ》っていると思《おも》ったら、弾《たま》がたくさん落《お》ちているために土《つち》がプクプクとはねていて、私《わたし》は怖《こわ》くて「行《い》きたくない」と断《ことわ》りました。防衛隊《ぼうえいたい》だから許《ゆる》されたよ。兵隊《へいたい》だったら「行《い》かない」というのは許《ゆる》されなかったよ。2、3日後《にちあと》に少尉《しょうい》が弾《たま》でおなかをやられました。

私《わたし》は雨戸《あまど》に少尉《しょうい》を載《の》せて東風平《こちんだ》の病院壕《びょういんごう》を目指《めざ》しました。途中《とちゅう》の道《みち》には泥《どろ》まみれの人間《にんげん》が地面《じめん》に倒《たお》れていた。生《い》きている人間《にんげん》もいたが、その上《うえ》を歩《ある》きました。

志多伯《したはく》を通《とお》ったとき、急《きゅう》に米軍《べいぐん》の飛行機《ひこうき》が来《き》て照明弾《しょうめいだん》が上《あ》がりました。私《わたし》はすぐに少尉《しょうい》を載《の》せた雨戸《あまど》を投《な》げ捨《す》てて隠《かく》れ、その後《ご》すぐに謝《あやま》りました。病院壕《びょういんごう》では、手足《てあし》を押《お》さえられておなかを切《き》られている人《ひと》も見《み》た。少尉《しょうい》は病院《びょういん》壕《ごう》で降《お》ろしたが、生《い》き延《の》びたか分《わ》かりません。

追い詰められ、死ぬ兵隊も

《神谷《かみや》さんはその後《ご》、糸満《いとまん》の摩文仁《まぶに》へ避難《ひなん》します》

石垣島と沖縄本島における沖縄戦と神谷清吉さんの歩み

（●は神谷さんの出来事）

1927年11月	●東風平村（当時）小城で生まれる
1943年	●東風平国民学校高等科を卒業し、東風平青年学校入学
1944年6月	石垣島で陸軍白保飛行場の建設工事が本格化
7月頃	●白保飛行場の建設工事に徴用される
10月10日	南西諸島全域に空襲（10・10空襲）
	●石垣島から本島に戻る
1945年3月	●防衛隊に召集され、その後真栄里で特攻艇を運ぶ任務につく
4月1日	米軍が沖縄本島上陸
4月末〜5月上旬	●東風平村友寄に駐屯していた部隊に呼ばれる
5月13日	米軍が運玉森の攻撃を開始
5月半ば	●伝令として運玉森の近くに向かう
5月21日	米軍が運玉森を攻略し、与那原に進撃
5月22日	第32軍が首里の司令部の放棄を決定
5月27日	第32軍が摩文仁への撤退を開始
6月中旬	●糸満の真壁に着く
6月22日	第32軍の牛島満司令官が自決。沖縄本島の日本軍の組織的な戦闘が終わる（23日説もある）
6月下旬	●摩文仁で米軍に捕らえられ、屋嘉収容所に送られる
7月以降	●ハワイの収容所に送られる

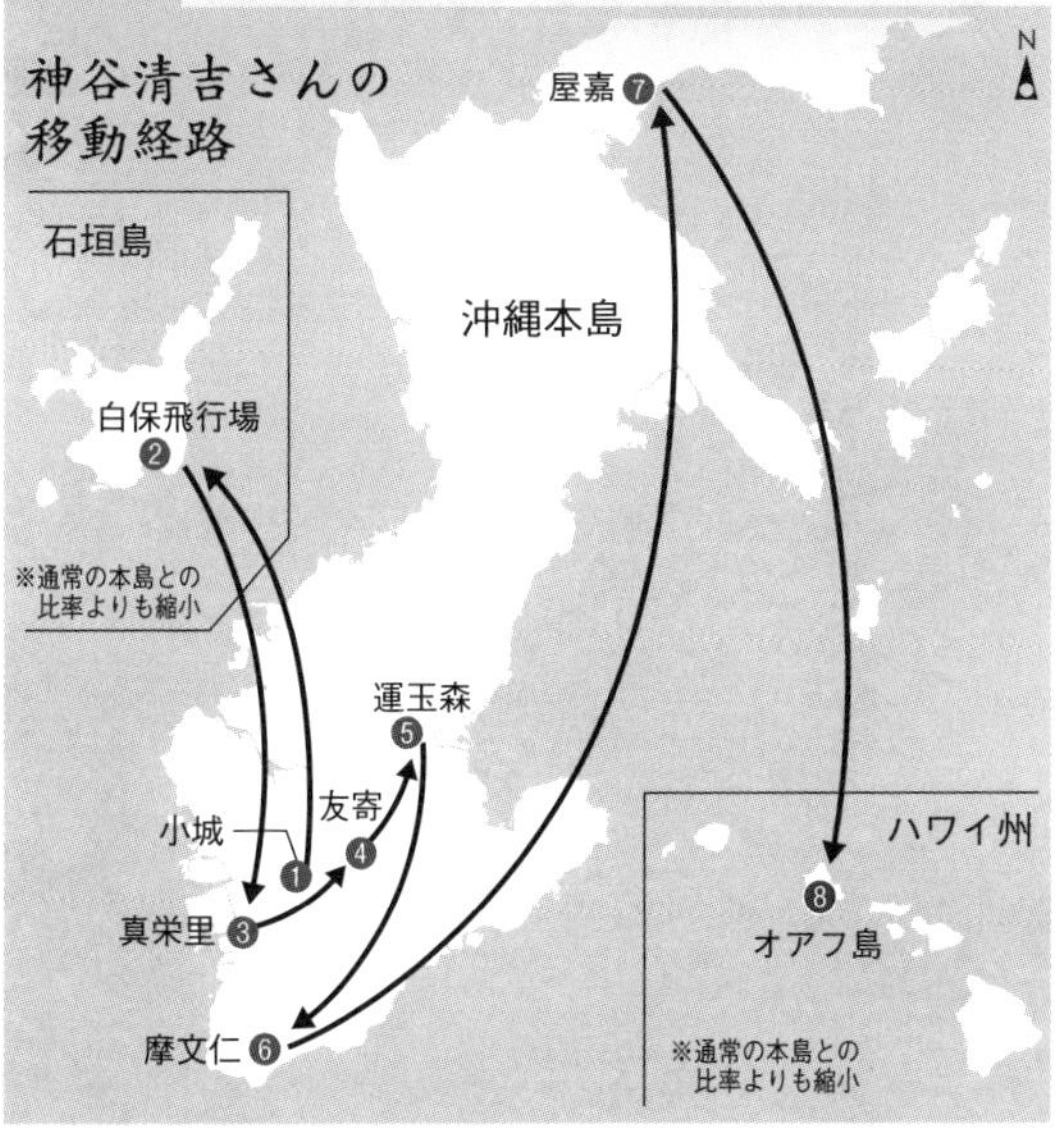

摩文仁《まぶに》では生《い》き残《のこ》った兵隊《へいたい》や住民《じゅうみん》20人《にん》くらいが集《あつ》まり、崖《がけ》の下《した》のガマで1人《ひとり》ずつ手榴弾《しゅりゅうだん》で命《いのち》を絶《た》ちました。自決《じけつ》する人《ひと》の名前《なまえ》を記録《きろく》していた兵隊《へいたい》から「神谷《かみや》はどうする」と聞《き》かれました。「私《わたし》は死《し》なない」と言《い》いました。ガマの天井《てんじょう》には、手榴弾《しゅりゅうだん》で死《し》んだ人《ひと》の肉《にく》がたくさんついていました。

私《わたし》は東《ひがし》に向《む》かい、広《ひろ》い運動場《うんどうじょう》のような所《ところ》で自分《じぶん》の持《も》っている道具《どうぐ》を全《すべ》て地面《じめん》に置《お》いて、両手《りょうて》を上《あ》げて米軍《べいぐん》の捕虜《ほりょ》になりました。金武村《きんそん》のテントが立《た》ち並《なら》ぶ屋嘉収容所《やかしゅうようじょ》に向《む》かいました。

《神谷《かみや》さんは屋嘉収容所《やかしゅうようじょ》から、ハワイの捕虜収容所《ほりょしゅうようじょ》に移送《いそう》されます》

ハワイに行《い》った船《ふね》は、人《ひと》が乗《の》る船《ふね》ではなく、道具《どうぐ》を運《はこ》ぶ船《ふね》で、床《ゆか》は鉄板《てっぱん》でした。私《わたし》たちは船底《ふなぞこ》にいてとても暑《あつ》かった。体《からだ》が持《も》たない人《ひと》はすぐに上《うえ》に連《つ》れて行《い》かれて二度《にど》と戻《もど》って来《き》ませんでした。海《うみ》に捨《す》てられたと思《おも》います。一度《いちど》だけ、甲板《かんぱん》に集《あつ》められて強《つよ》いホースのようなもので体《からだ》を洗《あら》われました。

ハワイでは、体《からだ》が衰弱《すいじゃく》していたこともあり、食事《しょくじ》が合《あ》いませんでした。ハワイの日系人《にっけいじん》からもらったみそと豆腐《とうふ》を食《た》べて元気《げんき》になりました。少年《しょうねん》だからと働《はたら》かされることはなかった。家《いえ》に妻子《さいし》がいる人《ひと》は眠《ねむ》れなかったようだけど、私《わたし》は眠《ねむ》れました。

沖縄角力《おきなわずもう》をしていたら、米兵《べいへい》がけんかしていると思《おも》って空砲《くうほう》を鳴《な》らすこともありました。服《ふく》に大《おお》きくＰＷ（捕虜《ほりょ》）と書《か》かれていたので逃《に》げられなかった。空《あ》き缶《かん》とベッドの木枠《きわく》、落下傘《らっかさん》のひもでカンカラ三線《さんしん》を作《つく》った。ハワイにいるとき、石川《いしかわ》の収容所《しゅうようじょ》にいた母親《ははおや》に手紙《てがみ》を出《だ》しました。

ハワイから沖縄《おきなわ》に帰《かえ》って来《き》たのがいつか覚《おぼ》えていませんが、沖縄《おきなわ》に戻《もど》ると石川《いしかわ》の収容所《しゅうようじょ》に行《い》きました。その後《ご》はやんばるで２、３年《ねん》過《す》ごし、１９４８年頃《ねんごろ》に小城《こぐすく》に戻《もど》りました。

平和《へいわ》が一番《いちばん》だ。平和《へいわ》がなければ好《す》きな人《ひと》と結婚《けっこん》したとしても戦場《せんじょう》にいかなければならなくなる。今《いま》は平和《へいわ》だ。戦争《せんそう》は二度《にど》と起《お》こさないでください。

―聞いて学んだ―

戦争の怖さと実態知った

金城愛翔さん（東風平中3年）

戦争体験者《せんそうたいけんしゃ》の神谷清吉《かみやせいきち》さんの話《はなし》を聞《き》き、戦争《せんそう》の怖《こわ》さと沖縄戦《おきなわせん》の実態《じったい》を知《し》ることができました。

清吉《せいきち》さんの家《いえ》は貧《まず》しかったので八重山《やえやま》に飛行場建設《ひこうじょうけんせつ》のために行《い》かされたと聞《き》いて、あの時代《じだい》は僕《ぼく》らと同《おな》じ年代《ねんだい》や、僕《ぼく》らより年下《としした》の子《こ》どもたちが親元《おやもと》を離《はな》れて働《はたら》かなければいけないと知《し》って、現代《げんだい》の平和《へいわ》というものを感《かん》じることができました。

これからは、同《おな》じことを繰《く》り返《かえ》さないように、平和《へいわ》というものを伝《つた》えていきたいです。

あり得ないことが起きる戦争

佐久川璃玖さん（東風平中3年）

神谷清吉《かみやせいきち》さんの話《はなし》を聞《き》いて戦争《せんそう》では何《なん》の罪《つみ》もない市民《しみん》が兵隊《へいたい》に行《い》き、仕事《しごと》をやらないと日本兵《にほんへい》が後《うし》ろから棒《ぼう》でたたくなど、国民《こくみん》を奴隷《どれい》のように扱《あつか》っていることにびっくりしました。そして、けがをした人《ひと》の手術《しゅじゅつ》は麻酔《ますい》がないので兵隊《へいたい》4人《にん》で押《お》さえつけたと聞《き》いて、想像《そうぞう》しただけでとても気持《きも》ち悪《わる》かったです。同級生《どうきゅうせい》が10人《にん》くらいが一晩《ひとばん》で亡《な》くなったと聞《き》き、今考《いまかんが》えるととてもあり得《え》ないことでびっくりしました。清吉《せいきち》さんの話《はなし》を聞《き》いて戦争《せんそう》は二度《にど》とやったらだめだと思《おも》いました。

―記者も学んだ―

神谷清吉《かみやせいきち》さんは運玉森《うんたまむい》の戦闘《せんとう》を「行《い》きたくない」と拒否《きょひ》し、摩文仁《まぶに》でも手榴《しゅりゅう》弾《だん》で死《し》ぬことを拒否《きょひ》したことを語《かた》りました。「国《くに》のための死《し》」が強制《きょうせい》されていた時代《じだい》に、相当《そうとう》な勇気《ゆうき》が必要《ひつよう》だったと思《おも》います。しかし、神谷《かみや》さんは「兵隊《へいたい》だったら許《ゆる》されなかった」と付《つ》け加《くわ》えました。戦争《せんそう》で亡《な》くなった人《ひと》たちは皆《みな》、生《い》きることが許《ゆる》されなかった人《ひと》です。そんなことがあってたまるかと思《おも》います。そんな戦争《せんそう》を止《と》められる機会《きかい》を逃《のが》さないことが私《わたし》たちの責務《せきむ》だと感《かん》じました。

（半嶺《はんみね》わかな、27歳《さい》）

与《よ》那《な》城村《ぐすくそん》(現在《げんざい》のうるま市《し》)屋慶名《やけな》出身《しゅっしん》の玉栄義之《たまえよしゆき》さんは5歳《さい》の時《とき》、学校《がっこう》の訓導《くんどう》(教師《きょうし》)をしていた父《ちち》・清良《せいりょう》さんのいる那覇《なは》へ引《ひ》っ越《こ》し、沖縄戦《おきなわせん》に巻《ま》き込《こ》まれました。南部《なんぶ》から北部《ほくぶ》へ戦禍《せんか》を逃《のが》れて避難《ひなん》し、再《ふたた》び屋慶名《やけな》に戻《もど》るまでの道《みち》のりは幼子《おさなご》にとって大変《たいへん》なものでした。玉栄《たまえ》さんの話《はなし》を金武《きん》町立金武中学校《ちょうりつきんちゅうがっこう》3年《ねん》の宮平夏野《みやひらかの》さん(14)と天願光《てんがんひかる》さん(14)が聞《き》きました。

5歳の足で那覇から羽地へ

《玉栄《たまえ》さん一家《いっか》は1944年《ねん》、長男《ちょうなん》の進《すすむ》さん、次男《じなん》の晴夫《はるお》さん、祖母《そぼ》のカマーさん、叔母《おば》の文《ふみ》さんが清良《せいりょう》さんのいる那覇《なは》に避難《ひなん》しました。屋慶名《やけな》には三男《さんなん》の玉栄《たまえ》さんと曽祖母《そうそぼ》のマシさん、母《はは》のサトさん、弟《おとうと》の拡《ひろむ》さんが残《のこ》りました》

屋慶名《やけな》の家《いえ》でも、しばしば空襲警報《くうしゅうけいほう》が発令《はつれい》されました。「空襲警報発令《くうしゅうけいほうはつれい》」「敵軍現《てきぐんあらわ》る」「消灯《しょうとう》し避難《ひなん》してください」。すると、上空《じょうくう》で敵機《てっき》の音《おと》がかすかに聞《き》こえてきます。その度《たび》に僕《ぼく》は、母《はは》に頭巾《ずきん》をかぶせられて家《いえ》から200メートルくらい離《はな》れた森《もり》にある長《なが》さ10メートルくらいの壕《ごう》へ連《つ》れていかれました。チョロチョロと壕《ごう》の中《なか》を流《なが》れる水《みず》の音《おと》を聞《き》きながら、警報《けいほう》が解除《かいじょ》されるまで身《み》を潜《ひそ》めていました。

その後《ご》、屋慶名《やけな》に残《のこ》っていた家族《かぞく》も那覇《なは》に引《ひ》っ越《こ》しました。兄《あに》たちがよく、自分《じぶん》たちの通《かよ》う大道国民学校《だいどうこくみんがっこう》の校歌《こうか》を聞《き》かせてくれました。僕《ぼく》と長男《ちょうなん》が散髪《さんぱつ》をしている時《とき》に空襲警報《くうしゅうけいほう》が出《で》て、髪《かみ》を半分《はんぶん》だけ刈《か》った状態《じょうたい》で逃《に》げたことを覚《おぼ》えています。

母《はは》は2人《ふたり》の兄《あに》を本土《ほんど》に疎開《そかい》させようと、家財《かざい》を対馬丸《つしままる》に積《つ》んでいたようです。対馬丸《つしままる》は米潜水艦《べいせんすいかん》の魚雷攻撃《ぎょらいこうげき》で沈没《ちんぼつ》し、(分《わ》かっているだけで)学童《がくどう》784人《にん》を含《ふく》む1482人《にん》が犠牲《ぎせい》になりました。兄《あに》たちは対馬丸《つしままる》には乗《の》りませんでしたが、戦況《せんきょう》が厳《きび》しくなる前《まえ》に家財《かざい》の一切《いっさい》を失《うしな》いました。

《45年《ねん》3月《がつ》24日《にち》、米軍《べいぐん》は沖縄本島《おきなわほんとう》と慶良間諸島《けらましょとう》への艦砲射撃《かんぽうしゃげき》を始《はじ》めます。島尻《しまじり》の爆発音《ばくはつおん》が那覇《なは》まで聞《き》こえ

ました。一家《いっか》9人《にん》は北部《ほくぶ》へ避難《ひなん》を始《はじ》めました》

与那原《よなばる》方面《ほうめん》から恩納村《おんなそん》を通《とお》って羽地村《はねじそん》（現在《げんざい》の名護市《なごし》）に向《む》かいました。途中《とちゅう》、父《ちち》が与那原《よなばる》の三差路《さんさろ》に並《なら》んで立《た》っていた防衛隊《ぼうえいたい》の中《なか》に叔父《おじ》の清政《せいしょう》を見《み》つけて言葉《ことば》を交《か》わしました。叔父《おじ》は「最後《さいご》になるかもしれないから家族《かぞく》のことをよろしく」と言《い》っていたようです。叔父《おじ》が頭《あたま》に包帯《ほうたい》を巻《ま》いてさまよう姿《すがた》を本島南部《ほんとうなんぶ》で見《み》た人《ひと》がいたようでしたが、帰《かえ》ってくることはなく、本当《ほんとう》に父《ちち》との最後《さいご》の会話《かいわ》になりました。

玉栄義之さん（78）

沖縄戦の様子を語る玉栄義之さん＝金武町金武

《途中《とちゅう》、荷馬車《にばしゃ》に乗《の》るなどしながら、一家《いっか》は羽地《はねじ》に着《つ》きました》

羽地《はねじ》までの道《みち》のりは何日《なんにち》もかかりました。羽地《はねじ》では田園《でんえん》の中《なか》に一軒《いっけん》だけ立《た》っている家《いえ》を見《み》つけて、家族《かぞく》で休《やす》ませてもらいました。母《はは》はその時《とき》、ふすまの奥《おく》にミーゾーキー（ざる）いっぱいに積《つ》まれたイモを見《み》つけて「子《こ》どもたちがお

荷馬車に荷物や幼子などを載せて収容所へ移動する人々=1945年4月（沖縄県公文書館所蔵）

なかをすかしているので少《すこ》しめぐんで下《くだ》さい」とお願《ねが》いしたそうです。ただ、母《はは》はあまりに空腹《くうふく》だったようで、軒下《のきした》で一人《ひとり》で食《た》べてしまったようでした。

しばらく休《やす》んでいると突然《とつぜん》バンバンと銃声《じゅうせい》が聞こえました。幅《はば》2メートルほどのあぜ道《みち》のようなところから米兵《べいへい》が来《き》て、銃《じゅう》を撃《う》っていました。そうなると〝逃《に》げ勝負《しょうぶ》〟です。僕《ぼく》も田《た》んぼのあぜ道《みち》を逃《に》げましたが、上手《じょうず》に走《はし》れず田《た》んぼの中《なか》に落《お》ちてしまいました。次男《じなん》が引《ひ》き上《あ》げてくれましたが、家族《かぞく》とは離《はな》ればなれになって次男《じなん》と2人《ふたり》で多野岳《たのだけ》を2《ふっ》日間《かかん》さまよいました。

怖くて泣き、置き去りに

《多野岳《たのだけ》へ逃《に》げ込《こ》んだ玉栄《たまえ》さんと次男《じなん》は、後《のち》に家族《かぞく》と合流《ごうりゅう》し、山《やま》を越《こ》えて久志村《くしそん》(現在《げんざい》の名護市《なごし》)嘉陽《かよう》に向《む》かいます。同時期《どうじき》、名護町《なごちょう》の幸喜《こうき》から上陸《じょうりく》した米軍《べいぐん》が多野岳《たのだけ》と恩納岳《おんなだけ》へ進攻《しんこう》していました》

多野岳《たのだけ》を越《こ》えて、嘉陽《かよう》の公民館《こうみんかん》に行《い》くことになりましたが、恐《おそ》ろしい道《みち》だったので、僕《ぼく》は歩《ある》きながらずっと大《おお》きな声《こえ》で泣《な》いていました。すると照明弾《しょうめいだん》が何度《なんど》か上《あ》がり、バババババと機関銃《きかんじゅう》のような音《おと》と共《とも》に銃撃《じゅうげき》を受《う》けました。銃弾《じゅうだん》は父《ちち》の右手《みぎて》をかすめ、叔母《おば》の右太《みぎふと》ももを貫通《かんつう》しました。必死《ひっし》に逃《に》げて、浅《あさ》い川沿《かわぞ》いにたどり着《つ》きました。曽祖母《そうそぼ》は、家族《かぞく》からはぐれたようでした。

叔母《おば》が太《ふと》ももを縛《しば》っていた布《ぬの》をほどき、川《かわ》のせせらぎで傷口《きずぐち》を洗《あら》うと浅《あさ》い川《かわ》が血《ち》に染《そ》まり、一面《いちめん》が真《ま》っ赤《か》になりました。

メモ　多野岳

名護市北部《なごしほくぶ》にある標高《ひょうこう》385メートルの山《やま》で、太平洋《たいへいよう》と東《ひがし》シナ海《かい》を望《のぞ》む景勝地《けいしょうち》です。陸軍中野学校出身《りくぐんなかのがっこうしゅっしん》の青年将校《せいねんしょうこう》によって県内《けんない》の少年《しょうねん》を中心《ちゅうしん》として組織《そしき》されたゲリラ部隊《ぶたい》「護郷隊《ごきょうたい》」が、1944年《ねん》から45年《ねん》はじめにかけて、急襲作戦《きゅうしゅうさくせん》の拠点《きょてん》として使用《しよう》しました。三線《さんしん》と箏《こと》を持《も》って避難《ひなん》したことで有名《ゆうめい》な琉球古典音楽野村流《りゅうきゅうこてんおんがくのむらりゅう》の大家《たいか》・幸地亀千代《こうちかめちよ》など、民間人《みんかんじん》も多《おお》く逃《に》げ込《こ》んでいました。米軍《べいぐん》の防空《ぼうくう》ミサイルの沖縄配備《おきなわはいび》計画《けいかく》に基《もと》づき、56年《ねん》に強制接収《きょうせいせっしゅう》されて、72年《ねん》の返還完了《へんかんかんりょう》まで防空《ぼうくう》ホークミサイル基地《きち》として使用《しよう》されました。

その夜《よる》に山中《さんちゅう》にあった小屋《こや》で休《やす》んでいると、外《そと》から「しんちゃん、しんちゃん」と女《おんな》の人《ひと》の声《こえ》がしました。長男《ちょうなん》の進《すすむ》のことを呼《よ》んでいるのかと思《おも》った母《はは》が様子《ようす》を見《み》にいきました。すると2、3歳《さい》くらいの子《こ》どもをおぶった女性《じょせい》がいました。

母《はは》は「一緒《いっしょ》に隠《かく》れましょう」と言《い》いましたが、女性《じょせい》は「しんちゃん」と繰《く》り返《かえ》すばかりでした。母《はは》によると、子《こ》どもは既《すで》に亡《な》くなっていたそうです。

翌日《よくじつ》、僕《ぼく》の泣《な》き声《ごえ》のせいで米兵《べいへい》に撃《う》たれ、このままでは一《いっ》家全滅《かぜんめつ》になると父《ちち》は思《おも》ったのでしょう。僕《ぼく》はその場《ば》に置《お》いて行《い》かれました。

母《はは》も弟《おとうと》を抱いていて僕《ぼく》の世話《せわ》をすることは難《むずか》しい状況《じょうきょう》でした。その時《とき》、泣《な》いていたのか座《すわ》っていたのか定《さだ》かではありませんが、父《ちち》を先頭《せんとう》に獣道《けものみち》を進《すす》む家族《かぞく》が遠《とお》く離《はな》れていく姿《すがた》を覚《おぼ》えています。

戦争と玉栄義之さんの歩み

（●は玉栄さんの出来事）

1939年8月	●与那城村屋慶名で生まれる
1944年	●屋慶名から那覇市の大道へ引っ越す
8月22日	疎開する学童らを乗せた対馬丸が、米軍の攻撃で沈没
1945年3月下旬	●那覇市大道から与那原方面を通り、羽地村に向かう
4月3日	米軍が与那城村の宮城島に上陸
4月上旬	●羽地村に到着
4月6日	米軍が名護町に上陸する
4月9日	米軍が多野岳、名護岳に進攻
4月上旬	●多野岳を通り久志村嘉陽に向かう その後、嘉陽からサバニで、平安座島に向かう
5月上旬	米軍が伊計島と宮城島の住民に平安座島への移動命令を出す
6月頃	●与那城村屋慶名の実家に戻る

写真：沖縄県公文書館所蔵

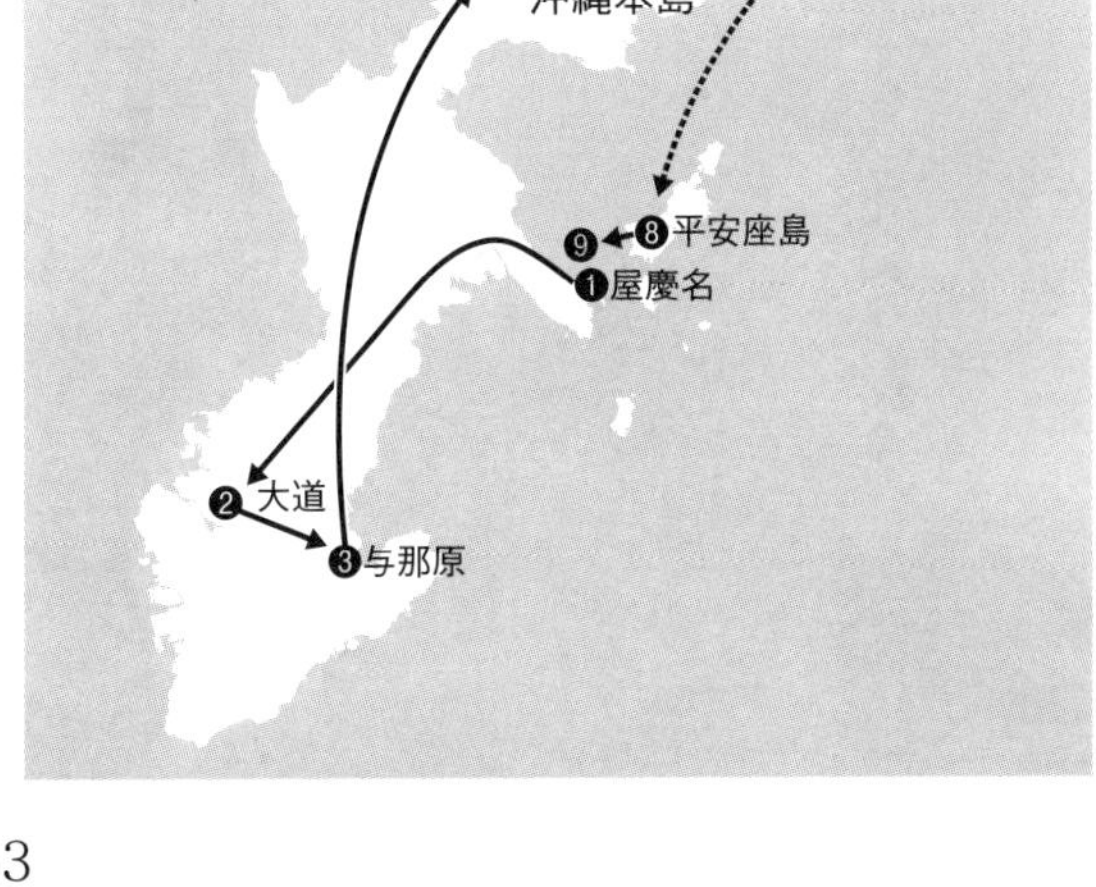

やがて、ゆっくりと歩《ある》いて来《き》た曽祖母《そうそぼ》が僕《ぼく》を見《み》つけて、手《て》を引《ひ》いて歩《ある》いてくれました。後《あと》で聞《き》くと「あの時《とき》は一緒《いっしょ》に死《し》のうという気持《きも》ちであんたを連《つ》れていたよ」と教《おし》えてくれました。2日《ふつか》ほど歩《ある》き、嘉陽《かよう》の公民館《こうみんかん》で家族《かぞく》と再会《さいかい》しました。

《玉栄《たまえ》さん一家《いっか》は、公民館《こうみんかん》の電話《でんわ》を使《つか》って伊計島《いけいじま》に住《す》む父方《ちちかた》の親戚《しんせき》にサバニを出《だ》してもらい、嘉陽《かよう》から屋慶名《やけな》に向《む》かいます》

夜中《よなか》、嘉陽《かよう》の海岸《かいがん》に、サバニに乗《の》った2人《ふたり》の男《おとこ》が迎《むか》えに来《き》ました。家族全員《かぞくぜんいん》が乗《の》り込《こ》み、屋慶名《やけな》を目指《めざ》しました。平安座島《へんざじま》と浜比嘉島《はまひがじま》を通《とお》っている時《とき》、浜比嘉島《はまひがじま》の方《ほう》から大《おお》きな発砲音《はっぽうおん》が響《ひび》きました。米兵《べいへい》でした。

浜比嘉島《はまひがじま》の岸壁《がんぺき》に接岸《せつがん》させられると、船頭《せんどう》の男《おとこ》2人《ふたり》と父《ちち》は、米兵《べいへい》に銃口《じゅうこう》を向《む》けられたまま下着《したぎ》1枚《まい》の姿《すがた》にされ、両《りょう》手《て》を挙《あ》げて立《た》たされました。

祖母《そぼ》は父《ちち》の足元《あしもと》で、髪《かみ》を乱《みだ》して何度《なんど》も地面《じめん》に頭《あたま》を打《う》って命《いのち》乞《ご》いをしました。やがて、父《ちち》たちは解放《かいほう》され、そのまま平安座島《へんざじま》の知人宅《ちじんたく》に身《み》を寄《よ》せることになりました。

平安座島《へんざじま》での生活《せいかつ》は1カ月半《げつはん》くらいだったと思《おも》います。栄《えい》養《よう》が足《た》りなかったこともあり、弟《おとうと》が遊《あそ》んでいる途中《とちゅう》で突然《とつぜん》倒《たお》れたこともありました。弟《おとうと》は体中《からだじゅう》、かさぶただらけでした。

やがて屋慶名《やけな》に渡《わた》って家《いえ》に帰《かえ》ったら、子《こ》どもからお年寄《としよ》りまで知《し》らない人《ひと》が中《なか》にいて驚《おどろ》きました。当時《とうじ》は、中南部《ちゅうなんぶ》からの避難民《ひなんみん》が大勢《おおぜい》、屋慶名《やけな》に身《み》を寄《よ》せていました。

《玉栄《たまえ》さんは「人間《にんげん》が人間《にんげん》でなくなる」という戦争《せんそう》の恐《おそ》ろしさを忘《わす》れません》

父《ちち》が寡黙《かもく》だったこともあり、父《ちち》が僕《ぼく》を多野岳《たのだけ》に置《お》いて行《い》った時《とき》のことを話《はな》したことはありません。

戦争《せんそう》になると、人間《にんげん》としての常識《じょうしき》や良識《りょうしき》が奪《うば》われ、親子《おやこ》でも関係《かんけい》ないという状態《じょうたい》になります。僕《ぼく》も捨《す》てられて、そのまま死《し》んでしまっていたかもしれません。自分《じぶん》がなぜ生《い》き延《の》びられたのか分《わ》かりません。どんなことがあっても戦争《せんそう》は二度《にど》とやってはいけません。

これからの世《よ》の中《なか》を生《い》きる人《ひと》には愛《あい》の精神《せいしん》を胸《むね》に生《い》きてほしいです。「命《ぬち》どぅ宝《たから》」という言葉《ことば》があるように、人《ひと》が人《ひと》を大切《たいせつ》にする世《よ》の中《なか》をつくっていってもらいたい。他人《たにん》を大事《だいじ》にする、愛《あい》する心《こころ》を持《も》てば、戦争《せんそう》は起《お》こらないと思《おも》います。

—聞いて学んだ—

良識奪う戦争はいけない

宮平夏野さん（金武中3年）

「戦争《せんそう》は人《ひと》の良識《りょうしき》を奪《うば》う」という言葉《ことば》が一番心《いちばんこころ》に残《のこ》りました。親《おや》が自分《じぶん》のことだけを考《かんが》えて、子《こ》どもを見捨《みす》てることは、戦争《せんそう》というつらい状況《じょうきょう》でもあってはならないことだと思《おも》います。今《いま》まで育《そだ》ててくれたお父《とう》さん、お母《かあ》さんがいなくなることは心細《こころぼそ》くて心配《しんぱい》で、悲《かな》しくて悔《くや》しい気持《きも》ちになったことでしょう。そんな状況《じょうきょう》は二度《にど》とつくってはいけないと思《おも》います。

私《わたし》は、自分《じぶん》にできることを探《さが》し、みんなの力《ちから》で小《ちい》さな平和《へいわ》から大《おお》きな平和《へいわ》へと広《ひろ》げていきたいです。

他人大切にする心を

天願光さん（金武中3年）

「戦争《せんそう》は人《ひと》を極限状態《きょくげんじょうたい》にする」「愛《あい》の精神《せいしん》が平和《へいわ》につながる」という言葉《ことば》が一番心《いちばんこころ》に残《のこ》りました。

玉栄《たまえ》さんが、家族《かぞく》に戦場《せんじょう》へ置《お》いていかれたことは今《いま》では考《かんが》えられないことです。たとえ家族《かぞく》でも裏切《うらぎ》られてしまう戦争《せんそう》は、二度《にど》と起《お》こしてはいけません。玉栄《たまえ》さんは「他人《たにん》を大切《たいせつ》にする心《こころ》を持《も》つと戦争《せんそう》は起《お》こらない。愛《あい》がなければ戦争《せんそう》に結《むす》び付《つ》く」と話《はな》してくれました。戦争《せんそう》の残虐《ざんぎゃく》さや非道《ひどう》を忘《わす》れず、平和《へいわ》を願《ねが》い愛《あい》の精神《せいしん》を大切《たいせつ》にすることを次《つぎ》の世代《せだい》に伝《つた》えていきます。

—記者も学んだ—

取材《しゅざい》の前《まえ》に玉栄《たまえ》さんは改《あらた》めて、北部疎開《ほくぶそかい》でお世話《せわ》になった羽地《はねじ》の家《いえ》や多野岳《たのだけ》を訪《おとず》れました。体験《たいけん》を正《ただ》しく伝《つた》えようと、思《おも》い出《だ》したくなかった記憶《きおく》を確《たし》かめに行《い》ってくださったのです。

取材《しゅざい》を終え後日《ごじつ》、玉栄《たまえ》さん宅《たく》を訪《おとず》れると丁寧《ていねい》な文字《もじ》でびっしりと、日中戦争《にっちゅうせんそう》から沖縄戦前後《おきなわせんぜんご》のことが書《か》き連《つら》ねられた複数《ふくすう》の用紙《ようし》が机上《きじょう》にありました。

「取材《しゅざい》を機《き》に改《あらた》めて学《まな》びました。戦争《せんそう》を繰《く》り返《かえ》さないために勉強《べんきょう》しないとね」と優《やさ》しく話《はな》す姿《すがた》に目頭《めがしら》が熱《あつ》くなりました。私《わたし》も学《まな》び続《つづ》けます。（藤村謙吾《ふじむらけんご》、34歳《さい》）

幼少時代《ようしょうじだい》を那覇市《なはし》の松山《まつやま》で過《す》ごした我喜屋《がきや》（旧姓《きゅうせい》仲井間《なかいま》）芳子《よしこ》さんは、戦禍《せんか》を逃《のが》れるため北部《ほくぶ》を転々《てんてん》としました。1945年《ねん》6月末《がつまつ》に沖縄戦《おきなわせん》の組織的戦闘《そしきてきせんとう》が終《お》わったことを知《し》らないまま家族《かぞく》で山《やま》に隠《かく》れ続《つづ》けていました。我喜屋《がきや》さんの話《はなし》を県立首里高校《けんりつしゅりこうこう》1年《ねん》の仲《なか》村茉奈《むらまな》さん（16）と當山千夏《とうやまちなつ》さん（16）が聞《き》きました。

学童疎開で友人失う

《我喜屋《がきや》さんは1931年《ねん》に玉城村《たまぐすくそん》（現南城市《げんなんじょうし》）の奥《お》武島《うじま》に生《う》まれます。油《あぶら》の行商《ぎょうしょう》をしていた父《ちち》・憲幸《けんこう》さんの仕事《しごと》の都合《つごう》で、生《う》まれてすぐに那覇《なは》の松山《まつやま》に引《ひ》っ越《こ》しました》

久茂地国民学校高等科《くもじこくみんがっこうこうとうか》（現在《げんざい》の中学校《ちゅうがっこう》）に上《あ》がると、戦《せん》争《そう》の気配《けはい》が濃《こ》くなってきたこともあり、勉強《べんきょう》はほとんどせずに壕造《ごうづく》りの作業《さぎょう》ばかりしていました。そのうち、がじゃんびら（現那覇市垣花《げんなはしかきのはな》・安次嶺《あしみね》）にある高射砲隊《こうしゃほうたい》の作業《さぎょう》にも行《い》きました。何《なん》の作業《さぎょう》をしたかは覚《おぼ》えていませんが、お礼《れい》に大《おお》きなおにぎりをもらったことを覚《おぼ》えています。小禄《おろく》の飛行場《ひこうじょう》へも何回《なんかい》か作業《さぎょう》に行《い》きました。作業《さぎょう》ばかりで学校《がっこう》に行《い》った記憶《きおく》は本当《ほんとう》にありません。

《44年《ねん》になると沖縄《おきなわ》の国民学校《こくみんがっこう》の児童《じどう》らを九州《きゅうしゅう》に移《うつ》す「学童集団疎開《がくどうしゅうだんそかい》」が始《はじ》まります》

本土《ほんど》は安全《あんぜん》だからと先生《せんせい》に疎開《そかい》を勧《すす》められました。多《おお》くの友人《ゆうじん》が疎開《そかい》するので、私自身《わたしじしん》も一緒《いっしょ》に行《い》きたいという気持《きも》ちがあったのですが、父《ちち》が「家族《かぞく》はみんなでいるものだ」と言《い》い、疎開《そかい》をすることは叶《かな》いませんでした。

友人《ゆうじん》たちが対馬丸《つしままる》で本土《ほんど》に旅立《たびだ》つ日《ひ》は、母《はは》と港《みなと》までお見《み》送《おく》りに行《い》きました。多《おお》くの人《ひと》がお米《こめ》と砂糖《さとう》を持《も》って乗船《じょうせん》します。私《わたし》の友人《ゆうじん》も同様《どうよう》にお米《こめ》と砂糖《さとう》を持《も》っていましたが、出《しゅっ》発前《ぱつまえ》に砂糖《さとう》の袋《ふくろ》がねずみにかじられて穴《あな》が開《あ》いていました。

私《わたし》の母《はは》が、友人《ゆうじん》の母親《ははおや》に「良《よ》くないことが起《お》こる前触《まえぶ》れかもしれない。やめたら」と言《い》うと、友人《ゆうじん》の母《はは》は「たいしたことなぃよ」と言《い》っていました。ほかの友人《ゆうじん》も腰《こし》に付《つ》けていた救急袋《きゅうきゅうぶくろ》のひもが切《き》れてしまったりと、うまく説明《せつめい》できませんが、不思議《ふしぎ》なことが相次《あいつ》いで起《お》こりました。家族《かぞく》で疎《そ》開《かい》する家《いえ》だけではなく、子《こ》どもだけで疎開《そかい》する子《こ》も多《おお》くいました。母親《ははおや》にしがみついて「あんまー行《い》かんでー」と泣《な》き叫《さけ》んでいる子《こ》もいました。

終戦《しゅうせん》から何年《なんねん》も後《あと》に、私《わたし》が自分《じぶん》の子《こ》どもを連《つ》れて那覇《なは》の開南《かいなん》を歩《ある》いていたら、たまたま友人《ゆうじん》の母親《ははおや》に会《あ》うことがありました。「生《い》き残《のこ》っていたら、あの子《こ》も子《こ》ども連《つ》れて、こんなだったのかねぇ」と悲《かな》しそうに言《い》っていたのが忘《わす》れられません。そんなこともあって、慰霊祭《いれいさい》へは長《なが》いこと行《い》くことができませんでした。生《い》き延《の》びてしまい申《もう》し訳《わけ》ないという、少《すこ》し後《うし》ろめたい気持《きも》ちがありました。

我喜屋芳子さん(87)
やんばるでの疎開暮らしを語る我喜屋芳子さん＝南風原町新川

終戦知らず、北部逃げ惑う

《44年《ねん》10月10日《がつとおか》、米軍《べいぐん》の機動部隊《きどうぶたい》が南西諸島《なんせいしょとう》を襲《おそ》いました。艦載機《かんさいき》が軍事施設《ぐんじしせつ》から住宅《じゅうたく》まで無差別《むさべつ》に爆撃《ばくげき》しました。「10・10空襲《くうしゅう》」と呼《よ》ばれています》

7時過《じす》ぎでしょうか。学校《がっこう》に行《い》く準備《じゅんび》をして、朝《あさ》ご飯《はん》を食《た》べていたころでした。食卓《しょくたく》にはヤギの油《あぶら》で揚《あ》げた天《てん》ぷらやシブイのお汁《つゆ》が上《のぼ》っていました。外《そと》に出《で》ていた父《ちち》が「空襲《くうしゅう》だ」と叫《さけ》びながら戻《もど》ってきて、私《わたし》たち家族《かぞく》は道向《みちむ》かいにある防空壕《ぼうくうごう》に避難《ひなん》しました。しかし、この防空壕《ぼうくうごう》もそのうち危険《きけん》になるだろうと父《ちち》が判断《はんだん》し、すぐに浦添《うらそえ》の安波茶《あはちゃ》にある叔父《おじ》の家《いえ》まで家族《かぞく》8人《にん》で逃《に》げました。その後《ご》、村《むら》はずれにあった大《おお》きな家《いえ》に移《うつ》りました。そこには機関銃部隊《きかんじゅうぶたい》もいました。沖縄出身《おきなわしゅっしん》の少年兵《しょうねんへい》もいました。当分《とうぶん》の間《あいだ》は一《いっ》緒《しょ》に生活《せいかつ》していました。

《米軍《べいぐん》が慶良間諸島《けらましょとう》に上陸《じょうりく》したことを日本兵《にほんへい》から聞《き》いた我喜屋《がきや》さん一家《いっか》は、避難地《ひなんち》として割《わ》り当《あ》てられた国頭村佐手《くにがみそんさて》に移動《いどう》しました》

安波茶《あはちゃ》を離《はな》れる時《とき》に、一緒《いっしょ》に過《す》ごしていた大尉《たいい》から「戦争《せんそう》に勝《か》つために避難《ひなん》するんですよ。皆《みな》さんがここにいたら足手《あしで》まといになってしまい、思《おも》うように働《はたら》けないのです」と言《い》われました。そして、石川《いしかわ》までトラックで運《はこ》んでくれました。そこからは、昼《ひる》は危険《きけん》なので山《やま》に隠《かく》れて、夜《よる》に急《いそ》いで移動《いどう》しました。周囲《しゅうい》も皆同《みなおな》じことを考《かんが》えていて、夜《よる》は避難《ひなん》する人《ひと》がそこら中《じゅう》にいました。既《すで》に亡《な》くなった子《こ》を抱《だ》きかかえて「医者《いしゃ》はいませんか」と叫《さけ》んでいる母親《ははおや》もいました。

私《わたし》の下《した》の妹《いもうと》も、はだしで歩《ある》いていたため、足《あし》の裏《うら》がただれてしまっていました。親切《しんせつ》な人《ひと》が荷車《にぐるま》に乗《の》せてくれて、どうにかして佐手《さて》に着《つ》くことができました。

しばらく佐手《さて》で過《す》ごして、日本軍《にほんぐん》の作業《さぎょう》がある私《わたし》と軍《ぐん》の仕事《しごと》をしていた父《ちち》は那覇《なは》に帰《かえ》ることになりましたが、那覇《なは》へ向《む》かう途中《とちゅう》で出会《であ》った方《かた》に「辺土名《へんとな》から向《む》こうは米軍《べいぐん》が上陸《じょうりく》していて、危険《きけん》です」と教《おし》えてもらい、佐手《さて》へ戻《もど》り難《なん》を逃《のが》れました。教《おし》えていただかなければ、おそらく命《いのち》はなかったでしょう。

《佐手《さて》では、避難小屋《ひなんごや》に隠《かく》れることはせず、山《やま》の中《なか》に身《み》を潜《ひそ》め、自給自足《じきゅうじそく》の生活《せいかつ》を送《おく》ります》

佐手《さて》にはタンガマー(炭焼《すみや》き窯《がま》)がたくさんありました。木炭《もくたん》は煙《けむり》が出《で》ないので、米軍《べいぐん》に見《み》つかる心配《しんぱい》もありませ

メモ　北部疎開

1944年《ねん》の10・10空襲《くうしゅう》以降《いこう》、疎開《そかい》への意識《いしき》が県民《けんみん》の間《あいだ》で高《たか》まっていきます。45年《ねん》2月《がつ》、県《けん》は緊急《きんきゅう》の市町村会議《しちょうそんかいぎ》で沖縄《おきなわ》本島中南部《ほんとうちゅうなんぶ》の住民《じゅうみん》10万人《まんにん》を本島北部《ほんとうほくぶ》に移動《いどう》させる疎開計画《そかいけいかく》を出《だ》しました。北部《ほくぶ》では住民《じゅうみん》を受《う》け入《い》れるための避難小屋《ひなんごや》造《づく》りが始《はじ》まります。中南部《ちゅうなんぶ》の多《おお》くの住民《じゅうみん》は、米軍《べいぐん》の艦砲射撃《かんぽうしゃげき》が始《はじ》まった3月下旬《がつげじゅん》から北部《ほくぶ》への避難《ひなん》を始《はじ》めました。ところが疎開先《そかいさき》は食糧《しょくりょう》が不足《ふそく》しており、住民《じゅうみん》は飢《う》えに苦《くる》しみました。(1999年発行《ねんはっこう》「沖縄戦研究《おきなわせんけんきゅう》II」、沖縄県史各論編《おきなわけんしかくろんへん》6「沖縄戦《おきなわせん》」参照《さんしょう》)

ん。そこら辺《へん》に生《は》えている苦菜《にがな》をつんで、海《うみ》で塩水《しおみず》をくみ、母《はは》が後生大事《ごしょうだいじ》に持《も》ってきていたマッチを使《つか》い、火種《ひだね》を残《のこ》しながら毎日食事《まいにちしょくじ》をしました。生《は》えていた葉《は》っぱという葉《は》っぱはほとんど食《た》べた気《き》がします。父《ちち》は食料《しょくりょう》を求《もと》め、隣《となり》の部《ぶ》落《らく》の辺野喜《べのき》まで行《い》くこともありました。お金《かね》を持《も》って避難《ひなん》してきたので、そこで馬《うま》の肉《にく》を買《か》ってきていました。皆《みな》で食《た》べましたが、下痢《げり》をして大変《たいへん》でした。

《佐手《さて》からさらに山道《やまみち》を移動《いどう》し続《つづ》け、安田《あだ》、安波《あは》に着《つ》きます》

父《ちち》はとても慎重《しんちょう》な性格《せいかく》で避難小屋《ひなんごや》には決《けっ》して近寄《ちかよ》ることはしませんでした。「人《ひと》が集《あつ》まるところ、人《ひと》と行動《こうどう》を共《とも》にすると、すぐに敵《てき》に見《み》つかってしまう」と言《い》い、私《わたし》たちは誰《だれ》かと過《す》ごすこともなく家族《かぞく》だけで山《やま》の中《なか》で過《す》ごしていまし

沖縄本島における沖縄戦と我喜屋芳子さんの歩み

（●は我喜屋さんの出来事）

1931年5月15日	●玉城村（現南城市）奥武島で生まれる
7月ごろ	●父・憲幸さんの仕事の関係で那覇市松山に引っ越しする
1936年4月	●久茂地尋常高等小学校に入学する
1944年10月10日	米軍による沖縄本島への大規模空襲 ●我喜屋さん一家は浦添村（現浦添市）の安波茶に避難する
1945年3月	●家族で疎開先として割り当てられた国頭村佐手に移動する
3月26日	米軍が慶良間に上陸する
4月1日	米軍が本島に上陸する

（写真：沖縄県公文書館所蔵）

6月	●国頭村安田へ移動する
6月22日	第32軍の牛島満司令官が自決。沖縄戦の組織的戦闘が終結する（23日の説もある）
7月	●国頭村安波へ移動する
8月	●東村高江へ移動し、身を隠していた避難小屋で米軍に見つかり投降する

た。既《すで》に亡《な》くなってしまっている方《かた》や、亡《な》くなった後《あと》に獣《けもの》に食《た》べられている状態《じょうたい》の遺体《いたい》を見《み》ることもありました。

生《い》きている人《ひと》とは会《あ》うことがないので、情報《じょうほう》が全《まった》く入《はい》らず、私《わたし》たちは戦争《せんそう》がどういう局面《きょくめん》を迎《むか》えているのかも全然《ぜんぜん》分《わ》かりませんでした。このころには米軍《べいぐん》に捕《つか》まって捕虜《ほりょ》になった方々《かたがた》もいたそうです。安田《あだ》に着《つ》き、山《やま》の上《うえ》から周囲《しゅうい》を見渡《みわた》したところ、戦争中《せんそうちゅう》に不謹慎《ふきんしん》かもしれませんが、とても美《うつく》しいところだなと思《おも》ったのを覚《おぼ》えています。

《我喜屋《がきや》さん一家《いっか》は、組織的戦闘《そしきてきせんとう》が終結《しゅうけつ》したことも知《し》らず、山《やま》の中《なか》を逃《に》げ惑《まど》い、8月《がつ》の下旬《げじゅん》ごろに米軍《べいぐん》に見《み》つかります》

高江《たかえ》（東村《ひがしそん》）で誰《だれ》もいない小屋《こや》に隠《かく》れていたら、米軍《べいぐん》に囲《かこ》まれてしまいました。「デテキナサイ」「オリテキナサイ」と米軍《べいぐん》に呼《よ》び掛《か》けられました。父《ちち》は洋服《ようふく》を破《やぶ》って白旗《しろはた》を作《つく》り、私《わたし》に持《も》たせて家族《かぞく》で投降《とうこう》しました。山《やま》を降《お》りると私《わたし》たち家族《かぞく》はあまりにもみすぼらしい格好《かっこう》をしていたので皆《みな》に笑《わら》われてしまいました。私《わたし》たちが山《やま》にいる間《あいだ》に、終戦《しゅうせん》を迎《むか》えていました。

米軍による沖縄本島での掃討作戦=1945年8月、国頭村安田（沖縄県公文書館所蔵）

《我喜屋《がきや》さんは「戦争《せんそう》があったことを忘《わす》れずに覚《おぼ》えていてほしい」と訴《うった》えます》

戦争《せんそう》がない平和《へいわ》な世《よ》が続《つづ》くこと、それだけを願《ねが》っています。ただ、勉強《べんきょう》もできない、食《た》べ物《もの》もない、一寸先《いっすんさき》はどうなるのか分《わ》からない、そんな時代《じだい》があったということを忘《わす》れずにいてほしいです。私《わたし》にとっては今《いま》が青春《せいしゅん》、好《す》きなこともできて一番充実《いちばんじゅうじつ》しています。今《いま》の時代《じだい》に感謝《かんしゃ》して日々《ひび》過《す》ごしたいと思《おも》います。

―聞いて学んだ―

戦争、他人事と思わずに

仲村茉奈さん（首里高1年）

私《わたし》たちは、戦争《せんそう》も徴兵制度《ちょうへいせいど》もない平和《へいわ》な日本《にほん》で暮《く》らしています。しかし、この平和《へいわ》が続《つづ》く保証《ほしょう》はどこにもありません。多《おお》くの人々《ひとびと》の人生《じんせい》を壊《こわ》した沖縄戦《おきなわせん》の悲劇《ひげき》を繰《く》り返《かえ》さないためにも、戦争《せんそう》を他人事《たにんごと》だと思《おも》ってはいけません。

沖縄戦《おきなわせん》は私《わたし》たちにとって「身近《みぢか》なこと」ではないかもしれませんが「関係《かんけい》の無《な》いこと」ではありません。平和《へいわ》な暮《く》らしの背景《はいけい》に、沖縄戦《おきなわせん》があったことを決《けっ》して忘《わす》れず、戦争《せんそう》を起《お》こさないために行動《こうどう》していくことが大切《たいせつ》だと思《おも》いました。

悲惨な出来事、考え続ける

當山千夏さん（首里高1年）

我喜屋《がきや》さんが語《かた》る沖縄戦《おきなわせん》は私《わたし》たちの知《し》らない沖縄《おきなわ》の姿《すがた》でした。美《うつく》しい海《うみ》は敵国《てきこく》の船《ふね》で埋《う》まり、田畑《たはた》は荒《あ》れて、緑《みどり》は燃《も》えて無《な》くなっていきました。一番衝撃的《いちばんしょうげきてき》だったのは「死臭《ししゅう》にも慣《な》れてしまい、何《なん》とも思《おも》わなかった」という言葉《ことば》でした。

私《わたし》たちは平和《へいわ》な日々《ひび》を過《す》ごしています。しかし当時《とうじ》は、美《うつく》しい海《うみ》や緑《みどり》、笑顔《えがお》あふれる人々《ひとびと》、学校《がっこう》に通《かよ》う学生《がくせい》、すべて当《あ》たり前《まえ》のことではありませんでした。故郷《こきょう》で起《お》こった悲惨《ひさん》な出来事《できごと》を考《かんが》え続《つづ》けていこうと思《おも》います。

―記者も学んだ―

「戦争《せんそう》に反対《はんたい》というのは誰《だれ》にでも言《い》える簡単《かんたん》なことよ。その先《さき》を考《かんが》えなきゃ」という我喜屋《がきや》さんの言葉《ことば》が心《こころ》に突《つ》き刺《さ》さります。平和《へいわ》な世《よ》を託《たく》された1人《ひとり》として「戦争《せんそう》を忘《わす》れないこと」という言葉《ことば》だけで片付《かたづ》けることがあってはなりません。

今年《ことし》（2018年《ねん》）の沖縄全戦没者追悼式《おきなわぜんせんぼつしゃついとうしき》で相良倫子《さがらりんこ》さんが読《よ》んだ平和《へいわ》の歌《うた》の中《なか》に「平和《へいわ》を創造《そうぞう》する努力《どりょく》を厭《いと》わない」という一節《いっせつ》がありました。戦争《せんそう》を体験《たいけん》していない私《わたし》たちに課《か》せられた使命《しめい》は、平和《へいわ》を脅《おびや》かすものを全力《ぜんりょく》で拒否《きょひ》し続《つづ》けることだと思《おも》います。

（新垣若菜《あらかきわかな》、32歳《さい》）

県立第一高等女学校・17歳／仲里正子さん（91）

1927年《ねん》5月《がつ》、石垣町《いしがきちょう》（現石垣市《げんいしがきし》）に生《う》まれ、小《しょう》学校《がっこう》の先生《せんせい》になることを夢見《ゆめみ》た仲里正子《なかざとまさこ》さん。皇民《こうみん》化教育《かきょういく》の影響《えいきょう》を受《う》け、ひめゆり学徒隊《がくとたい》として沖縄戦《おきなわせん》の戦渦《せんか》に巻《ま》き込《こ》まれていきます。6月《がつ》18日《にち》に「解散命《かいさんめい》令《れい》」を受《う》けた後《あと》、8月《がつ》22日《にち》までの約《やく》2カ月《げつ》、「日本《にほん》が負《ま》けるはずがない」と信《しん》じて逃《に》げ続《つづ》けました。仲里《なかざと》さんの話《はなし》を、南風原町立《はえばるちょうりつ》南風原中学校《はえばるちゅうがっこう》2年《ねん》の金城《きんじょう》智《ち》巴《は》弥《や》さん（13）、下地舞《しもじまい》さん（14）が聞《き》きました。

戦場で命は惜しくなかった

《小学校時代《しょうがっこうじだい》、戦争《せんそう》への恐怖《きょうふ》はありませんでした》

小学生《しょうがくせい》のとき、日本《にほん》は中国《ちゅうごく》で戦争《せんそう》をしていました（日《にっ》中戦争《ちゅうせんそう》）。「国《くに》のために頑張《がんば》ってください」と、八重山《やえやま》から出征兵《しゅっせいへい》を見送《みおく》ることがありました。当時《とうじ》の私《わたし》は、戦争《せんそう》はそんなに大変《たいへん》なことだとは感《かん》じていませんでした。学校《がっこう》の勉《べん》強《きょう》で「国民《こくみん》は国《くに》のために、天皇《てんのう》のために命《いのち》を惜《お》しまないように」という教《おし》えを受《う》けていたからです。

《先生《せんせい》になる夢《ゆめ》を持《も》った仲里《なかざと》さんは、那覇《なは》にあった県《けん》立第一高等女学校《りつだいいちこうとうじょがっこう》に進学《しんがく》します。戦争《せんそう》が近《ちか》づくにつれ、勉強《べんきょう》の内容《ないよう》が変《か》わってしまいます》

友《とも》だちの親《おや》に先生《せんせい》をしている人《ひと》が多《おお》くいて、憧《あこが》れました。友《とも》だちと一緒《いっしょ》に県立第一高等女学校《けんりつだいいちこうとうじょがっこう》を受験《じゅけん》し、合格《ごうかく》しました。40年《ねん》4月《がつ》、学校《がっこう》のある那覇《なは》で寮生活《りょうせいかつ》が始《はじ》まりました。2年生《ねんせい》になった頃《ころ》から「英語《えいご》は敵国《てきこく》の言葉《ことば》だ」と言《い》われ、最終的《さいしゅうてき》に全面禁止《ぜんめんきんし》になりました。私《わたし》が2年生《ねんせい》だった41年《ねん》12月《がつ》、太平洋戦争《たいへいようせんそう》が始《はじ》まりました。

戦争《せんそう》が始《はじ》まった日《ひ》、私《わたし》たちは講堂《こうどう》に集《あつ》められて、校長先《こうちょうせん》生《せい》から「（ハワイの）真珠湾《しんじゅわん》を攻撃《こうげき》して日本《にほん》が勝《か》った」と聞《き》きました。戦争《せんそう》は「正義《せいぎ》の戦争《せんそう》だ」と教《おし》えられていて、勝利《しょうり》を喜《よろこ》んだのです。

《44年《ねん》4月《がつ》に沖縄師範学校女子部本科《おきなわしはんがっこうじょしぶほんか》に入学《にゅうがく》した仲《なか》

里《ざと》さん。10月《がつ》10日《とおか》、那覇《なは》が10・10空襲《くうしゅう》を受《う》けました》

空襲《くうしゅう》の日《ひ》、那覇《なは》の空《そら》は真《ま》っ赤《か》に燃《も》えました。「戦争《せんそう》ってこんなものなのか」と驚《おどろ》きました。それでも「日本《にほん》は絶対《ぜったい》に負《ま》けない」と信《しん》じ、むしろ「頑張《がんば》ろう」と思《おも》いました。

沖縄《おきなわ》の地上戦《ちじょうせん》が確実視《かくじつし》されてきた11月頃《がつごろ》、衛生兵《えいせいへい》らが学校《がっこう》に来《き》て、私《わたし》たちは看護教育《かんごきょういく》を受《う》けました。45年《ねん》2月頃《がつごろ》には南風原《はえばる》まで行《い》って、病院《びょういん》になっていた国民学校《こくみんがっこう》の校舎《こうしゃ》で注射《ちゅうしゃ》や手術《しゅじゅつ》のやり方《かた》を教《おそ》わりました。

仲里正子さん（91）

解散命令後も約2カ月、戦場を逃げ続けた体験を語る仲里正子さん＝糸満市

《45年《ねん》3月《がつ》23日《にち》、仲里《なかざと》さんは陸軍病院《りくぐんびょういん》に動員《どういん》されます。戦況《せんきょう》が進《すす》むにつれて負傷兵《ふしょうへい》が増《ふ》え、不安《ふあん》を募《つの》らせていきます》

壕《ごう》の前《まえ》にはたくさんの負傷兵《ふしょうへい》が「早《はや》く看《み》てくれ」と叫《さけ》んでいました。声《こえ》を聞《き》いていて、とても心《こころ》を痛《いた》めました。砲弾《ほうだん》の破片《はへん》で腕《うで》や顎《あご》をやられていたり、おなかから腸《ちょう》がはみ出《で》て、軍服《ぐんぷく》の上《うえ》から巻《ま》き付《つ》けている人《ひと》もいました。

手術《しゅじゅつ》のとき、私《わたし》は（患者《かんじゃ》を）押《お》さえつける役目《やくめ》でした。手術《しゅじゅつ》では、駄目《だめ》になったところを切断《せつだん》し、消毒《しょうどく》し、皮膚《ひふ》を引《ひ》っぱって（患部《かんぶ》を覆《おお》い）縫合《ほうごう》していました。でも、術後《じゅつご》の患者《かんじゃ》は1週間《しゅうかん》ぐらいで亡《な》くなった人《ひと》が多《おお》かったと聞《き》きました。

県立第一高等女学校時代の仲里正子さんと寮友＝1943年（ひめゆり平和祈念資料館提供）

5月《がつ》25日《にち》、すぐそこまで米兵《べいへい》が来《き》ているという情報《じょうほう》があり、本島南部《ほんとうなんぶ》（現糸満市《げんいとまんし》）に移動《いどう》しました。夕方暗《ゆうがたくら》くなってから、津嘉山《つかざん》を通《とお》って15キロを歩《ある》きました。けがをしている人《ひと》を見掛《みか》けましたが、かわいそうと思《おも》いながら追《お》い越《こ》して行《い》きました。

私《わたし》は波平第一外科壕《なみひらだいいちげかごう》に入《はい》りました。6月《がつ》18日頃《にちごろ》、米軍《べいぐん》の目撃情報《もくげきじょうほう》が伝《つた》えられてさらに伊原第一外科壕《いはらだいいちげかごう》に移動《いどう》すると、そこには私《わたし》の友人《ゆうじん》・神田幸子《かんださちこ》さんが重傷《じゅうしょう》を負《お》って寝《ね》ていました。「せっかく会《あ》えたのに」と悲《かな》しみました。その日《ひ》の深《しん》夜《や》、私《わたし》たち（ひめゆり学徒隊《がくとたい》）に解散命令《かいさんめいれい》が下《くだ》りました。

自害、日本兵に止められる

《解散命令《かいさんめいれい》を受《う》けて、さらに南《みなみ》へ移動《いどう》します。その道中《どうちゅう》で仲里《なかざと》さんは足《あし》にけがを負《お》い、自決《じけつ》を覚悟《かくご》します》

6月《がつ》19日未明《にちみめい》、私《わたし》は八重山《やえやま》の友《とも》だち4人《にん》と一緒《いっしょ》に壕《ごう》を出《で》て、山城《やましろ》の丘《おか》にたどり着《つ》きました。猛攻撃《もうこうげき》を受《う》け、あちらこちらから「やられた」と悲鳴《ひめい》が聞《き》こえてきました。近《ちか》くで一高女《いちこうじょ》の後輩《こうはい》2人《ふたり》が即死《そくし》、重傷《じゅうしょう》を負《お》い、私《わたし》も右足《みぎあし》のふくらはぎをけがしました。破片《はへん》で削《けず》り取《と》られたのです。血《ち》が吹《ふ》き出《で》ていました。

友人《ゆうじん》ともはぐれてしまいました。でも陸軍病院《りくぐんびょういん》の看護婦《かんごふ》さんたちに会《あ》ったのです。私《わたし》は付《つ》いて行《い》って、山城本部壕《やましろほんぶごう》に入《はい》りました。

21日頃《にちごろ》、海《うみ》の方《ほう》から「戦争《せんそう》は終《お》わりました。海岸《かいがん》まで出《で》て来《き》てください」と、米兵《べいへい》が日本語《にほんご》で呼《よ》び掛《か》けてきました。私《わたし》は出《で》て行《い》きません。捕虜《ほりょ》になるぐらいなら死《し》んだ方《ほう》がましだと思《おも》ったからです。

でも掃討戦《そうとうせん》は激《はげ》しくなっていて、私《わたし》たちは隠《かく》れていたア

メモ　解散命令

沖縄陸軍病院《おきなわりくぐんびょういん》に動員《どういん》されたひめゆり学徒隊《がくとたい》240人《にん》のうち、136人《にん》（生徒《せいと》123人《にん》、教師《きょうし》13人《にん》）が亡《な》くなりました。動員《どういん》から解散命令《かいさんめいれい》までの約《やく》3カ月《げつ》で亡《な》くなった人《ひと》が19人《にん》なのに対《たい》し、犠牲者全体《ぎせいしゃぜんたい》の86％に当《あ》たる人《ひと》たちは解散命令後《かいさんめいれいご》に死亡《しぼう》しました。

学徒《がくと》たちは1945年《ねん》6月《がつ》18日《にち》に解散命令《かいさんめいれい》を受《う》けた後《のち》、山城丘陵《やましろきゅうりょう》や摩文仁《まぶに》を逃《に》げ惑《まど》いました。激《はげ》しい砲弾《ほうだん》や艦砲射撃《かんぽうしゃげき》を受《う》けて亡《な》くなった人《ひと》たち、追《お》い込《こ》まれた末《すえ》に自《みずか》ら命《いのち》を絶《た》った人《ひと》もいました。

ダンのところで自決《じけつ》することを考《かんが》えました。しかし、誰《だれ》も手《しゅ》りゅう弾《だん》を持《も》っていません。そこで看護婦《かんごふ》の一人《ひとり》が切断刀《せつだんとう》を出《だ》したのです。「これで自害《じがい》するからめいめい、自分《じぶん》で自害《じがい》しなさい」と言《い》いました。「（私《わたし》たちを）殺《ころ》して最後《さいご》に死《し》んでちょうだい」と言《い》いましたが、看護婦《かんごふ》さんは「殺《ころ》すことはできない」と断《ことわ》りました。

このやりとりを、日本兵《にほんへい》が近《ちか》くで見《み》ていたのです。「死《し》ぬのは待《ま》ちなさい。米兵《べいへい》は女《おんな》を殺《ころ》さないと聞《き》いているよ。じっとしておきなさい」。そう声《こえ》を掛《か》けられ、自決《じけつ》を思《おも》いとどまりました。でも辺《あた》りは焼《や》かれて、隠《かく》れるところがなく、死体《したい》の中《なか》に隠《かく》れました。

次《つぎ》の日《ひ》の夕方《ゆうがた》。「北部《ほくぶ》に行《い》く」という同級生《どうきゅうせい》2人《ふたり》と看護《かんご》婦《ふ》、衛生兵《えいせいへい》に会《あ》いました。同級生《どうきゅうせい》は持《も》っていた手《しゅ》りゅう弾《だん》を見《み》せてきました。「うらやましい」と思《おも》いました。後《あと》で聞《き》い

沖縄本島における沖縄戦と仲里正子さんの歩み

（●は仲里さんの出来事）

1927年5月	●石垣町（現石垣市）で生まれる
1940年3月	●石垣尋常高等小学校を卒業
4月	●県立第一高等女学校に入学
1944年4月	●沖縄師範学校女子部本科に入学
1945年3月23日	●沖縄陸軍病院に動員される
4月中旬	●沖縄陸軍病院第一外科手術室勤務に就く
5月25日	ひめゆり学徒隊含む沖縄陸軍病院は、本島南部（現糸満市）に撤退。6カ所の壕に隠れる
	●波平第一外科壕に入る
6月18日	波平第一外科壕に、米兵の目撃情報が伝えられる
	●伊原第一外科壕に移動。重傷を負った友人の神田幸子さんと会う
	●深夜、ひめゆり学徒隊に解散命令が下る
19日未明	●猛攻撃のなか山城丘陵をさまよい、右足ふくらはぎにケガを負う。友だちとはぐれ、陸軍病院の看護婦と合流
	●山城本部壕に入る
夕方	●米兵が来たため壕を脱出
21日	●米軍の掃討戦が激しくなり、看護婦たちと「自害」の相談をするが、日本兵に声を掛けられ、思いとどまる
7月下旬	●国頭へ突破を試みるが失敗し、看護婦とはぐれる
8月15日	●米軍陣地からの曳光（えいこう）弾を見て「特攻機が来た!」と喜んだが、後で終戦の祝砲だったと知る
19日頃	●壕に来た日本兵に、投降を呼び掛けられる
22日	●投降。百名収容所に収容される
1946年1～3月	●具志川村（現うるま市）の沖縄文教学校に1期生として入学。3月10 日頃、石垣島に帰郷。4 月から母校の石垣小学校で教職に就く

仲里正子さんの移動経路

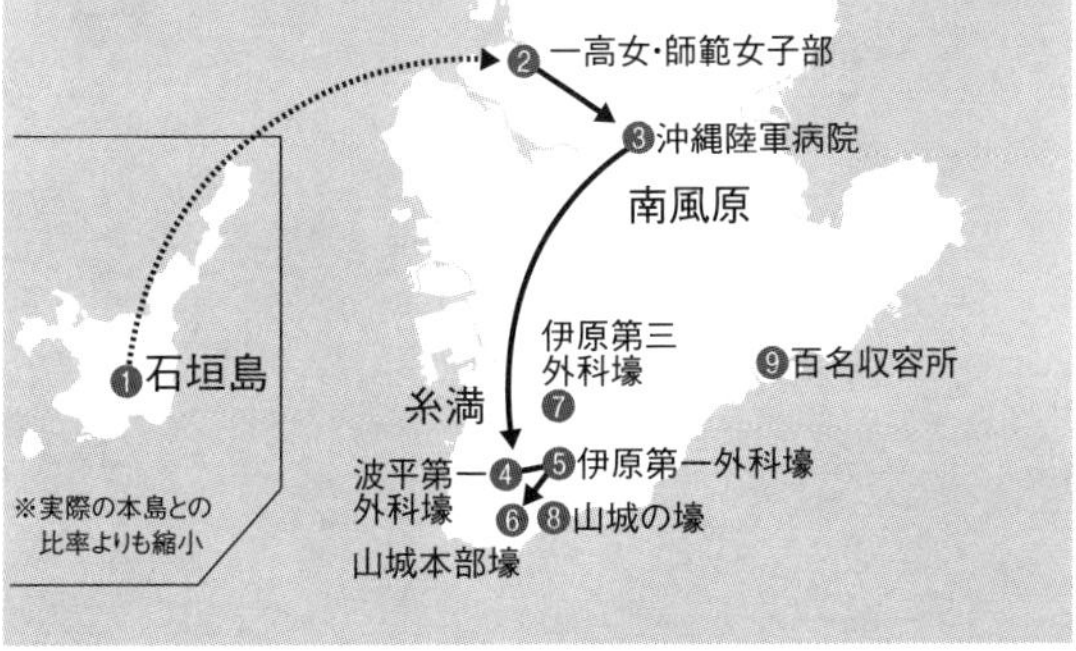

たところによると、どこかで亡《な》くなったそうです。その翌日《よくじつ》には私《わたし》たちも北部《ほくぶ》に行《い》こうと試《こころ》みましたが、私《わたし》は途中《とちゅう》で看《かん》護婦《ごふ》さんたちとはぐれてしまいました。

8月1日《がつついたち》、ひめゆりの伊原第三外科壕《いはらだいさんげかごう》にたどり着《つ》きました。入《い》り口《ぐち》では兵隊《へいたい》が死《し》んでいて、中《なか》にもたくさん死体《したい》がありました。

《伊原第三外科壕《いはらだいさんげかごう》から山城《やましろ》の壕《ごう》へ逃《に》げました。8月《がつ》15日《にち》、米軍陣地《べいぐんじんち》からえい光弾《こうだん》が上《あ》がりました。終戦《しゅうせん》の祝砲《しゅくほう》でした。でも、仲里《なかざと》さんたちは終戦《しゅうせん》を知《し》りませんでした》

米軍陣地《べいぐんじんち》からえい光弾《こうだん》が上《あ》がったとき、私《わたし》たちは「日本《にほん》の特攻機《とっこうき》が来《き》てくれた」と思《おも》って喜《よろこ》びました。19日頃《にちごろ》には日本兵《にほんへい》が「収容所《しゅうようじょ》に行《い》こう」と壕《ごう》まで来《き》ましたが、私《わたし》たちは終戦《しゅうせん》を信《しん》じず壕《ごう》から出《で》ませんでした。しかし、「どうやら（終戦《しゅうせん》は）本当《ほんとう》のことらしい」ということになり、22日《にち》になって、トラックで百名《ひゃくな》の収容所《しゅうようじょ》まで連《つ》れて行《い》かれました。

収容所《しゅうようじょ》では「今頃《いまごろ》出《で》てきたの？」と言《い》われました。私《わたし》は、「こんな人《ひと》たち（投降《とうこう》した人《ひと》たち）がいるから日本《にほん》が負《ま》けたのよ」と思《おも》いました。「生《い》き延《の》びられてよかった」ではなかったんですよ。それよりも「なんで日本《にほん》は負《ま》けたんだ」と悔《くや》しがりました。

《仲里《なかざと》さんは平和《へいわ》な時代《じだい》を生《い》きる若者《わかもの》に、沖縄戦《おきなわせん》を語《かた》り継《つ》ぐことを求《もと》めています》

私《わたし》は戦場《せんじょう》で、一度《いちど》だけ両親《りょうしん》のことを思《おも》い出《だ》しました。けがした部分《ぶぶん》にうじが湧《わ》いて、包帯《ほうたい》を洗《あら》いに海《うみ》に行《い》ったときです。「この波《なみ》は八重山《やえやま》まで届《とど》いているよね。元気《げんき》かな」と思《おも》い出《だ》したのです。私《わたし》は戦場《せんじょう》で生《い》きようと思《おも》っていませんでしたが、生《い》きて帰《かえ》ると両親《りょうしん》がとても喜《よろこ》んでいたので、そのときに「生《い》きていてよかった」と感《かん》じました。

教育《きょういく》というのは大変《たいへん》です。「国《くに》に尽《つ》くす」という教育《きょういく》をあの時代《じだい》は日本中《にほんじゅう》が受《う》け、信《しん》じていました。私《わたし》は平和《へいわ》な今《いま》を生《い》きているあなた方《がた》が、うらやましい。

日本《にほん》は戦後《せんご》73年《ねん》、戦争《せんそう》をしていません。どうしてだと思《おも》いますか？　将来《しょうらい》も平和《へいわ》であるか否《いな》かは、あなた方《がた》が沖縄戦《おきなわせん》の話《はなし》を聞《き》いて伝《つた》えるかどうかにかかっています。これはあなたたちの務《つと》めです。

―聞いて学んだ―

体験語り継ぐことが大切

下地舞さん（南風原中2年）

私《わたし》と変《か》わらない年《とし》の頃《ころ》から、友《とも》だちが次々《つぎつぎ》と死《し》んでいき、人《ひと》の足《あし》などを切断《せつだん》する手術用《しゅじゅつよう》の切断刀《せつだんとう》で「集団自決《しゅうだんじけつ》」しようとしたと聞《き》いてとても衝撃《しょうげき》を受《う》けました。

仲里《なかざと》さんがつらい体験《たいけん》を話《はな》してくれたことに、改《あらた》めて戦争《せんそう》のむごさを感《かん》じ、命《いのち》を大切《たいせつ》にしないといけないという思《おも》いを強《つよ》くしました。戦争体験者《せんそうたいけんしゃ》の話《はなし》を聞《き》ける機《き》会《かい》も少《すく》なくなりつつあります。一人《ひとり》でも多《おお》くの人《ひと》の胸《むね》に仲里《なかざと》さんや遺族《いぞく》の方々《かたがた》の思《おも》いが届《とど》き、平和《へいわ》な世《よ》の中《なか》になってほしいと思《おも》いました。語《かた》り継《つ》ぐことも大切《たいせつ》だと感《かん》じました。

平和へ意見持つ重要さ学ぶ

金城智巴弥さん（南風原中2年）

仲里《なかざと》さんの言葉《ことば》を聞《き》いていると、気持《きも》ちが押《お》しつぶされそうになりました。仲里《なかざと》さんの「生《い》き延《の》びたことよりも、日本《にほん》が負《ま》けたことが悔《くや》しかった」という言葉《ことば》にすごく驚《おどろ》きました。私《わたし》なら、生《い》き延《の》びられたことを奇跡《きせき》だと思《おも》うのに。

戦争《せんそう》ではたくさんの人々《ひとびと》が犠牲《ぎせい》になり、苦《くる》しくて悲《かな》しいことだということがとても伝《つた》わりました。日本《にほん》の平和憲法《へいわけんぽう》と、一人一人《ひとりひとり》が自分《じぶん》の意見《いけん》を持《も》つことが大切《たいせつ》だと思《おも》いました。仲里《なかざと》さんの願《ねが》いや思《おも》いも、戦争体験《せんそうたいけん》と一緒《いっしょ》に伝《つた》えていきたいです。

―記者も学んだ―

体調不良《たいちょうふりょう》を感《かん》じながらも「私《わたし》は話《はな》さなければいけないの」と言《い》って取材現場《しゅざいげんば》に来《き》てくださった仲里《なかざと》さん。「平和《へいわ》な今《いま》を生《い》きている子《こ》どもたちには、話《はな》すだけでは伝《つた》わりにくいはず」と、当日《とうじつ》は当時《とうじ》の教科書《きょうかしょ》や写真《しゃしん》など、資料《しりょう》を見《み》せながら語《かた》ってくださいました。

記録《きろく》し、伝《つた》えることが使命《しめい》である記者《きしゃ》の私《わたし》は、どれだけのことを伝《つた》えてこれたのだろう。目《め》の前《まえ》の人《ひと》の気持《きも》ちをどれだけ受《う》け取《と》ることができていたか。亡《な》くなった人《ひと》たちに気持《きも》ちを傾《かたむ》けられているか。自問《じもん》を繰《く》り返《かえ》す、大切《たいせつ》な時間《じかん》となりました。

（嘉数陽《かかずよう》、32歳《さい》）

大里村《おおざとそん》（現南城市《げんなんじょうし》）字稲嶺区《あざいなみねく》に生《う》まれ育《そだ》った新垣《あらかき》美智子《みちこ》さんは、沖縄戦《おきなわせん》で日本軍《にほんぐん》が南部《なんぶ》へ撤退《てったい》するのと同時期《どうじき》に母親《ははおや》と妹《いもうと》、弟《おとうと》たちを連《つ》れ、南《みなみ》へと激戦地《げきせんち》を逃《に》げました。艦砲弾が雨のように降り注いだといいます。南部《なんぶ》を逃《に》げ惑《まど》う中《なか》で母《はは》と妹《いもうと》2人《ふたり》が亡《な》くなります。新垣《あらかき》さんの話《はなし》を南城市立大里中学校《なんじょうしりつおおざとちゅうがっこう》2年《ねん》の山城《やましろ》黎奈《れな》さん（14）と新垣美姫《あらかきみき》さん（14）が聞《き》きました。

艦砲の雨、母と妹2人犠牲

《新垣《あらかき》さんは、1928年《ねん》、大里村《おおざとそん》（現南城市《げんなんじょうし》）稲嶺《いなみね》に生《う》まれます》

父《ちち》の稲牛《とうぎゅう》は区《く》の産業組合《さんぎょうくみあい》の書記《しょき》をしており、そろばんが得意《とくい》でした。母親《ははおや》のトヨは近《ちか》くの船越《ふなこし》から嫁《とつ》いできました。

お父《とう》さんは厳《きび》しく、お母《かあ》さんは優《やさ》しい人《ひと》でした。私《わたし》は5人《にん》きょうだいの長女《ちょうじょ》で、普段《ふだん》から妹《いもうと》や弟《おとうと》たちの面倒《めんどう》をよく見《み》ていました。

当時《とうじ》は小学校《しょうがっこう》を卒業《そつぎょう》して家《いえ》の手伝《てつだ》いで農業《のうぎょう》をしていました。ご飯《はん》は芋《いも》ばっかりでした。

《1944年《ねん》、日本軍《にほんぐん》は沖縄戦《おきなわせん》に備《そな》え、稲嶺《いなみね》に駐屯《ちゅうとん》を始《はじ》めます。方言《ほうげん》を使《つか》うと日本兵《にほんへい》に怒《おこ》られました。遊《あそ》び場《ば》だった公民館《こうみんかん》で自由《じゆう》に遊《あそ》べなくなります。平穏《へいおん》な暮《く》らしにも戦争《せんそう》が忍《しの》び寄《よ》ってきます》

日本軍《にほんぐん》は稲嶺《いなみね》の公民館《こうみんかん》や大《おお》きい瓦屋根《かわらやね》の家《いえ》に駐屯《ちゅうとん》していました。公民館《こうみんかん》にも兵隊《へいたい》が寝泊《ねと》まりし、公民館《こうみんかん》にあった売店《ばいてん》はなくなりました。

産業組合《さんぎょうくみあい》の書記《しょき》だったお父《とう》さんは売店《ばいてん》で品物《しなもの》を売《う》る係《かかり》をしていましたが、公民館《こうみんかん》に日本兵《にほんへい》が来《き》てから追《お》い出《だ》されました。その後《ご》、防衛隊《ぼうえいたい》として海軍《かいぐん》の小禄部隊《おろくぶたい》に召集《しょうしゅう》されました。

公民館《こうみんかん》の前《まえ》では自由《じゆう》に遊《あそ》ぶこともできなくなりました。「兵隊《へいたい》が使《つか》うから遊《あそ》ばないで」と言《い》われて。方言《ほうげん》を使《つか》うと

(兵隊《へいたい》は)怒《おこ》っていました。「なんで標準語《ひょうじゅんご》を使《つか》わないで、私《わたし》らが知《し》らん言葉使《ことばつか》うのか」と。ヤマトの兵隊《へいたい》は厳《きび》しかったよ。
集落《しゅうらく》の若者《わかもの》たちは、日本軍《にほんぐん》に駆《か》り出《だ》されて防空壕《ぼうくうごう》掘《ほ》りに行《い》きました。私《わたし》も兵隊《へいたい》が防空壕《ぼうくうごう》を掘《ほ》って出《で》た土《つち》をもっこを使《つか》って担《かつ》いで山《やま》まで捨《す》てに行《い》ったりしました。壕掘《ごうほ》りの合間《あいま》には竹《たけ》やり訓練《くんれん》がありました。先生《せんせい》が「突《つ》けー」と言《い》ったら「いえー」と気合《きあい》を入《い》れて竹《たけ》やりを突《つ》きました。

新垣美智子さん(90)
本島南部を逃げる途中で母親と妹2人を亡くした新垣美智子さん。「戦争は本当に哀れだ」と語る=南城市大里字稲嶺区

《1945年《ねん》4月《がつ》1日《ついたち》に米軍《べいぐん》が沖縄本島《おきなわほんとう》に上陸《じょうりく》し、日《に》本軍《ほんぐん》と激《はげ》しい戦闘《せんとう》を繰《く》り広《ひろ》げます。5月下旬《がつげじゅん》、日本軍《にほんぐん》司令部《しれいぶ》のあった首里《しゅり》に米軍《べいぐん》が迫《せま》り、日本軍《にほんぐん》は南部《なんぶ》への撤退《てったい》を決《き》めます。新垣《あらかき》さん親子《おやこ》は戦禍《せんか》を逃《のが》れるため、南部《なんぶ》へと逃《に》げました。その中《なか》で母親《ははおや》や妹《いもうと》2人《ふたり》が次々《つぎつぎ》に亡《な》くなります》

私《わたし》のお母《かあ》さんは玉城村《たまぐすくそん》(現南城市《げんなんじょうし》)船越《ふなこし》の人《ひと》でした。船《ふな》

メモ　南部撤退

米軍上陸《べいぐんじょうりく》から2カ月後《げつご》の1945年《ねん》5月22日《にち》、司令部《しれいぶ》のある首里《しゅり》に米軍《べいぐん》が迫《せま》る中《なか》、32軍司令《ぐんしれい》部幹部《ぶかんぶ》は首里《しゅり》で玉砕《ぎょくさい》するか南部《なんぶ》に退《しりぞ》き戦闘《せんとう》を継続《けいぞく》するか作戦《さくせん》を協議《きょうぎ》し、牛島満《うしじまみつる》司令官《しれいかん》は本《ほん》土防衛《どぼうえい》の時間稼《じかんかせ》ぎのため、戦闘継続《せんとうけいぞく》と南部《なんぶ》への撤退《てったい》を決《き》めました。

首里以南《しゅりいなん》の地域《ちいき》には10万人以上《まんにんいじょう》の住民《じゅうみん》が避難《ひなん》しており、南部撤退《なんぶてったい》で軍民混在《ぐんみんこんざい》の状況《じょうきょう》が生《う》まれました。日本軍《にほんぐん》は壕《ごう》などを強制的《きょうせいてき》に奪《うば》い、住民《じゅうみん》は砲弾《ほうだん》の中《なか》に追《お》い出《だ》されました。5月《がつ》末以降《まついこう》、軍人《ぐんじん》よりも住民《じゅうみん》の犠牲者《ぎせいしゃ》が急増《きゅうぞう》しました。南部撤退《なんぶてったい》がなければ民間人《みんかんじん》の死者《ししゃ》ははるかに少《すく》なかったといわれています。

越《こし》には祖母《そぼ》がいて、最初《さいしょ》は船越《ふなこし》の自然壕《しぜんごう》に避難《ひなん》していました。しかし、「アメリカがだんだん近寄《ちかよ》ってきているから逃《に》げよう」ということになり、母親《ははおや》ときょうだい5人《にん》は島尻《しまじり》へ逃《に》げました。逃《に》げる時《とき》も日本兵《にほんへい》に食糧《しょくりょう》を取《と》り上《あ》げられてしまいました。日本兵《にほんへい》はとても意地悪《いじわる》でした。

船越《ふなこし》の壕《ごう》から出《で》て、玉城村前川《たまぐすくそんまえかわ》に行《い》き、具志頭村《ぐしかみそん》（現《げん》八重瀬町《やえせちょう》）へ。それから真栄平《まえひら》に行《い》き、摩文仁村《まぶにそん》（現糸満市《げんいとまんし》）の摩文仁《まぶに》に行《い》きました。艦砲《かんぽう》は雨《あめ》が降《ふ》るみたいだったよ。

お母《かあ》さんは両足《りょうあし》をのばして弟《おとうと》の光秀《みつひで》におっぱいを飲《の》ませていたら弾《たま》でやられて血《ち》がいっぱい出《で》てしまいました。お母《かあ》さんが「お水飲《みずの》みたい」と言《い》うので、艦砲《かんぽう》の落《お》ちたところにたまった泥水《どろみず》をくんで持《も》って行《い》ったけれど、もう飲《の》み切《き》れない。「これ飲《の》んで、お母《かあ》さん」と言《い》ってもお母《かあ》さんは目《め》をつむり、そのまま亡《な》くなりました。

すぐ下《した》の妹《いもうと》のシズエもお母《かあ》さんの近《ちか》くにいて弾《たま》に当《あ》たってしまいました。暗《くら》くなって、シズエは「みっちゃん、マッチぐゎーちきれー、みしれー（マッチで火《ひ》をつけて。見《み》せて）」と言《い》うけれど、マッチもない。「ちらみーぶさん。あんしぇー、わんねー死《し》にやっさん（あなたの顔《かお》が見《み》たい。そしたら私《わたし》は安《やす》らかに死《し》ねる）」って。妹《いもうと》は亡《な》くなる前《まえ》に「姉《ねえ》さんの顔《かお》が見《み》たい」と言《い》っていたのに見《み》せてあげられなかった。マッチ、ろうそくもない暗《くら》いところで亡《な》くなった。三女《さんじょ》のキヨ子《こ》も弾《たま》に当《あ》たって亡《な》くなりました。

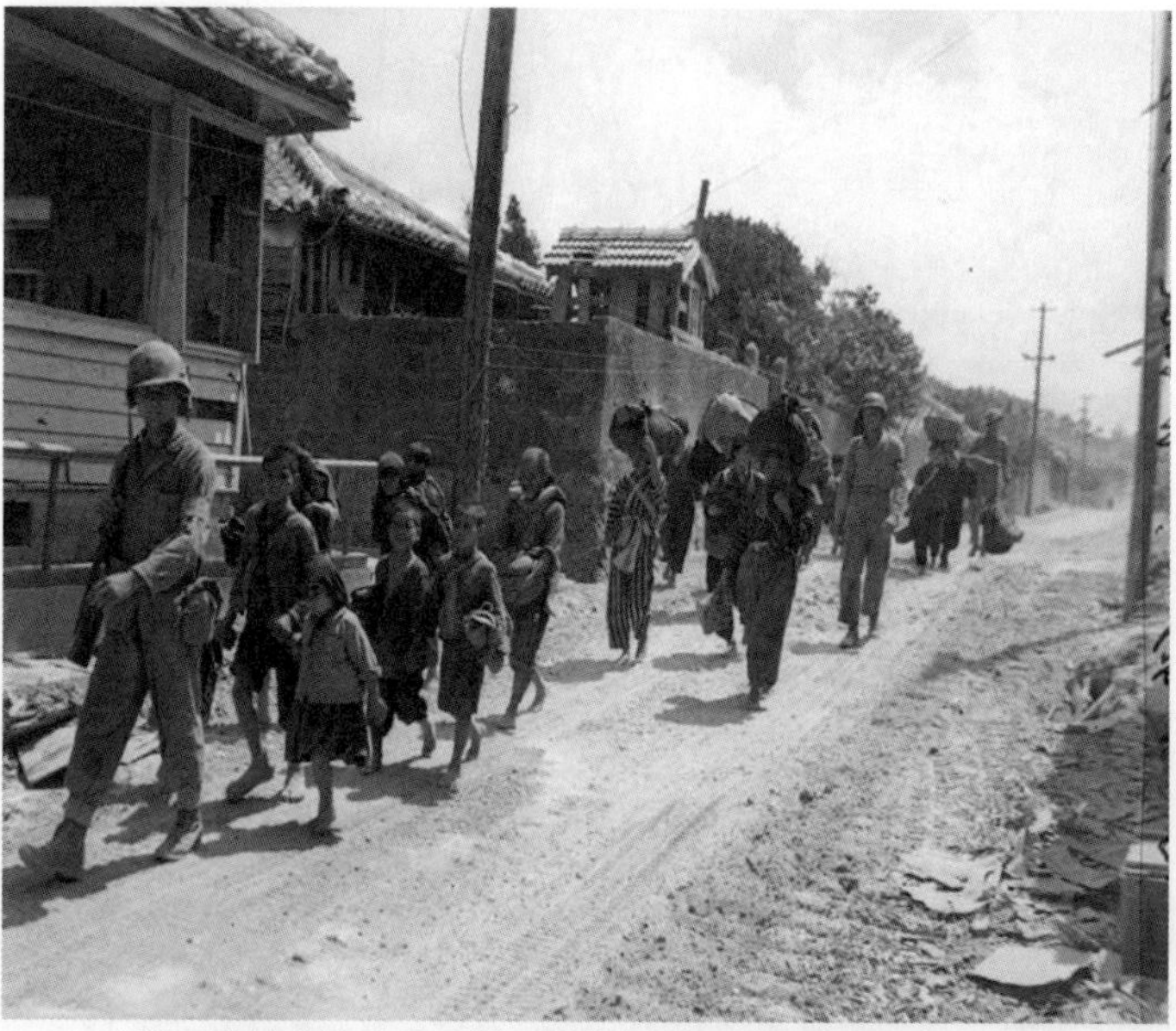
糸満の通りを抜け、米兵の護衛で前線を離れる地元民=1945年6月18日

日本兵が壕占拠、逃げ惑う

《新垣《あらかき》さんは、母親《ははおや》と妹《いもうと》2人《ふたり》を亡《な》くした後《あと》、弟《おとうと》の光《みつ》秀《ひで》さんをおぶって妹《いもうと》の米子《よねこ》さんと3人《にん》でさらに逃《に》げます。日本兵《にほんへい》に壕《ごう》に入《い》れてもらえず、さまよい続《つづ》けた後《のち》、米軍《べいぐん》に捕《つか》まります》

お母《かあ》さんは前《まえ》から「光秀《みつひで》は跡継《あとつ》ぎだから大切《たいせつ》にしなさいよ」ということをいつも言《い》っていました。だから帯《おび》を使《つか》って光秀《みつひで》を背中《せなか》におぶって壕《ごう》を探《さが》しました。

壕《ごう》があっても兵隊《へいたい》が占領《せんりょう》していて、自分《じぶん》なんか行《い》っても「あっち行《い》け」「こっちに来《く》るな。ここは兵隊《へいたい》が来《く》るところだ。あんたたちなんでこっちに来《く》るか」と言《い》われました。水《みず》くみに来《き》たとお願《ねが》いしても「水《みず》は私《わたし》たちの分《ぶん》しかない」と

沖縄本島における沖縄戦と新垣美智子さんの歩み

（●は新垣さんの出来事）

1928年6月3日	●大里村（現南城市）字稲嶺で生まれる
1944年	日本軍の稲嶺での駐屯始まる ●新垣さんも壕掘りに駆り出される
1945年4月1日	米軍が沖縄本島に上陸する
5月ごろ～	●稲嶺から母親ときょうだいが母方の実家の船越に移動 ●船越から具志頭、真栄平、摩文仁を逃げ、母親と妹2人が亡くなる。乳飲み子の弟をおぶって妹と3人で逃げ惑う
6月22日	第32軍の牛島満司令官が自決。沖縄戦の組織的戦闘が終結する（23日の説もある）
6月末ごろ	●釜のすすを顔に塗りたくり、米軍に投降する

日本軍の要塞（ようさい）を掃討し、前線へ移動する米海兵隊の戦車と兵士たち＝1945年5月（沖縄県公文書館所蔵）

沖縄島の最南端にいる米陸軍第7師団を援護するための砲撃。新垣さんは“雨のように降り注いだ”と語った＝1945年6月9日、本島南端沖（沖縄県公文書館所蔵）

新垣美智子さんの移動経路

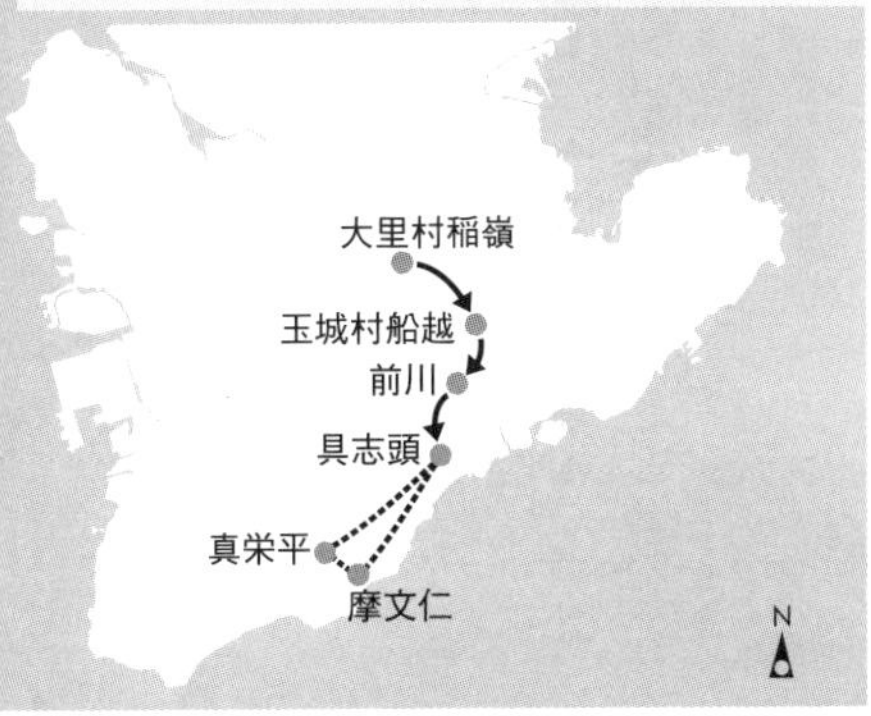

※当時の市町村名で表記

言《い》われて。あっちでもこっちでも怒《おこ》られていました。優《やさ》しい言葉《ことば》なんて誰《だれ》も掛《か》けてくれなかったよ。食《た》べ物《もの》もなくて、カンダバーとかウンジャナバーとかを山《やま》で自分《じぶん》たちで探《さが》してかじっていました。

捕虜《ほりょ》になったのは、摩文仁《まぶに》か具志頭村《ぐしかみそん》の辺《あた》りか定《さだ》かではありません。日本兵《にほんへい》からは「米軍《べいぐん》に捕《つか》まえられたら強姦《ごうかん》されるから絶対《ぜったい》に捕虜《ほりょ》になるなよ」と言《い》われていました。

私《わたし》は数《かぞ》え18で、髪《かみ》も長《なが》く伸《の》ばしていました。年寄《としよ》りの格《かっ》好《こう》すれば強姦《ごうかん》されないと思《おも》い、釜《かま》を借《か》りてすすを顔中《かおじゅう》に塗《ぬ》って年寄《としよ》りのようにして山《やま》から出《で》て行《い》きました。とても怖《こわ》かった。玉城村《たまぐすくそん》の収容所《しゅうようじょ》に行《い》ってから顔《かお》を洗《あら》いました。それから知念村《ちねんそん》(現南城市《げんなんじょうし》)知念《ちねん》に集《あつ》められました。

戦後《せんご》は軍作業《ぐんさぎょう》に行《い》きながら下《した》のきょうだいの面倒《めんどう》を見《み》ていました。その後《ご》、嫁《とつ》いだけれど、いっぱい苦労《くろう》したよ。

《新垣《あらかき》さんは戦後《せんご》、母親《ははおや》や亡《な》くなった妹《いもうと》2人《ふたり》の遺骨《いこつ》を拾《ひろ》いに行《い》きました》

真《ま》ん中《なか》の妹《いもうと》はキヨ子という名前《なまえ》で、みんなキヨちゃん、キヨちゃんと呼《よ》んでいました。キヨちゃんは真栄平《まえひら》の畑《はたけ》に私《わたし》が穴《あな》を掘《ほ》って埋《う》めました。キヨちゃんが着《き》ていたのは、私《わたし》が尋常小学校《じんじょうしょうがっこう》6年《ねん》の時《とき》に縫《ぬ》ってあげた服《ふく》だったから、服《ふく》の柄《がら》でキヨちゃんの骨《ほね》だっていうのがすぐに分《わ》かりました。

戦後《せんご》そんなにたたないで骨《ほね》を拾《ひろ》いに行《い》ったから、足《あし》の骨《ほね》も新《あたら》しくて、本当《ほんとう》に生《い》きていたころを思《おも》い出《だ》しました。お母《かあ》さんとシズエの骨《ほね》も見《み》つけてお墓《はか》に入《い》れました。防衛隊《ぼうえいたい》に行《い》ったお父《とう》さんは、どこで死《し》んだのか分《わ》かりません。

《新垣《あらかき》さんは、戦争《せんそう》を長引《ながび》かせて被害《ひがい》を大《おお》きくさせたことへの悲《かな》しみを感《かん》じるとともに、今《いま》の子《こ》どもたちが本当《ほんとう》に恵《めぐ》まれているといいます》

同《おな》じ戦争《せんそう》に負《ま》けるのでも、もっと早《はや》く日本《にほん》が降参《こうさん》すればこんなに死人《しにん》が出《で》なかったのに。本当《ほんとう》に哀《あわ》れでしたよ。光《みつ》秀《ひで》は「おっぱいが飲《の》みたい」ってわーわー泣《な》いて、「もうないよ。おっ母《かあ》は亡《な》くなったからないよ」と言《い》ったら怒《おこ》ってしまって。

お父《とう》さんもお母《かあ》さんも写真《しゃしん》がないから、下《した》の子《こ》たちは両《りょう》親《しん》の顔《かお》も分《わ》からない。シズエは亡《な》くなる時《とき》、「姉《ねえ》さんの顔《かお》が見《み》たい」と言《い》ったのに、マッチもなくて見《み》せてあげることもできなかった。今《いま》の子《こ》どもたちは本当《ほんとう》に幸《しあわ》せよ。お父《とう》さん、お母《かあ》さんを大事《だいじ》にしなさいよ。

―聞いて学んだ―

悲しみしか生まない戦争

山城黎奈さん（大里中2年）

新垣《あらかき》さんの話《はなし》によると、ここ稲嶺《いなみね》まで米軍《べいぐん》が押《お》し寄《よ》せてきて、男《おとこ》の人《ひと》は戦争《せんそう》に連《つ》れていかれたそうです。私《わたし》なら父《ちち》や祖父《そふ》が連《つ》れていかれたら悲《かな》しくなり、泣《な》きわめくと思《おも》います。戦争《せんそう》で多《おお》くの死者《ししゃ》が出《で》て、新垣《あらかき》さんの母親《ははおや》も亡《な》くなり、とても悲《かな》しかったそうです。きっと悲《かな》しいという言葉《ことば》だけでは言《い》い表《あらわ》せない気持《きも》ちだと思《おも》います。

平和《へいわ》で田舎《いなか》の稲嶺《いなみね》にも戦争《せんそう》があったことを学《まな》びました。戦争《せんそう》は悲《かな》しみしか生《う》まない、絶対《ぜったい》に繰《く》り返《かえ》してはいけないと思《おも》います。

戦争がない今の幸せ感じた

新垣美姫さん（大里中2年）

新垣《あらかき》さんは私《わたし》たちぐらいの年《とし》に戦争《せんそう》を経験《けいけん》しました。弟《おとうと》をおんぶして家族《かぞく》で逃《に》げていたと聞《き》いた時《とき》、とてもつらかっただろうな、と思《おも》いました。目《め》の前《まえ》で妹《いもうと》とお母《かあ》さんが亡《な》くなったと聞《き》き、悲《かな》しくなりました。公民館《こうみんかん》は兵隊《へいたい》さんがいっぱいで、方《ほう》言《げん》を使《つか》ったら兵隊《へいたい》さんに怒《おこ》られて、昔《むかし》は厳《きび》しかったのだと思《おも》いました。話《はなし》が聞《き》けることはめったにないので、いい機会《きかい》でした。改《あらた》めて今《いま》の暮《く》らしは戦争《せんそう》がなくて幸《しあわ》せだと感《かん》じました。二度《にど》と戦争《せんそう》が起《お》きないでほしいです。

―記者も学んだ―

南城市大里《なんじょうしおおざと》では、戦争体験者《せんそうたいけんしゃ》の証言《しょうげん》をまとめた村史《そんし》がなく、証言《しょうげん》もあまり残《のこ》っていません。大里字稲嶺区《おおざとあざいなみねく》に生《う》まれ育《そだ》った90歳《さい》の新垣《あらかき》さんは、戦《せん》争《そう》の記憶《きおく》が薄《うす》れつつありますが、母親《ははおや》と妹《いもうと》や弟《おとうと》たちを連《つ》れて南部《なんぶ》に逃《に》げたこと、母親《ははおや》と妹《いもうと》2人《ふたり》を目《め》の前《まえ》で亡《な》くしてつらい思《おも》いをしたことを話《はな》してくださいました。家族《かぞく》を奪《うば》われた新垣《あらかき》さんの「もっと早《はや》く降参《こうさん》すればこんなに死人《しにん》がでなかった」という言葉《ことば》は、南部《なんぶ》に撤退《てったい》して徹底抗戦《てっていこうせん》し、被《ひ》害《がい》を拡大《かくだい》させた軍部《ぐんぶ》の判断《はんだん》を厳《きび》しく問《と》う言葉《ことば》だと感《かん》じました。

（中村万里子《なかむらまりこ》、34歳《さい》）

未来に伝える沖縄戦⑧

2024年6月2日　初版第一刷発行

取材と文　塚崎　昇平・嘉数　　陽
大嶺　雅俊・知念　征尚
池田　哲平・友寄　　開
長嶺　真輝・金良　孝矢
前森智香子・当銘　千絵
梅田　正覚・屋嘉部長将
真崎　裕史・赤嶺　玲子
金城　実倫・宮城　美和
玉城　　文・新垣　若菜
下地美夏子・古堅　一樹
当間　詩朗・田吹　遥子
阪口　彩子・半嶺わかな
藤村　謙吾・新垣　若菜
中村万里子

発 行 者　普久原　均
発 行 所　琉球新報社
〒900-8525
沖縄県那覇市泉崎1-10-3
問 合 せ　琉球新報社統合広告事業局・出版担当
電話 (098) 865-5100

発　　売　琉球プロジェクト

制作・印刷　新星出版株式会社
〒900-0001
沖縄県那覇市港町2-16-1
電話 (098) 866-0741
FAX (098) 863-4850

© 琉球新報社　2024 Printed in Japan
ISBN978-4-86764-020-3 C0031
定価はカバーに表示してあります。
万一、落丁・乱丁の場合はお取り替えいたします。